| 와인능력검정대비 | 사회복지총서 21 |

검정주관 : 한국능력교육개발원
한국와인협회

# wine sommelier

와인능력검정대비  관광학 관련 전공인의 필독서

# 와인 종합문제집

김준철 심정미 유이순 이동승 이명렬 황광수  공저

도서출판 **한 수**

## 일러두기

- 초보적인 지식은 생략하고 어느 정도 와인지식이 있으신 분을 위한 책입니다.
- 암기 위주가 아니고, 기본을 알아야 풀 수 있는 문제로 응용력을 발휘해야 풀 수 있는 문제로 만들었습니다.
- 와인 명칭 및 관련 용어 등은 국립국어원 포도주 표기법을 원칙으로 하였으며, 괄호에 원어로 표기하였습니다.
- EU 소속 국가의 AOC, DOC 등 표기가 AOP, DOP 등으로 변경 중이지만, 이 책에서는 편이상 AOC, DOC 등으로 표기하였습니다.
- 그 동안 등한 시 하던 와인관련 주세법과 식품위생법 그리고 영문시험까지 망라하여 출제하였습니다.

# 머리말

와인업계는 포도를 재배하고 와인을 만드는 사람, 와인을 수입하여 판매하는 사람, 와인관련 교수 및 강사, 각 대사관의 와인담당자, 그리고 소믈리에 등 와인과 직·간접적으로 관련된 직업이 다양합니다. 이들 모두 각 분야별로 전문적인 지식과 경험을 바탕으로 실력을 쌓아가고 있으며, 또 와인과 관련 없는 직업이라도 와인을 음악이나 미술작품을 대하듯이 심미안적인 방법으로 접근하는 와인마니아의 지적 호기심도 대단합니다.

이렇듯 다양하게 요구되는 와인지식은 각 분야의 학문을 총 망라한 종합 판이라고 할 수 있습니다. 그리고 이런 점이 와인의 매력이기도 합니다. 와인지식은 역사, 생물, 화학, 공학, 경영, 마케팅, 문화, 예술 그리고 관련 법률까지 광범위하게 해당됩니다. 지금까지 와인분야는 와인을 서비스하는 '소믈리에'를 중심으로 많은 단체에서 자격증 발급이나 대회를 주관하고 있어서, 소믈리에 이외의 와인관련 직종에 대한 정당한 평가를 할 수 있는 기회가 없었습니다.

그래서 한국와인협회와 한국능력개발원에서는 보다 수준 높은 '와인능력시험'을 시행하여 와인업계 종사자들의 실력과 업무능력을 향상시키고자 합니다. 이 시험제도는 합격, 불합격으로 가르지 않고, 수험자에게만 점수를 통보하는 인증서를 발급합니다. 즉 와인지식을 점수로 나타내어, 소속 회사에서 인정을 받거나, 이 점수를 바탕으로 취업하는데 객관적인 자료로 삼을 수 있는 제도를 정착시키고자 합니다. 그러므로 소믈리에를 포함한 와인업계 종사자는 물론 와인업계에 종사를 하지 않더라도, 와인에 관심이 있으신 분은 누구나 이 시험을 볼 수 있습니다.

이 책은 이런 분들을 위한 것으로 자신의 실력을 스스로 평가해 볼 수 있으며, 시험에 응시하지 않더라도 보다 수준 높은 와인공부를 하실 분을 위해서 만들었습니다. 문제를 풀어가면서 왜? 그렇게 되는지 스스로 문의하고 여러 자료를 참고하면 자신도 모르게 수준 높은 지식을 갖게 될 것입니다. 그래서 이 책은 와인지식은 물론 문화, 예술 분야의 상식과 주세법, 식품위생법, 영문 시험까지 종합적인 지식이 요구되는 문제로 엮었습니다.

초판인 만큼 앞으로도 많은 수정과 보완이 필요하고, 독자 여러분의 끊임없는 지적과 조언이 필요합니다. 이 책이 출판될 때까지 수고하신 모든 분들께 감사드립니다.

편저자 식

# 차례

**적중예상문제**

1. 와인의 개요 ......... 9
2. 포도 재배 ......... 23
3. 와인 양조 ......... 38
4. 프랑스 와인(Ⅰ) ......... 54
5. 프랑스 와인(Ⅱ) ......... 82
6. 이탈리아 와인 ......... 112
7. 스페인, 포르투갈 와인 ......... 128
8. 기타 유럽 와인 ......... 144
9. 신세계 와인 ......... 158
10. 와인 관능검사 및 서비스 ......... 181
11. 기타 주류 및 관련법규 ......... 200
12. 영문 시험 ......... 217
    정답표 ......... 224

**용어해설 및 자료**

1. 용어 해설 ......... 229
2. 프랑스 와인 용어 ......... 249
3. 변경사항 ......... 252
4. 브랜디 ......... 261
5. 2012년 우리나라주류 생산 현황 ......... 262
6. 2012년 우리나라 주류 수입 현황 ......... 263

7. 세계 와인생산량 ················································································· 264
8. 각국의 1인당 와인 소비량 ································································· 265
참고문헌 ···································································································· 266

**부록**
주세법 ········································································································ 277
식품위생법 ································································································ 341

저자소개 ···································································································· 371

# wine 종합문제집
## 와인능력검정대비

**적중예상문제**

# 1. 와인의 개요

1. 다음 중 '양조주'에 해당되지 않은 것은?

    ① 탁주　　　　　② 청주
    ③ 와인　　　　　④ 맥주
    ⑤ 소주


2. 다음 중 '강화 와인(Fortified wine)'에 해당되는 것은?

    ① 포트(Port)
    ② 립프라우밀히(Liebfraumilch)
    ③ 앙주 로제(Anjou Rosé)
    ④ 보졸레(Beaujolais)
    ⑤ 샴페인(Champagne)


3. 다음 중 '단행복발효주'에 해당되는 술은?

① 맥주　　　　　　　　　② 전통 청주
③ 와인　　　　　　　　　④ 전통 탁주
⑤ 미드(Mead)

4. 다음 중 주원료를 곡류로 해서 만든 양조주를 증류한 것이 아닌 술은?

① 위스키(Whisky)　　　　② 증류식소주
③ 고량주　　　　　　　　④ 럼(Rum)
⑤ 진(Gin)

5. 다음 중 브랜디에 속하지 않는 주류는?

① 코냑(Cognac)　　　　　② 아르마냑(Armagnac)
③ 칼바도스(Calvados)　　 ④ 버본(Bourbon)
⑤ 그라파(Grappa)

6. 다음 술 중 제조공정에서 증류하지 않은 것은?

① 럼(Rum)　　　　　　　② 진(Gin)
③ 시드르(Cidre)　　　　　④ 보드카(Vodka)
⑤ 오드비(Eaux-de-vie)

7. '스틸 와인(Still wine)' 이란 어떤 와인을 뜻하는가?

① 아직 발효 중인 와인　　② 스파클링 와인이 아닌 일반 와인
③ 알코올을 첨가한 와인　　④ 증류한 와인
⑤ 과실로 만든 모든 술의 총칭

8. 다음 중 혼성주가 아닌 것은?

　① 테킬라(Tequila)　　② 압상트(Absinthe)
　③ 샤르트뢰즈(Chartreuse)　④ 베네딕틴(Bénédictine)
　⑤ 큐라소(Curacao)

9. 다음 중 '가향 와인(Flavored wine)'에 해당되는 것은?

　① 립프라우밀히(Liebfraumilch)　② 스푸만테(Spumante)
　③ 모스카토 다스티(Moscato d'Asti)　④ 마데이라(Madeira)
　⑤ 베르뭇(Vermouth)

10. 유럽이나 미국에서 '사이다(Cider)'라고 하면 어떤 음료인가?

　① 탄산음료　　② 사과주
　③ 과실주　　　④ 혼합음료
　⑤ 과일주스

11. 미국 위스키 상표에 '86 Proof'라는 표시가 되어 있으면 어떤 뜻인가?

　① 원액 함량 86%　　② 알코올 농도 86%
　③ 원액 함량 43%　　④ 알코올 농도 43%
　⑤ 86종의 몰트

12. 알코올 농도 12도인 와인 한 병(750㎖)에 들어 있는 순수 알코올의 양은?

　① 12㎖　　② 48㎖
　③ 72㎖　　④ 90㎖
　⑤ 100㎖

**13. 세계에서 연간 생산되는 와인의 양은?**

① 100억~200억 병
② 300억~400억 병
③ 500억~600억 병
④ 700억~800억 병
⑤ 900억~1,000억 병

**14. 나라별 와인 생산량 순위가 맞는 것은?**

① 프랑스/이탈리아 – 칠레 – 스페인 – 미국
② 프랑스/이탈리아 – 스페인 – 미국 – 아르헨티나
③ 프랑스/이탈리아 – 칠레 – 미국 – 아르헨티나
④ 프랑스/ 이탈리아 – 미국 – 스페인 – 칠레
⑤ 프랑스/ 이탈리아 – 아르헨티나 – 칠레 – 스페인

**15. 다음 중 각 나라별 와인 명칭이 잘못 짝지어진 것은?**

① 프랑스 – 뱅(Vin)
② 이탈리아 – 비노(Vino)
③ 스페인 – 비노(Vino)
④ 포르투갈 – 비뉴(Vinho)
⑤ 독일 – 바이스(Weiss)

**16. 세계에서 포도밭 면적이 가장 넓은 나라는?**

① 프랑스
② 이탈리아
③ 스페인
④ 아르헨티나
⑤ 칠레

**17. 우리나라에 금액 기준으로 가장 많이 수입되는 나라의 와인은?**

① 칠레　　　　　　② 이탈리아
③ 프랑스　　　　　④ 미국
⑤ 스페인


18. 2012년 기준으로 우리나라에 수입된 와인은 750㎖ 병으로 얼마나 될까?

① 약 2,700만 병　　　② 약 3,700만 병
③ 약 4,700만 병　　　④ 약 5,700만 병
⑤ 약 6,700만 병


19. 2012년 기준으로 우리나라에 수입된 와인은 CIF 가격(USD)으로 얼마나 될까?

① 약 5천만 달러　　　② 약 1억 달러
③ 약 1억 5천만 달러　④ 약 2억 달러
⑤ 약 2억 5천만 달러


20. 다음 나라 중에서 1인당 와인 소비량이 가장 많은 나라는?

① 포르투갈　　　　② 스페인
③ 독일　　　　　　④ 영국
⑤ 오스트레일리아


21. 화씨 50도는 섭씨 몇 도인가?

① 0도　　　　② 10도
③ 20도　　　　④ 30도
⑤ 37도

**22. 1ha는 몇 평정도 되는 면적인가?**

① 약 1,000평    ② 약 2,000평
③ 약 3,000평    ④ 약 4,000평
⑤ 약 5,000평

**23. 마시는 술에 들어있는 알코올은 주로 어떤 종류의 알코올인가?**

① 에틸알코올(Ethyl alcohol)    ② 메틸알코올(Methyl alcohol)
③ 프로필알코올(Propyl alcohol)    ④ 부틸알코올(Butyl alcohol)
⑤ 아밀알코올(Amyl alcohol)

**24. 다음 와인 용어 중에서 뜻이 전혀 다른 것은?**

① 드라이(Dry)    ② 세크(Sec)
③ 트로켄(Trocken)    ④ 호벤(Joven)
⑤ 세코(Secco)

**25. 다음 중 와인에서 알코올 다음으로 많은 성분은?**

① 타닌    ② 아로마와 부케
③ 섬유질    ④ 글리세롤
⑤ 주석산

**26. 다음 와인의 역사적 사건 중에서 가장 최근에 일어난 것은?**

① 와인양조에 수도승의 기여    ② 유리병에 코르크 사용
③ 유럽에 필록세라 전파    ④ 와인 발효와 저장에 오크통 사용

⑤ 미국의 금주령

**27. 다음 중 처음으로 나무통을 와인 양조나 운반에 사용한 나라는?**

① 이집트 ② 그리스
③ 이스라엘 ④ 페니키아
⑤ 로마

**28. 그리스 신화에서 나오는 술의 신으로 인류에게 최초로 와인 담그는 법을 가르쳐 준 신의 이름은?**

① 박후스(Bacchus) ② 디오니소스(Dionysos)
③ 이시스(Isis) ④ 오리시스(Osiris)
⑤ 제우스(Zeus)

**29. 서양 문화사의 큰 흐름인 '헤브라이즘(Hebraism)'은 어떤 문화를 말하는가?**

① 그리스 문화 ② 기독교 문화
③ 메소포타미아 문화 ④ 로마 문화
⑤ 이집트 문화

**30. 그리스 신화에 디오니소스에게 와인 만드는 법을 배워서, 자기가 만든 와인을 양치기들에게 주었다가 술에 취한 양치기들이 독약이 든 것으로 오해하고, 이 사람을 죽이는 일이 일어난다. 최초 술의 순교자라고 할 수 있는 이 사람의 이름은?**

① 이카리오스(Icarios) ② 오리시스(Orisis)
③ 헤르메스(Hermes) ④ 넵튠(Neptune)
⑤ 마이라(Maira)

**31. '디오니소스(Dionysos)'는 '제우스(Zeus)'와 누구 사이에서 태어났는가?**

① 헤라(Hera)　　　　　② 아프로디테(Aphrodite)
③ 세멜레(Semelé)　　　④ 아테나(Athena)
⑤ 아르테미스(Arthemis)


**32. 다음 중 중세 수도원에서 와인이 발달한 이유에 해당되지 않은 사항은?**

① 수도원은 세금이 면제되었기 때문
② 교회의식에 와인이 필요했기 때문
③ 판매 수입원으로도 상당한 비중을 차지했기 때문
④ 투철한 사명감을 갖고 연구를 했기 때문
⑤ 교회는 금주였지만, 수도원은 음주가 가능했기 때문


**33. 다음 와인의 역사에 대한 글 중 옳은 것은?**

① 포도재배와 와인 양조는 기원전 2세기 무렵부터 시작되었다.
② 루아르 지방의 포도재배는 로마시대부터 시작되었다.
③ 18세기 유럽의 포도밭에서 가장 심한 병충해는 필록세라였다.
④ 포도재배는 프랑스에서 시작하여 전 유럽으로 퍼지기 시작하였다.
⑤ 오크통은 고대 그리스 시대부터 사용되었다.


**34. 프랑스 보르도 대학 교수로 있으면서, 20세기 후반 '와인양조학(Enology)'을 완성시켜 과학적인 와인 양조의 기틀을 마련한 사람은?**

① 알렉시스 리쉰(Alexis Lichine)
② 에밀 페이노(Emile Paynaud)
③ 미셸 롤랑(Michel Rolland)

④ 장 피에르 무엑스(J. P. Moueix)
⑤ 메이너드 애머린(Maynard Amerine)

35. 미생물에 의해서 발효와 부패가 일어난다는 이론을 주장한 사람은?

① 레벤후크(Antonie van Leeuwenhoek)
② 라부아지에(Lavoisier)
③ 게이뤼삭(Gay-Lussac)
④ 뷔흐너(Büchner) 형제
⑤ 파스퇴르(Louis Pasteur)

36. 다음 인물 중에서 '파스퇴르(Louis Pasteur)'와 동 시대에 살면서, 파스퇴르와 교류가 있었던 사람은?

① 동 페리뇽(Dom Perignon)
② 나폴레옹 3세(Napoléon III)
③ 토마스 제퍼슨(Thomas Jefferson)
④ 바롱 필리프 드 로트칠드(Baron Philippe de Rothchild)
⑤ 레벤후크(Antonie van Leeuwenhoek)

37. 미국 변호사 출신으로 세계 각국에서 생산되는 와인을 100점 만점으로 점수를 매겨 세계적인 와인 평론가로서 유명한 사람의 이름은?

① 젠시스 로빈슨(Jancis Robinson)
② 로버트 파커(Robert Parker)
③ 레온 아담스(Leon Adams)
④ 로버트 몬다비(Robert Mondavi)
⑤ 휴 존슨(Hugh Johnson)

**38. 격년제로 프랑스 보르도에서 열리는 세계 와인전시회 이름은?**

① VINEXPO
② Wines & Spirits Challenge
③ Vin Exhibition
④ Vin de Bordeaux Salon
⑤ Vinitaly

**39. 다음 와인 용어 중에서 뜻이 다른 것 하나는?**

① 코세차(Cosecha)
② 아나타(Annata)
③ 밀레짐(Millésime)
④ 킨타(Quinta)
⑤ 빈티지(Vintage)

**40. 유럽연합(EU)에서는 AOC, DOC 등을 AOP, DOP 등으로 변경하고 있다. 여기서 알파벳 'P'가 뜻하는 것을 영어로 표현하면?**

① Product
② Protection
③ Pass
④ Permit
⑤ Practice

**41. 성경에 나오는 인물 중에서 와인을 최초로 만든 사람은?**

① 다윗
② 솔로몬
③ 모세
④ 예수
⑤ 노아

**42. 영화 '와인 미라클(Bottle Shock)'에서 주제가 된 와이너리는?**

① 스태그스 립 와인 셀라(Stag's Leap Wine Cellar)

② 로버트 몬다비 와이너리(Robert Mondavi Winery)
③ 니봄 코폴라(Niebaum Coppola)
④ 샤토 몬텔레나 와이너리(Ch. Montelena Winery)
⑤ 리쥐 빈야드 앤 와이너리(Ridge Vineyards & Winery)

43. '프렌치 패러독스(French paradox)'는 구체적으로 무엇을 말하는가?

① 프랑스는 개인당 와인 섭취량이 많아도 평균 수명이 길다.
② 프랑스는 개인당 와인 섭취량이 많아도 심장병 발병률이 낮다.
③ 프랑스는 개인당 와인 섭취량이 많아도 알코올 중독자 숫자가 적다.
④ 프랑스는 개인당 와인 섭취량이 많아도 간질환 환자가 적다.
⑤ 프랑스는 개인당 와인 섭취량이 많아도 우울증 환자가 적다.

44. 다음 중 '폴리페놀(Poly phenol)' 성분이 아닌 것은?

① 글리세롤(Glycerol)　　　② 레스베라트롤(Resveratrol)
③ 안토시아닌(Anthocyanin)　④ 타닌(Tannin)
⑤ 카테킨(Catechin)

45. 술을 마시면 얼굴이 빨개지는 사람에 대한 다음 설명 중 옳지 않은 것은?

① 아세트알데히드 분해효소가 결핍되어 있기 때문이다.
② 유전적인 영향이 크다.
③ 알코올 중독자의 대부분이 이런 사람들이다.
④ 서양인보다 동양인에게 이런 현상이 잘 일어난다.
⑤ 이런 사람들은 술을 적게 마시는 것이 좋다.

**46. 알코올 농도 20도인 소주 1병(360㎖)에서 몇 칼로리가 나오는가?**

① 약 300 칼로리　　② 약 400 칼로리
③ 약 500 칼로리　　④ 약 600 칼로리
⑤ 약 800 칼로리

**47. 다음 중에서 간을 보호하는 음주 방법으로 가장 좋은 것은?**

① 안주를 많이 먹는다.
② 간이 쉴 수 있도록 일정 기간 금주한다.
③ 음주 직전이나 직후에 간장약을 복용한다.
④ 알코올 농도가 낮은 술을 마신다.
⑤ 물을 많이 마신다.

**48. 여성이 남성보다 술에 약한 이유를 설명한 다음 문장 중에서 타당성이 없는 것은?**

① 여성은 남성보다 체구가 작기 때문이다.
② 여성은 남성보다 체내 지방 성분이 더 많기 때문이다.
③ 여성은 남성보다 위에서 흡수되어 분해되는 양이 적기 때문이다.
④ 여성은 조직의 손상, 간경변 등 질병에 약하기 때문이다.
⑤ 여성은 남성보다 얼굴 빨개지는 비율이 더 높기 때문이다.

**49. 다음 원산지명칭 중에서 공식적으로 가장 먼저 지정된 것은?**

① 샹파뉴(Champagne)　　② 메도크(Médoc)
③ 리오하(Rioja)　　　　　④ 셰리(Sherry)
⑤ 포트(Port)

50. "한 병의 와인에는 세상의 어떤 책보다 더 많은 철학이 있다." 라고 말한 사람은?

　　① 파스퇴르(Pasteur)　　　　　② 플라톤(Platon)
　　③ 소크라테스(Socrates)　　　　④ 파스칼(Pascal)
　　⑤ 루소(Rousseau)


51. '클리프 리처드(Cliff Richard)', '프란시스 포드 코폴라(Francis Ford Coppola), 제라르 드파르디외(Gérard Depardieu) 세 사람의 와인 관련 공통점을 다음에서 고른다면?

　　① 1976년 '파리의 심판' 심사위원이었다.
　　② 와이너리를 가지고 있다.
　　③ 캘리포니아 와인발전에 공을 세운 사람들이다.
　　④ INAO 위원으로 활동 중이다.
　　⑤ VINEXPO 위원이다.


52. 영화 '사이드 웨이(Sideways)'에서 주제가 된 품종 두 가지를 고른다면?

　　① 카베르네 소비뇽(Cabernet Sauvignon), 메를로(Merlot)
　　② 메를로(Merlot), 피노 누아(Pinot Noir)
　　③ 샤르도네(Chardonnay), 소비뇽 블랑(Sauvignon Blanc)
　　④ 시라(Syrah), 리슬링(Riesling)
　　⑤ 진펀델(Zinfandel), 바르베라(Barbera)


53. 와인 등에서 소위 '천사의 몫(The angels' share)'이라고 하는 것은 무엇을 말하는가?

① 생산자 자신이 시음하면서 없어지는 와인
② 불우한 사람을 돕기 위한 기금 마련을 위해 따로 만든 와인
③ 교회에서 미사용으로 소비되는 와인
④ 교황청에 납품되는 와인
⑤ 숙성 중에 증발하여 없어지는 와인

**54. '빌라 노바 드 가야(Vila Nova de Gaia)' 란?**

① 그리스 신화에 나오는 여신 '가야(Gaia)'가 포도를 재배한 곳
② 전통적으로 포트(Port)를 숙성시키는 항구도시
③ 성경에 나오는 노아가 최초로 포도나무를 심은 곳
④ 이탈리아 피에몬테 지방의 유명한 와인메이커의 가문
⑤ 스페인에서 최초로 포도를 재배하고 와인을 만든 곳

**55. 다음 중 프랑스의 유명한 명품제국 'LVMH 그룹'에 속하지 않은 와인은?**

① 크뤼그(Krug)
② 샤토 슈발 블랑(Ch. Cheval Blanc)
③ 샤토 뒤켐(Ch. d'Yquem)
④ 클라우디 베이(Cloudy Bay)
⑤ 로마네 콩티(Romanée Conti)

# 2. 포도 재배

1. 포도밭의 '테루아르(Terroir)'에 대한 설명 중 잘못된 것은?

   ① 단위 포도밭의 특성을 결정짓는 제반 자연환경을 말한다.
   ② 동일한 품종이라도 테루아르에 따라 와인이 달라진다.
   ③ 프랑스에서는 테루아르에 따라 포도밭의 등급을 매긴다.
   ④ 원래는 "촌스럽다.", "흙냄새 난다." 등의 의미로 사용되었다.
   ⑤ 사람의 노력으로 얼마든지 개선할 수 있다.


2. 포도재배에서 '미기후(Micro climate)'에 대한 설명으로 올바른 것은?

   ① 최첨단 계측기를 사용하여 관찰하여 기록하는 세밀한 기후
   ② 보통 지면에서 위로 1.5 m까지의 기후로서 해당 포도밭이나 포도나무의 기후
   ③ 뿌리가 내려갈 수 있는 지하 5 m까지 토양의 온도와 습도
   ④ 토양 미생물 생육에 알맞은 조건의 기후
   ⑤ 수평적 범위에서 약 10 ㎢, 수직적으로 약 1 ㎞ 범위 내에 나타나는 기후현상을 말한다.

3. 포도재배 용어로서 캘리포니아 주립대학에서 분류한 '적산온도(Degree days)'란 무엇을 말하는가?

① 4월부터 10월까지 일 평균 기온 50 °F(10 °C)를 초과한 온도를 합한 수치
② 포도 잎이 나올 때부터 잎이 질 때까지 평균 기온을 합한 수치
③ 포도 열매가 맺고 나서 수확할 때까지 필요한 온도를 합한 수치
④ 포도나무의 휴면기를 제외한 일수의 평균 기온을 합한 수치
⑤ 특정 지역의 1년 동안 평균 기온을 모두 합한 수치


4. 자갈이 많은 토양에 대한 설명 중에서 다음 중 옳지 않은 것은?

① 배수가 잘 된다.
② 포도에 필요한 양분을 잘 간직한다.
③ 열의 복사작용으로 서리피해를 방지한다.
④ 뿌리가 깊이 내려갈 수 있다.
⑤ 와인용 포도 재배에 이상적이다.


5. 다음 중 자갈이 많은 토양을 표현하는 용어로 적합하지 않은 것은?

① 깊은 토양          ② 따뜻한 토양
③ 가벼운 토양        ④ 유기질 토양
⑤ 거친 토양


6. 다음 중 경사진 포도밭이 좋은 이유에 해당되는 것은?

① 여러 가지 작업을 편하게 할 수 있다.
② 햇볕의 조사 각도가 커지므로 햇볕을 더 많이 받는다.
③ 나무가 잘 자라므로 지주를 설치할 필요가 없다.
④ 해갈이 없이 해마다 균일한 생산이 가능하다.

⑤ 수확량이 많아진다.

### 7. 다음 중 포도나무의 뿌리가 가장 깊이 내려갈 수 있는 토양은?

① 자갈이 많은 토양　　② 점토가 많은 토양
③ 기름진 밭 토양　　④ 수분이 많은 토양
⑤ 모래가 많은 토양

### 8. 다음 중 퇴적암에 속하는 것은?

① 화강암　　② 현무암
③ 석회암　　④ 편암
⑤ 점판암

### 9. 포도밭의 토양 수분이 많으면 일어나는 일반적인 현상이 아닌 것은?

① 포도알이 커진다.
② 숙기가 늦어진다.
③ 병충해 발생이 쉽다.
④ 뿌리가 깊이 내려간다.
⑤ 포도알이 터질 수 있다.

### 10. 다음 사항 중 강이나 호수 주변의 언덕에 있는 포도밭의 가장 좋은 점은?

① 햇볕의 반사효과를 볼 수 있다.
② 물이 풍부하여 가뭄 피해가 없다.
③ 기온이 낮아져 웃자람이 방지된다.
④ 습도가 높아서 포도의 성장이 빨라진다.
⑤ 안개가 자주 끼어 온화한 기온을 유지한다.

11. '가지치기(Pruning)'에 가장 적합한 시기는?

① 봄
② 여름
③ 가을
④ 겨울
⑤ 사철 어느 때나

12. 포도 등의 녹색식물이 물과 대기 중의 ( A )를 태양 에너지를 이용하여 포도당을 만드는 과정을 ( B )이/라고 한다. A와 B에 들어갈 말은?

① 산소, 발효
② 탄소, 탄소합성
③ 질소, 화학합성
④ 수소, 호흡
⑤ 탄산가스, 광합성

13. 포도밭 선정 시 '적산온도(Degree days)'가 2,500~3,000(섭씨 1,390~1,667)이라면 이에 맞는 적합한 포도는?

① 화이트와인 품종이나 레드와인인 경우는 피노 누아(Pinot Noir) 정도
② 카베르네 소비뇽(Cabernet Sauvignon) 등 고급 레드 및 화이트와인 품종
③ 시라(Syrah) 등으로 만든 묵직한 레드와인 품종
④ 디저트와인 즉, 강화와인 품종
⑤ 와인보다는 식용이나 건포도용 품종

14. 포도밭에 그늘이 형성되어 햇볕이 부족할 때 생기는 현상이 아닌 것은?

① 당분 형성에 방해를 받는다.
② 사과산보다 주석산 함량이 많아진다.

③ 타닌과 안토시아닌이 감소된다.
④ 바람직한 향이 감소되어 풋내가 난다.
⑤ 피망 등에서 나오는 '피라진(Pyrazine)' 향이 증가한다.

15. 봄철에 포도밭의 '서리 피해 방지법'으로 사용하지 않는 방법은?

① 지표면의 기온이 냉각되지 않도록 살수를 한다.
② 송풍기를 이용하여 지표면의 찬 공기를 순환시킨다.
③ 소형 난로를 군데군데 설치하여 불을 지핀다.
④ 찬 공기의 유입을 막기 위해 방상림을 조성하거나 낮은 울타리를 설치한다.
⑤ 포도나무 밑둥치 근처에 흙을 북돋아 준다.

16. '가지치기(Pruning)'에 대한 설명으로 부적합한 것은?

① 결과 부위가 매년 전진하게 되므로 열매어미가지를 자르거나 갱신시킨다.
② 수확량을 인위적으로 조절할 수 있다.
③ 기계화가 가능하다.
④ 일정한 수형을 유지시킬 수 있다.
⑤ 겨울에 하는 것이 좋다.

17. 포도밭에서 '피복작물(Cover crop)'이 주는 이점이 아닌 것은?

① 토양 유실을 방지한다.
② 먼지발생이 감소한다.
③ 포도나무 뿌리가 깊게 내려가도록 만든다.
④ 양분과 수분이 풍부해진다.
⑤ 토양의 물리적 구조가 좋아진다.

18. 포도 열매가 부드러워지면서 색깔이 변하는 시점을 '변색기'라고 하는데, 이를 프랑스어로 번역하면?

    ① 마르코타주(Marcottage)
    ② 누에종(Nouaison)
    ③ 베레종(Véraison)
    ④ 부튀르(Bouture)
    ⑤ 뷔타주(Buttage)

19. 포도가 익을 때 당분이 증가하는 현상에 대한 설명 중 옳지 않은 것은?

    ① 나무에 저장했던 당분이 열매로 이동한다.
    ② 광합성으로 잎에서 만든 당분이 열매로 이동한다.
    ③ 열매에 있는 사과산이 당분으로 변한다.
    ④ 호흡으로 많은 당분이 열매에 축적된다.
    ⑤ 8, 9월 햇볕이 당분 형성에 미치는 영향력이 가장 크다.

20. '그린 하비스트(Green harvest)'란 무엇을 말하는가?

    ① 조생종 품종의 첫 수확
    ② 필요 없는 눈을 따주는 작업
    ③ 화이트와인용 포도의 수확
    ④ 산도가 낮은 품종의 조기 수확
    ⑤ 상태가 좋지 않은 열매 제거

21. 포도의 성숙기 때 기온이 35℃ 이상으로 너무 높을 경우, 오히려 착색이 불량하고 당 함량이 감소되는 이유는?

    ① 호흡이 증가하여 당과 산 등이 소비되기 때문
    ② 온도가 높으면 모든 성분이 증발되어 희석되기 때문

③ 나무가 휴면상태로 들어가 성장이 정지되기 때문
④ 수분 부족으로 당, 산 및 색소 등이 파괴되기 때문
⑤ 성숙이 너무 빨라 당과 색소의 이동이 방해받기 때문

22. 포도재배 시 강우량이 너무 많을 경우에 일어나는 현상이 아닌 것은?

① 알맹이가 커진다.
② 나무가 웃자라서 품이 많이 든다.
③ 흰가루병 등 병충해가 많아진다.
④ 폴리페놀 함량이 증가한다.
⑤ 당도가 떨어진다.

23. '점적관개(Drip irrigation)'란?

① 작은 관에 물을 보내면서 원하는 지점에 떨어지도록 관개하는 방법
② 관개수로를 이용하여 포도밭 전면에 물을 공급하는 방법
③ 살수기(Sprinkler)를 이용하여 포도밭에 분무하는 방법
④ 포도밭에 관을 묻어서 땅 속에서 원하는 일정량을 관개하는 방법
⑤ 인공관수를 하지 않고, 강우에 의존하여 자연스럽게 관개하는 방법

24. 다음 중 포도의 생육기간에 하지 않는 작업은?

① 열매솎기
② 순지르기
③ 가지치기
④ 제초작업
⑤ 서리방지작업

**25. 포도를 수확할 때 수확하는 기계를 이용할 경우 좋은 점이 아닌 것은?**

① 적절한 수확기를 놓치지 않고 일시에 수확할 수 있다.
② 비전문 노동자를 교육할 필요가 없다.
③ 노동력이 절감된다.
④ 24시간 가동할 수 있다.
⑤ 포도를 자동으로 선별할 수 있다.

**26. 칠레 등 남아메리카의 정상적인 포도 수확 시기는?**

① 3~4월  ② 5~6월
③ 7~8월  ④ 9~10월
⑤ 11~12월

**27. 다음 중 온대지방 식물 중에서 주로 포도에만 존재하는 유기산은?**

① 주석산(Tartaric acid)  ② 사과산(Malic acid)
③ 구연산(Citric acid)  ④ 젖산(Lactic acid)
⑤ 호박산(Succinic acid)

**28. 포도에 존재하는 녹색 색소의 명칭은?**

① 클로로필(Chlorophyll)  ② 안토시아닌(Anthocyanin)
③ 카로틴(Carotene)  ④ 크산토필(Xanthophyll)
⑤ 카로티노이드(Carotenoids)

**29. 1924년에 기술한 포괄적이고 실용철학적인 '생물기능농법(Biodynamic viticulture)' 이론을 창시하여 발표한 사람은?**

① 니콜라 졸리(Nicolas Joly)
② 루돌프 슈타이너(Rudolf Steiner)
③ 오베르 드 빌랜(Aubert de Villaine)
④ 랄루 비즈를루아(Lalou Bize-Leroy)
⑤ 루이 파스퇴르(Louis Pasteur)

30. 성장을 억제할 필요가 없는 품종에 적용하는 것으로 '보졸레(Beaujolais)', '코트 뒤 론(Côte du Rhône)' 및 지중해 연안에서 사용하는 포도재배 수형은?

① 고블렛(Goblet)식
② 모젤(Mosel)식
③ 귀요(Guyot)식
④ 평덕(Overhead = Pergola)
⑤ 웨크만(Wakeman)식

31. 급경사지에서 일반적으로 사용되는 포도나무 수형은?

① 평덕(Overhead = Pergola)
② 귀요(Guyot)식
③ 모젤(Mosel)식
④ 고블렛(Goblet)식
⑤ 웨크만(Wakeman)식

32. 일반적인 포도의 번식 방법이 아닌 것은?

① 씨를 뿌리는 방법
② 접붙이기를 하는 방법
③ 꺾꽂이를 하는 방법
④ 조직배양을 하는 방법
⑤ 눈접하는 방법

33. 다음 포도나무 성장의 특성에 대한 설명 중 옳지 않은 것은?

① 포도나무는 덩굴성으로 독자적으로 수형 유지가 안 되므로 지주나 시렁을 설치한다.
② 포도나무는 평균 5년 이상 성장해야 열매가 열리기 시작한다.
③ 포도나무는 꽃눈 형성이 잘 되므로 해갈이 없이 매년 균일한 생산 가능하다.
④ 포도나무는 흡비력이 강하여 메마른 땅에서도 생육이 비교적 양호하다.
⑤ 포도나무를 자연 상태로 방임하면 새 가지는 열매어미가지의 끝 부분에서 발육이 빠르고 세력도 좋다.

34. 포도나무의 접목에 대해서 올바르게 설명한 것은?

① 풍토에 강한 대목에 형질이 좋은 가지를 붙이는 식으로 한다.
② 미국산 포도의 접목 때문에 필록세라가 유럽으로 유입되었다.
③ 대목과 접순의 유전자를 결합시켜 새로운 품종을 얻는 방법이다.
④ 바이러스 없는 묘목을 생산할 수 있다.
⑤ 포도열매는 대목의 형질이 그대로 전이되므로 대목 선택에 유의해야 한다.

35. '필록세라(Phylloxera)'의 원산지는?

① 프랑스　　② 미국
③ 그리스　　④ 남미
⑤ 오스트레일리아

36. '필록세라(Phylloxera)' 해결에 결정적인 공로를 세운 사건은?

① 농약 개발　　② 꺾꽂이
③ 돌연변이　　④ 유전자 조합
⑤ 접붙이기

37. '필록세라(Phylloxera)' 방제법으로 유효한 것이 아닌 것은?

① 묘목 구입 시 흙을 제거하고 소독을 한다.
② 필록세라에 저항력이 있는 대목에 접붙인다.
③ 포도밭에 특효한 살충제를 살포한다.
④ 포도를 모래땅에서 재배하면 피해가 거의 없다.
⑤ 묘목에 붙어서 전파되므로 묘목 구입에 주의한다.


38. 포도의 병충해 중 하나인 '잿빛곰팡이병(Gray mold)'을 일으키는 미생물은?

① *Phaeoisaliopsis vitis*
② *Glomerella cingulata*
③ *Elsinoe ampelina*
④ *Uncinula necator*
⑤ *Botrytis cinerea*


39. 유럽에서 '필록세라(Phylloxera)'가 포도밭을 휩쓸고 지난 후 일어난 사건이 아닌 것은?

① 동식물의 국제적인 이동 시 검역이란 제도가 생겼다.
② 위스키가 국제적인 술로 명성을 얻게 되었다.
③ 원산지명칭통제 제도의 필요성이 부각되었다.
④ 그랑 크뤼 클라세(Grand Cru Classé) 등 각 지방별로 와인 등급제도가 생겼다.
⑤ 천대받던 맥주의 수요가 증가했다.


40. '클론(Clone)'에 대한 설명으로 틀린 것은?

① 동일한 유전적 특성을 가진 집단으로 한 품종에 여러 가지 클론이 있다.
② 풍토에 맞는 클론 선택은 아주 중요하다.
③ 드물게 나타나는 유용한 변이를 선발하면 품종을 개량시킬 수 있다.

④ 오랜 번식세대를 거치는 동안 돌연변이에 의한 변이가 발생하여 누적된 것이다.
⑤ 동일한 종끼리의 잡종으로 서로 장점을 공유한 품종을 얻을 수 있다.

**41. 다음 '포도 속(Vitis)'의 학명 중에서 등 동아시아 원생종은?**

① Vitis vinifera
② Vitis. labrusca
③ Vitis. indica
④ Vitis. amurensis
⑤ Vitis riparia

**42. 다음 중 유럽계 포도(*Vitis vinifera*)인 것은?**

① 나이아가라(Niagara)
② 챔피언(Champion)
③ 델라웨어(Delaware)
④ 콩코드(Concord)
⑤ 甲州(코슈)

**43. '위니 블랑(Ugni Blanc)'은 지방에 따라서 부르는 명칭이 다양한데, 코냑 지방에서 부르는 명칭은?**

① 생테밀리용(Saint-Emilion)
② 트레비아노(Trebbiano)
③ 소비뇽 블랑(Sauvignon Blanc)
④ 슈냉 블랑(Chenin Blanc)
⑤ 피노 블랑(Pinot Blanc)

**44. '피노 누아(Pinot Noir)'를 독일에서는 무엇이라고 하는가?**

① 슈페트부르군더(Spätburgunder)
② 블라우부르군더(Blauburgunder)
③ 구테델(Gutedel)

④ 바이스부르군더(Weissburgunder)

⑤ 룰랜더(Ruländer)

45. 동일한 품종이라도 지방에 따라 부르는 명칭이 다르다. 다음 품종의 명칭 중에서 전혀 관계가 없는 다른 품종을 고른다면?

① 코(Cot)
② 오세루아(Auxerrois)
③ 말베크(Malbec)
④ 타나(Tannat)
⑤ 프레사크(Pressac)

46. 다음 포도 품종 중 '프랑스계 잡종(French hybrid)'인 것은?

① 뮐러 투르가우(Muller-Thurgau)
② 나이아가라(Niagara)
③ 세이블 블랑(Seyval Blanc)
④ 콩코드(Concord)
⑤ 카토바(Catawba)

47. 다음 중 레드와인용 품종이 아닌 것은?

① 가르가네가(Garganega)
② 케익프란코쉬(Kékfrankos)
③ 블라우프랜키슈(Blaufränkisch)
④ 보나르다(Bonarda)
⑤ 트롤링어(Trollinger)

48. 다음 레드와인 포도 품종 중에서 색깔이 가장 진한 품종은?

① 알리칸트 부세(Alicante Bouschet)
② 카베르네 소비뇽(Cabernet Sauvignon)
③ 시라(Syrah)

④ 가메(Gamay)

⑤ 말베크(Malbec)

49. 다음 중 세계에서 가장 넓은 재배면적을 가진 품종은?

① 카베르네 소비뇽(Cabernet Sauvignon)

② 샤르도네(Chardonnay)

③ 메를로(Merlot)

④ 시라(Syrah)

⑤ 소비뇽 블랑(Sauvignon Blanc)

50. 'Ampelography' 란 무엇을 뜻하는가?

① 포도의 품종, 분류 및 원산지 등에 대해서 연구하는 학문

② 와인과 관련된 역사분야를 연구하는 고고학

③ 와인 양조에 대해서 연구하는 학문

④ 포도나 와인의 사진과 그림을 연구하는 학문

⑤ 포도나 와인의 성분을 분석하는 학문

51. 독일어로 '스파이시' 라는 뜻이 있는 포도 품종으로 그레이프프루트, 리치 등 과일 향과 아카시아, 장미 등 꽃 향기가 강하여, 초보자도 그 향을 인식할 수 있는 개성이 강한 품종은?

① 슈페트부르군더(Spätburgunder)

② 뮐러 투르가우(Müller Thurgau)

③ 바이스부르군더(Weissburgunder)

④ 게뷔르츠트라미너(Gewürztraminer)

⑤ 블라우부르군더(Blauburgunder)

52. 프랑스의 '샹파뉴(Champagne)'나 '부르고뉴(Bourgogne)' 지방 등은 다음 중 어느 기후에 해당되는가?

① 해양성기후　　　　　　② 지중해성기후
③ 고산성기후　　　　　　④ 대륙성기후
⑤ 냉대다우기후

# 3. 와인 양조

1. 다음 중 '휘발산(Volatile acid)'으로서 정상적인 와인에 어느 정도 이상 있어서는 안 되는 산으로, 국제적으로 규제를 받는 산은?

   ① 주석산  ② 사과산
   ③ 초산   ④ 구연산
   ⑤ 젖산

2. 다음 중 프랑스와 오스트레일리아 등에서 사용하는 당도 단위는?

   ① 브릭스(Brix)      ② 보메(Baumé)
   ③ 웩슬레(Öechsle)   ④ 볼링(Balling)
   ⑤ KMW

3. 와인의 성분 중 알코올의 역할이 아닌 것은?

   ① 와인의 바디와 골격을 구성한다.

② 화끈한 느낌과 단맛을 준다.
③ 신맛과 조화를 이루어야 최상의 향미를 낼 수 있다.
④ 향의 '캐리어(Carrier)' 역할을 한다.
⑤ 신선하고 경쾌한 향미를 준다.

4. 와인에서 아황산의 역할이 아닌 것은?

① 항산화 작용
② 색소 추출 작용
③ 향미 개선
④ 알코올 손실 방지
⑤ 항박테리아 작용

5. 와인 양조 시 아황산 첨가는 언제 하는 것이 좋은가?

① 발효 직전 효모를 첨가하기 전
② 저장 중 함량이 감소했을 때
③ 주병 직전 함량이 감소했을 때
④ 휘발산 함량이 증가할 경우
⑤ 위 네 가지 경우 모두

6. 다음 중 효모의 성장과 생육을 방해하는 요소가 아닌 것은?

① 알코올
② 삼투압
③ 공기
④ 농약
⑤ 영양부족

7. 포도의 당도가 와인 양조에 중요한 이유는?

① 당도가 높을수록 알코올 농도가 높아지기 때문
② 당도가 높을수록 발효가 잘 되기 때문
③ 당도가 높을수록 와인이 맛있기 때문
④ 당도가 높을수록 발효가 빨라지기 때문
⑤ 당도가 높을수록 발효가 완벽하기 때문

8. 레드와인에서 붉은 색깔과 떫은맛을 주는 성분 등을 총괄하여 무엇이라고 하나?

① 폴리페놀(Poly phenol)　　② 논플라보노이드(Nonflavonoids)
③ 레스베라트롤(Resveratrol)　　④ 중합체(Polymer)
⑤ 타닌(Tannin)

9. 포도의 붉은 자줏빛 색깔을 나타내는 주요 색소의 명칭은?

① 카테킨(Catechin)　　② 논플라보노이드(Nonflavonoids)
③ 안토시아닌(Anthocyanin)　　④ 타닌(Tannin)
⑤ 클로로필(Chlorophyll)

10. 다음 중 알코올 발효 과정 중에 생성되는 부산물이 아닌 것은?

① 글리세롤(Glycerol)　　② 메틸알코올(Methyl alcohol)
③ 초산(Acetic acid)　　④ 주석산(Tartaric acid)
⑤ 호박산(Succinic acid)

11. 머스트의 당도를 굴절당도계로 측정하여 18 브릭스가 나왔다면, 발효가 완전히 끝나면 알코올 농도는 대략 어느 정도 될까?

① 약 6도　　　　　　　　② 약 8도
③ 약 10도　　　　　　　④ 약 12도
⑤ 약 14도

12. 일반적인 와인의 pH 범위는?

　　① 1~2　　　　　　　　② 3~4
　　③ 5~6　　　　　　　　④ 7~8
　　⑤ 9~10

13. 와인의 '초산균 오염'에 대해서 잘못 설명한 것은?

　　① 모든 용기의 밀봉과 위생상태 불량과 관계가 있다.
　　② 초파리 등이 이 균을 옮긴다.
　　③ 아황산 첨가로 방지할 수 있다.
　　④ 개봉하지 않은 와인 병에서도 오래되면 생긴다.
　　⑤ 초기에는 아세톤 냄새가 난다.

14. 당도 15브릭스인 포도주스 10 kg의 당도를 22브릭스로 만들려면 설탕을 얼마나 첨가해야 하나?

　　① 약 0.7 kg　　　　　　② 약 0.9 kg
　　③ 약 1.5 kg　　　　　　④ 약 3 kg
　　⑤ 약 7 kg

15. 머스트의 당도가 너무 높을 경우, 효모의 생육이 방해받는 주요 이유는?

① 삼투압이 증가하여 수분을 빼앗기기 때문
② pH가 상승하여 살균효과를 발휘하기 때문
③ 공기가 통하지 않아 질식하기 때문
④ 영양소가 파괴되어 일어나는 영양부족 때문
⑤ 당분이 비타민을 파괴하기 때문

16. 효모의 생육과 공기(산소) 공급 관계를 옳게 설명한 것은?

① 효모는 공기를 철저하게 차단시켜야 잘 자란다.
② 효모는 공기가 충분하면 알코올발효보다 생육과 번식을 잘 한다.
③ 효모는 공기를 많이 공급할수록 알코올 발효를 잘 일으킨다.
④ 효모는 공기가 부족하면 호흡으로 전환하여 에너지를 많이 얻는다.
⑤ 효모의 생육과 알코올 발효는 공기의 존재 여부와 상관이 없다.

17. 다음 중 알코올발효가 본의 아니게 중단(Stuck fermentation)되는 원인이 아닌 것은?

① 완벽한 공기 차단
② 영양 부족
③ 35℃ 이상으로 온도 상승
④ 초기당도가 35 브릭스 이상으로 높을 경우
⑤ pH 상승

18. 레드와인 발효 시 색소와 타닌을 추출하기 위한 적정 온도는?

① 10~15 ℃                ② 15~20 ℃
③ 20~25 ℃                ④ 25~30 ℃
⑤ 30~35 ℃

19. 레드와인 발효 시 탱크 하부에서 발효 중인 과즙을 펌프로 탱크 상부에 있는 껍질 층을 골고루 적셔주는 작업을 프랑스어로 무엇이라고 하는가?

① 피자주(Pigeage)
② 데부르바주(Débourbage)
③ 프레쉬라주(Pressurage)
④ 르몽타주(Remontage)
⑤ 수티라주(Soutirage)


20. '캡 매니지먼트(Cap Management)'란 어떤 작업을 말하는가?

① 레드와인 발효 중 떠오르는 껍질을 관리하는 일
② 발효 탱크에 공기가 들어가지 않도록 뚜껑을 완벽하게 밀봉시키는 일
③ 병에 와인을 넣고 밀봉시켜 캡슐을 씌우는 일
④ 오크통 숙성 중 윗부분의 증발하는 양을 채워주는 작업
⑤ 발효가 갓 끝난 와인에서 맑은 상층부분만을 채취해서 따로 분리시키는 일


21. 다음 중 레드와인 발효 시 행하는 '르몽타주(Remontage)'의 효과가 아닌 것은?

① 발효 중인 머스트에 공기를 공급한다.
② 껍질에서 색소 등 성분을 추출한다.
③ 와인의 산도를 높인다.
④ 온도의 분포가 균일해진다.
⑤ 제반 성분을 균질화한다.


22. 포도의 껍질에서 보다 많은 성분을 추출하기 위해서, 발효 전이나 발효 중에 하는 일을 다음 중에 고르면?

① 쉬르 리(Sur lie)

② 마세라시옹 카르보니크(Maceration carbonique)
③ 바토나주(Bâtonnage)
④ 스킨 컨텍트(Skin contact)
⑤ 우이야주(Ouillage)


23. '프리 런 와인(Free run wine)'이란 무엇을 뜻하는가?

① 찌꺼기가 가라앉은 와인 탱크에서 상층부의 맑은 와인
② 글라스에 부었을 때 눈물이 많이 흘러내리는 와인
③ 발효가 왕성하게 일어나 탱크에서 흘러넘치는 와인
④ 숙성 중인 오크통에서 증발하여 공기 중으로 사라지는 와인
⑤ 레드와인 발효 후 압력을 가하지 않아도 유출되는 와인


24. '프레스 와인(Press wine)'이란 무엇을 뜻하는가?

① 레드와인 발효 후 껍질부분에 압력을 가하여 나오는 와인
② 탄산가스가 가득 차 압력이 높은 와인
③ 언론 홍보용으로 제작한 시제품 와인
④ 발효가 갓 끝난 와인을 고압으로 처리하여 정제한 와인
⑤ 고압으로 여과기를 통과하여 맑게 변한 와인


25. 다음 와인의 성분 중에서 '프리 런 와인(Free run wine)'이 '프레스 와인(Press wine)'보다 더 많이 가지고 있는 성분은?

① 알코올　　　　　　② 잔당
③ 유기산　　　　　　④ 타닌
⑤ 고형물

26. 발효 중인 와인으로 스위트와인을 만들기 위해 발효를 중단시키는 방법이 아닌 것은?

① 10 ℃ 이하 저온으로 처리한다.
② 45 ℃ 이상 고온으로 처리한다.
③ 고농도의 아황산을 처리한다.
④ 찌꺼기를 제거한다.
⑤ 질소를 투입한다.


27. 양조 용어 중에서 프랑스어 '세니에(Saignée)'가 적용되는 와인은?

① 레드와인                ② 화이트와인
③ 로제                    ④ 스파클링 와인
⑤ 강화 와인


28. 다음 양조 방법 중에서 고급 화이트와인을 생산하기 위해 최근에 시행하고 있는 방법이 아닌 것은?

① 쉬르 리(Sur lie)        ② 콜드 매서레이션(Cold maceration)
③ 저온 발효               ④ 동일한 오크통에서 발효와 숙성
⑤ 펙틴 분해 효소 사용


29. 와인 양조에서 '콜드 매서레이션(Cold maceration)'이란 단어가 뜻하는 것은?

① 낮은 온도에서 발효시켜 향미를 추출하는 과정
② 낮은 온도에서 숙성을 시켜 향미를 보존하는 과정
③ 머스트를 발효 전에 낮은 온도에 수일 동안 두는 방법
④ 양조과정 전반에 걸쳐 낮은 온도를 유지시키는 방법
⑤ 아이스와인과 동일하게 포도를 냉동시켜 당도를 높이는 방법

**30. 화이트와인 양조 시 중요하게 생각해야 할 사항이 아닌 것은?**

① 포도의 아로마를 와인으로 조심스럽게 이전시킨다.
② 포도에서 머스트까지 시간을 최대한 단축시킨다.
③ 산화방지를 위해 최선을 다한다.
④ 껍질과 씨에서 최대한 폴리페놀을 추출한다.
⑤ 낮은 온도에서 발효시켜야 아로마가 보존된다.

**31. 화이트와인 발효 시 온도를 낮추는 이유에 해당되지 않은 사항은?**

① 잡균 오염이 방지된다.
② 향의 손실이 방지된다.
③ 산화가 방지된다.
④ 산소의 용해가 방지된다.
⑤ 산소와 반응이 억제된다.

**32. 화이트와인 양조에서 '쉬르 리(Sur lie)'라는 방법은 무엇을 뜻하는가?**

① 효모 찌꺼기 위에서 숙성시키는 방법
② 오크통의 향을 추출하는 방법
③ 포도의 아로마를 보존하는 방법
④ 따라내기로 찌꺼기를 제거하는 방법
⑤ 저온에서 발효시키는 방법

**33. 고급 화이트와인을 양조할 때 나무통의 효모 찌꺼기 위에서 숙성시키면서, 정기적으로 찌꺼기와 와인을 혼합해 주는 작업을 프랑스어로 무엇이라고 하는가?**

① 데부르바주(Débourbage)

② 마세라시옹(Macération)
③ 아상블라주(Assemblage)
④ 우이야주(Ouillage)
⑤ 바토나주(Bâtonnage)

34. 화이트와인 양조 시, 포도 1,000 kg을 압착하면 주스를 얼마나 얻을 수 있나?

① 약 300ℓ
② 약 500ℓ
③ 약 700ℓ
④ 약 900ℓ
⑤ 약 1,000ℓ

35. 와인 양조 중 일어나는 '말로락트 발효(Malolactic fermentation)'란?

① 사과산이 젖산으로 변하는 반응
② 알코올이 물과 탄산가스로 변하는 반응
③ 당분이 알코올과 탄산가스로 변하는 반응
④ 알코올이 초산으로 변하는 반응
⑤ 알코올이 아세트알데히드로 변하는 반응

36. 다음 '말로락트 발효(Malolactic fermentation)'에 대한 설명 중에서 옳지 않은 것은?

① 산도가 약해진다.
② 숙성의 첫 단계라고 할 수 있다.
③ 사과산이 주석산으로 변한다.
④ 맛과 향에 다양성이 부여된다.
⑤ 생물학적인 안정성을 얻게 된다.

37. 다음 '말로락트 발효(Malolactic fermentation)'에 대한 설명 중에서 옳지 않은 것은?

① pH 2.9 이하에서는 일어나기 어렵다.
② 말로락트 발효를 일으키는 균은 아황산에 내성이 있다.
③ 20~25℃에서 가장 잘 일어난다.
④ 공기나 영양물질의 영향을 받는다.
⑤ 박테리아가 일으키는 반응이다.

38. 다음 '말로락트 발효(Malolactic fermentation)'에 대한 설명 중에서 옳은 것은?

① 신맛이 약해지지만, 산의 종류는 변하지 않는다.
② 효모가 일으키는 반응이다.
③ 알코올발효와 달리 탄산가스 발생이 없다.
④ 알코올 발효가 끝난 직후 일어나는 것이 좋다.
⑤ 잔당이 있으면 부반응이 일어나지 않는다.

39. 와인에서 '말로락트 발효(Malolactic fermentation)'에 가장 많이 쓰이는 박테리아의 학명은?

① Saccharomyces cerevisiae
② Botrytis cinerea
③ Leuconostoc oenos
④ Acetobacter rancens
⑤ Lactobacillus casei

40. '랙킹(Racking)'이란 어떤 작업을 말하는가?

① 와인의 맑은 상층부분만 분리하여 채취하는 작업
② 여러 품종의 와인을 혼합하여 최상의 맛을 만들어 내는 작업

③ 청징제를 첨가하여 와인을 맑게 만드는 작업
④ 껍질을 분리하여 압착시키는 작업
⑤ 찌꺼기 위에서 숙성시키는 방법

**41. 다음 중 와인과 산소(공기)의 관계를 설명한 것 중에 옳지 않은 것은?**

① 온도가 낮을수록 산소의 용해도가 높아진다.
② 병에 들어 있는 와인은 코르크를 통해 숨을 쉰다.
③ 아황산이 적당량 있을 경우 와인은 산소로부터 보호된다.
④ 완성된 와인보다는 머스트가 산소에 더 민감하다.
⑤ 온도가 높을수록 산소와 반응이 빨라진다.

**42. 숙성 중 일어나는 변화에 해당되지 않은 것은?**

① 화이트와인, 레드와인 모두 선명한 색깔이 사라지기 시작한다.
② 복합적인 맛과 향이 생성된다.
③ 아로마가 증가하고 부케가 서서히 사라진다.
④ 기존 성분과 신규 성분의 조화가 일어난다.
⑤ 산과 알코올의 반응으로 에스터(Ester)가 증가한다.

**43. '벌크와인(Bulk wine)' 숙성 중 일어나는 변화에 해당되지 않은 것은?**

① 안토시아닌이 타닌과 결합한다.
② 과일 향이 사라진다.
③ 물과 알코올이 분자 상태로 혼합된다.
④ 침전물질이 형성된다.
⑤ 초산에틸(Ethyl acetate)과 같은 에스터(Ester)가 감소한다.

**44. 프랑스 오크와 미국 오크를 비교한 설명 중 옳지 않은 것은?**

① 오크 나무의 종이 다르다.
② 프랑스 오크는 고형물과 페놀 함량이 미국 것보다 거의 두 배 정도 더 많다.
③ 미국 오크(Q. alba)에는 바닐린이 더 많이 들어있다.
④ 프랑스 오크의 값이 더 비싸다.
⑤ 피노 누아 등과 같이 은은한 향을 우려내려면 미국산 오크가 적합하다.

**45. 와인을 숙성시키는 나무통의 재질로서 '오크(Oak)' 즉 참나무를 선택한 이유가 아닌 것은?**

① 나무가 단단하기 때문에
② 주변에서 쉽게 구할 수 있어서
③ 와인의 향미를 좋게 만들기 때문에
④ 조직이 치밀하기 때문에
⑤ 가공이 쉽기 때문에

**46. 다음 중 프랑스 오크나무 숲이 아닌 곳은?**

① 리무쟁(Limousin)　　② 느베르(Nevers)
③ 트롱세(Troncais)　　④ 툴루즈(Toulouse)
⑤ 알리에르(Allier)

**47. 오크통에서 숙성 중인 와인의 관리할 때 '토핑(Topping)'이란 어떤 작업을 말하는가?**

① 뚜껑을 위생적으로 완벽하게 밀봉시키는 일
② 뚜껑이 위를 향하도록 위치를 바꾸는 일

③ 위에 있는 맑은 액을 따라내는 일
④ 줄어든 양을 보충하는 일
⑤ 오크통을 차례로 쌓는 일

48. 다음 중 와인을 맑게 만드는 '청징제(Fining agent)'가 아닌 것은?

① 규조토  ② 벤토나이트
③ 젤라틴  ④ 타닌
⑤ 카제인

49. 알코올발효 후 탱크 바닥, 혹은 와인 병을 개봉했을 때 병 바닥에 석출되어 나오는 결정을 부르는 명칭은?

① 주석산  ② 주석
③ 탄산칼슘  ④ 탄산칼륨
⑤ 염화칼륨

50. '주석(酒石)'을 제거하는데 가장 좋은 방법은 와인을 얼지 않을 정도의 낮은 온도로 처리하는 것인데, 그 이유는?

① 온도가 낮을수록 주석이 잘 생기기 때문에
② 온도가 낮을수록 주석이 잘 녹기 때문에
③ 온도가 낮을수록 여과가 잘 되기 때문에
④ 온도가 낮을수록 와인이 맑아지기 때문에
⑤ 온도가 낮을수록 주석이 없어지기 때문에

**51. '주석(酒石)'의 주성분은?**

① 주석산과 칼륨이나 칼슘의 반응으로 생긴 물질
② 색소와 타닌의 중합체
③ 효모 찌꺼기와 알코올의 반응으로 생긴 물질
④ 산과 알코올의 반응으로 생긴 물질
⑤ 타닌끼리의 중합체

**52. 와인을 주병한 후 코르크 위에 씌우는 '캡슐(Capsule)'의 역할은?**

① 코르크를 숨 쉬게 만든다.
② 미생물 오염을 방지한다.
③ 병구를 완벽하게 밀봉시킨다.
④ 코르크의 열팽창을 방지한다.
⑤ 코르크를 보호한다.

**53. '병 숙성(Bottle aging)'이란 와인이 병에 들어간 다음에 일어나는 변화를 이르는 말인데, 다음 중 병 숙성의 메커니즘에 대해 올바르게 설명한 것은?**

① 코르크마개를 통해서 숨 쉬면서 숙성되는 현상
② 공기가 없는 상태에서 일어나는 바람직한 변화
③ 천천히 일어나는 복합적인 산화 현상
④ 산소를 소비하면서 여러 가지 부케를 형성하는 현상
⑤ 산화와 환원이 반복되면서 향미가 개선되는 현상

**54. 코르크 마개를 가장 많이 생산하는 나라는?**

① 프랑스                    ② 스페인

③ 이탈리아  ④ 그리스
⑤ 포르투갈

55. 와인 양조과정 중 계란흰자, 벤토나이트 등을 첨가하여 와인을 맑게 만드는 과정을 프랑스어로 무엇이라고 하나?

① 엘르바주(Élevage)  ② 데부르바주(Débourbage)
③ 콜라주(Collage)  ④ 우이야주(Ouillage)
⑤ 풀라주(Foulage)

# 4. 프랑스 와인(Ⅰ)

1. 프랑스가 우리나라보다 위도가 높은 데도 불구하고 우리나라보다 더 온화한 이유는?

   ① 지대가 낮기 때문에
   ② 강과 운하가 발달하여 거대한 온실 효과를 주기 때문에
   ③ 멕시코 만 난류가 유입되기 때문에
   ④ 사하라 사막에서 열풍이 불어오기 때문에
   ⑤ 알프스 산맥이 찬바람을 막아주기 때문에

2. 다음 사항 중 프랑스의 모든 와인 상표에 반드시 표시해야 할 사항은?

   ① 와인의 용량과 알코올 도수   ② 수확년도와 알코올 도수
   ③ 수확년도와 와인의 용량     ④ 포도밭 소유자의 명칭과 주소
   ⑤ 원산지의 명칭

3. 다음 중 프랑스 AOC 제도에서 규정하지 않은 사항은?

① 지리적 경계와 명칭     ② 최소 알코올 농도
③ 숙성 기간     ④ 단위면적당 수확량
⑤ 포도재배 및 양조방법

4. 프랑스 AOC 제도를 관장하는 기구는?

    ① INAO     ② ONIVINS
    ③ BATF     ④ OIV
    ⑤ ISO

5. 프랑스 와인 상표에 'Vin de Pays d'Oc'이라고 표시가 된 것은 어느 지방 와인인가?

    ① 랑그도크루시용(Languedoc-Roussillon) 지방
    ② 보르도(Bordeaux) 및 코냑(Cognac) 지방
    ③ 론(Rhone) 일부, 프로방스(Provence), 코르스(Corse) 지방
    ④ 남서부(Sud-Ouest) 지방
    ⑤ 루아르(Loire) 및 부르고뉴(Bourgogne) 일부 지방

6. 다음 중 프랑스 AOC 와인의 상표에 의무적으로 표기해야 할 사항이 아닌 것은?

    ① 원산지 명칭     ② 빈티지
    ③ 알코올 농도     ④ 생산자 명칭 및 주소
    ⑤ 와인의 용량

7. 프랑스 '뱅 드 페이(Vins de Pays)' 와인에 품종을 상표에 표시할 경우, 그 품종이 얼마나 들어가야 하나?

① 65% 이상 ② 75% 이상
③ 85% 이상 ④ 95% 이상
⑤ 100%

8. 다음 프랑스의 와인산지 중에 가장 남쪽에 있는 것은?

① 보르도(Bordeaux)
② 부르고뉴(Bourgogne)
③ 랑그도크루시용(Languedoc-Roussillon)
④ 알자스(Alsace)
⑤ 루아르(Loire)

9. 다음 와인산지 중에서 프랑스 남동부 지역에 있는 것은?

① 보르도(Bordeaux) ② 알자스(Alsace)
③ 프로방스(Provence) ④ 루아르(Loire)
⑤ 부르고뉴(Bourgogne)

10. 다음 중 프랑스 현대 와인 역사에서 가장 오래된 사건은?

① 샤토 무통 로트쉴드(Ch. Mouton-Rothschild) 1등급으로 승격
② 페삭레오냥(Pessac-Léognan) AOC 제정
③ 생브리(St-Bris)가 부르고뉴의 100번째 AOC가 됨
④ 보졸레 누보(Beaujolais Nouveau)의 날을 11월 세 번째 목요일로 변경
⑤ '랄루 비즈를루아(Lalou Bize-Leroy)' DRC에서 물러남

11. 다음 프랑스 와인 생산지방 중에서 가장 묵직하고 진한 레드와인을 주로 생산하는

곳은?

① 알자스(Alsace)  ② 루아르(Loire)
③ 사부아(Savoie)  ④ 쥐라(Jura)
⑤ 론(Rhône)

12. 다음 중 AOC 제정 당시부터 상표에 포도 품종을 표시하는 지방은?

① 프로방스(Provence)
② 쥐라(Jura)
③ 남서부 지방(Sud-Ouest)
④ 랑그도크 루시옹(Languedoc Roussillon)
⑤ 알자스(Alsace)

13. 다음 와인 생산지방 중에서 경치가 좋아서 '프랑스의 정원(Jardin de la France)'라는 별명이 붙어 있는 곳은?

① 프로방스(Provence)  ② 코르스(Corse)
③ 루아르(Loire)  ④ 알자스(Alsace)
⑤ 랑그도크루시옹(Languedoc-Roussillon)

14. 다음 와인 생산 지방 중에서 AOC 와인을 가장 많이 생산하는 곳은?

① 보르도(Bordeaux)
② 랑그도크루시옹(Languedoc-Roussillon)
③ 프로방스(Provence)
④ 부르고뉴(Bourgogne)
⑤ 알자스(Alsace)

15. 다음 중 보르도 지방을 흐르는 강이 아닌 것은?

    ① 지롱드(Gironde) 강        ② 도르도뉴(Dordogne) 강
    ③ 가론(Garonne) 강          ④ 시롱(Ciron) 강
    ⑤ 손(Saône) 강

16. 프랑스 보르도 지방에서 가장 많이 재배되는 레드와인 품종은?

    ① 카베르네 소비뇽(Cabernet Sauvignon)
    ② 메를로(Merlot)
    ③ 카베르네 프랑(Cabernet Franc)
    ④ 카르메네레(Carmenère)
    ⑤ 말베크(Malbec)

17. 다음 화이트와인용 포도 중에서 원산지명칭(AO) '보르도'에서 허용되지 않는 것은?

    ① 소비뇽 블랑(Sauvignon Blanc)   ② 세미용(Semillon)
    ③ 뮈스카델(Muscadelle)          ④ 위니 블랑(Ugni Blanc)
    ⑤ 슈냉 블랑(Chenin Blanc)

18. 보르도 와인생산 지역을 지롱드 강과 가론 강을 중심으로 나눌 경우 좌안(Left bank)에 해당되지 않은 원산지명칭(AO)은?

    ① 메도크(Médoc)             ② 그라브(Graves)
    ③ 소테른(Sauternes)          ④ 바르삭(Barsac)
    ⑤ 프롱사크(Fronsac)

19. 보르도 와인 상표에 기재된 '미 정 부테이유 오 샤토(Mis en bouteilles au Château)'라는 문장은 무슨 뜻일까?

   ① 해당 샤토에서 나오는 최고의 와인이라는 뜻
   ② 해당 샤토에서 포도재배, 양조 및 주병을 했다는 뜻
   ③ 해당 샤토에서 OEM(주문자 상표) 방식으로 만든 와인이란 뜻
   ④ 해당 샤토에서 만든 병에서 숙성시켜 만든 와인이라는 뜻
   ⑤ 해당 샤토에서 만든 오크통에서 숙성시킨 와인이란 뜻


20. 다음 보르도 지방의 원산지명칭(AO) 중에서 레드와인만 생산이 인정되는 것은?

   ① 그라브(Graves)        ② 세롱(Céron)
   ③ 블레예(Blaye)         ④ 프롱사크(Fronsac)
   ⑤ 앙트르 되 메르(Entre-Deux-Mers)


21. 네고시앙(Négociant)이란?

   ① 포도를 구입하여 와인을 제조하거나, 반제품 상태의 와인을 완성품으로 만들어 자신의 상호로 판매하는 업자
   ② 소규모 업자와 중간 상인을 중개하는 업자로 출발하여 샤토 와인의 판매, 수출까지 중개하는 업자
   ③ 양조시설이 없는 소규모 농가의 포도를 수집하여 샤토에 판매하거나, 소규모 제조업체의 와인의 수출을 대행하는 업체
   ④ 보르도에 있는 샤토의 조합으로 각 샤토의 포도재배, 와인제조, 판매 등의 편이를 위해서 공동으로 해외 마케팅을 하는 단체
   ⑤ 샤토 와인을 구입하여 조건을 갖춘 창고에서 보관하면서 판매하는 업자

**22. 오크통에 있는 와인을 팔고자 하는 소규모 업자나 샤토의 와인의 거래를 성사시키고, 보르도 와인의 판매, 수출까지 중개하고 있는 업자를 부르는 명칭은?**

① 쿠르티에(Courtier)  ② 네고시앙(Négociant)
③ 도멘(Domaine)  ④ 레콜탕(Récoltant)
⑤ 네고시앙 엘르베르(Négociant-éleveur)

**23. 다음 보르도 지방의 원산지명칭(AO) 중에서 '도르도뉴(Dordogne) 강' 상류 쪽에 있는 것은?**

① 카디약(Cadillac)
② 생트 크루아 뒤 몽(Sainte-Croix-du-Mont)
③ 코트 드 부르그(Côtes de Bourg)
④ 코트 드 카스티용(Côtes de Castillon)
⑤ 코트 드 블레예(Côtes de Blaye)

**24. 보르도 지방에서 와인 숙성에 사용되는 작은 오크통의 용량은?**

① 200ℓ  ② 225ℓ
③ 228ℓ  ④ 250ℓ
⑤ 300ℓ

**25. 다음 중 보르도의 '메도크(Médoc) 지방' 내에 있는 원산지명칭(AO)이 아닌 것은?**

① 생테스테프(Saint-Estèphe)  ② 포이약(Pauillac)
③ 페삭 레오냥(Pessac-Léognan)  ④ 생줄리앙(Saint-Julien)
⑤ 마르고(Margaux)

26. 1855년 지정된 '그랑 크뤼 클라세(Grand Cru Classé. 1855)'는 행정구역으로서 어느 지역의 샤토를 대상으로 한 것인가?

① 아키텐(Aquitaine)
② 랑드(Landes)
③ 지롱드(Gironde)
④ 도르도뉴(Dordogne)
⑤ 피레네아틀란티크(Pyrénées-Atlantiques)


27. 1855년 '그랑 크뤼 클라세(Grand Cru Classé. 1855)'를 제정할 당시, 그 명단에 들어 있던 샤토의 개수는?

① 61개
② 58개
③ 60개
④ 55개
⑤ 57개


28. 보르도 '메도크(Médoc) 지방'의 '샤토 마르고(Ch. Margaux)'에서 만든 세컨드 와인 '파비용 블랑 뒤 샤토 마르고(Pavillon Blanc du Château Margaux)'의 AOC의 표기는?

① Appellation Bordeaux Contrôlée
② Appellation Médoc Contrôlée
③ Appellation Haut-Médoc Contrôlée
④ Appellation Margaux Contrôlée
⑤ Appellation Margaux Blanc Contrôlée


29. 보르도 유명한 샤토의 세컨드 와인으로 다음 중 (　)에 들어갈 단어는?

'Les Forts de (　)'

① Latour
② Margaux

③ Lafite                     ④ Mouton
⑤ Haut-Brion

30. 보르도의 원산지명칭(AO)중 하나인 '오메도크(Haut-Médoc)'의 경우, 다음 중 허용된 포도품종이 아닌 것은?

   ① 말베크(Malbec)              ② 프티 베르도(Petit Verdot)
   ③ 카르메네르(Carmenère)       ④ 카베르네 프랑(Cabernet Franc)
   ⑤ 타나(Tannat)

31. 다음 원산지명칭(AO) 중에서 '그랑 크뤼 클라세(Grand Cru Classé. 1855)'에 속한 샤토가 가장 많이 있는 것은?

   ① 생테스테프(Saint-Estèphe)   ② 포이약(Pauillac)
   ③ 생줄리앙(Saint Julien)       ④ 마르고(Margaux)
   ⑤ 오메도크(Haut-Médoc)

32. 다음 샤토 중에서 '그랑 크뤼 클라세(Grand Cru Classé. 1855)'의 2등급 샤토가 아닌 것은?

   ① 칼롱세귀르(Ch. Calon-Ségur)
   ② 몽로즈(Ch. Montrose)
   ③ 뒤르포르비방(Ch. Durfort-Vivens)
   ④ 라스콩브(Ch. Lascombes)

33. 다음 '그랑 크뤼 클라세(Grand Cru Classé. 1855)'의 샤토의 등급이나 원산지가 틀리게 표시된 것은?

① 브란캉트냐크(Ch. Brane-Cantenac) – 2등급 – 마르고(Margaux)
② 탈보(Ch. Talbot) – 4등급 – 생줄리앙(Saint-Julien)
③ 팔메(Ch. Palmer) – 2등급 – 마르고(Margaux)
④ 카망사크(Ch. Camensac) – 5등급 – 오메도크(Haut-Médoc)
⑤ 라퐁로셰( Ch. Lafon-Rochet) –4등급 – 생테스테프(Saint-Estèphe)

34. 다음 샤토 중에서 원산지명칭(AO)이 '오 메도크(Haut-Médoc)'인 것은?

① 칼롱세귀르(Ch. Calon-Ségur)
② 디상(Ch. d'Issan)
③ 라그랑주(Ch. Lagrange)
④ 라 라귄(Ch.La Lagune)
⑤ 랑고아 바르통(Ch. Langoa-Barton)

35. 다음 보르도의 원산지명칭(AO) 중에서 '생테스테프(Saint-Estéphe)' 바로 남쪽에 붙어 있는 것은?

① 포이야크(Pauillac)
② 생줄리앙(Saint-Julien)
③ 마르고(Margaux)
④ 물리스(Moulis)
⑤ 리스트락메도크(Listrac-Médoc)

36. 보르도에서 '크뤼 부르주아(Cru Bourgeois)'란 무엇을 말하는가?

① 그랑 크뤼 클라세에 속하지 못한 샤토를 1932년부터 따로 분류하여 부르는 명칭
② 귀족 명의 샤토로서 유구한 역사, 문화적 배경, 면적 등 일정 조건을 갖춘 샤토를 부르는 명칭
③ 외국인이 소유자로서 일정 면적 이상의 포도밭을 소유한 샤토의 명칭

④ 귀족 소유의 샤토로서 프랑스 혁명 때 농민에게 불하된 샤토의 명칭
⑤ 지방정부의 철저한 품질관리 인증이 부여된 샤토를 부르는 명칭

37. 보르도에서 '세컨드 와인(Second Wine)' 혹은 '스콩 뱅(Second Vin)'이라고 하는 것은 무엇을 말하는가?

① '그랑 크뤼 클라세(Grand Cru Classé. 1855)'의 2등급 와인
② 2등급 와인 중에서 1등급 와인보다 더 비싼 값을 받는 와인
③ 한번 사용한 오크통에서 숙성시킨 와인
④ 두 번째로 수확한 포도로 만든 와인
⑤ 동일한 샤토에서 약간 질이 떨어지는 와인에 다른 상표를 붙여서 파는 와인

38. 주병하기 전 상태의 와인으로 아직 오크통에서 숙성되고 있는 와인으로 테이스팅을 거쳐서 미리 판매되는 와인을 무엇이라고 하는가?

① 엉 프리뫼르(En Primeur)
② 뱅 드 가르드(Vin de garde)
③ 뱅 드 구트(Vin de goutte)
④ 바리크(Barrique)
⑤ 아프르(Apre)

39. 다음 '메도크(Médoc) 지방'의 원산지명칭(AO) 중에서 '그랑 크뤼 클라세(Grand Cru Classé. 1855)'에 속한 샤토가 하나도 없는 것은?

① 마르고(Margaux)
② 생줄리앙(Saint-Julien)
③ 생테스테프(Saint-Estéphe)

④ 오메도크(Haut-Médoc)
⑤ 리스트락메도크(Listrac-Médoc)

40. 다음 '그라브(Grave) 지방' 와인에 대한 설명 중 잘못된 것은?

① '그라브(Grave)'란 자갈을 뜻하는 것으로 빙하시대에 형성된 자갈로 이루어져 있다.
② 레드와인보다 화이트와인 생산량이 많다.
③ 사용하는 품종은 '메도크(Médoc)'와 비슷하다.
④ 메도크(Médoc)보다 역사가 깊고, 17세기부터 영국에서 환영 받은 와인이다.
⑤ '샤토 오브리옹(Ch. Haut Brion)'은 그랑 크뤼 클라세(Grand Cru Classé. 1855) 1등급이다.

41. '그라브(Grave) 지방'에서 1987년 고급 와인 산지인 북부 지역만 따로 분리하여 만든 원산지명칭(AO)은?

① 그라브 쉬페리에르(Grave Supérieures)
② 크뤼 클라세 드 그라브(Crus Classée de Graves)
③ 페삭레오냥(Pessac-Léognan)
④ 그라브 드 베이르(Graves de Vayres)
⑤ 보르도 쉬페리외르(Bordeaux Supérieur)

42. 다음 '그라브(Grave) 지방' 샤토 중에서 레드와인과 화이트와인 모두 '크뤼 클라세 드 그라브(Crus Classée de Graves)'에 해당되는 것은?

① 오 바이(Ch. Haut-Bailly)
② 오 브리옹(Ch. Haut-Brion)

③ 라 미시옹 오브리옹(Ch. La Mission Haut-Brion)
④ 라빌 오브리옹(Ch. Laville Haut-Brion)
⑤ 도멘 드 슈발리에(Domaine de Chevalier)

**43. 다음 샤토 중에서 '그라브(Grave) 지방'에 속한 것은?**

① 바타예(Ch. Batailley)　　② 오바타예(Ch. Haut-Batailley)
③ 라보프로미(Ch. Rabaud-Promis)　　④ 벨레르(Ch. Belair)
⑤ 오바이(Ch. Haut-Bailly)

**44. 다음 용어 중에서 보르도의 소테른(Sauternes) 지역과 같이 포도에 '보트리티스(Botrytis) 곰팡이'가 끼어서 스위트 와인을 만들 수 있게 되는 현상을 뜻하는 것이 아닌 것은?**

① 노블 롯(Noble rot)
② 푸리튀르 노블(Pourriture noble)
③ 에델포일레(Edelfäule)
④ 그레이 롯(Gray rot)
⑤ 귀부(貴腐)

**45. 소테른(Sauternes) 지방에서 곰팡이가 끼지 않아, 드라이 화이트와인을 만들 경우 AOC 표시는?**

① Appellation Sauternes Sec Contrôlée
② Appellation Bordeaux Sec Contrôlée
③ Appellation Bordeaux Blanc Contrôlée
④ Appellation Sauternes Contrôlée
⑤ Appellation Bordeaux Contrôlée

46. 다음 중 보트리티스(Botrytis) 곰팡이가 낀 포도로 스위트와인을 만드는데 적합한 환경은?

　　① 강우량이 적고 일조량이 많아서 포도를 건조시켜 농축시킬 수 있는 곳
　　② 온도가 높고 강우량이 많은 습한 지역으로 곰팡이가 잘 끼는 곳
　　③ 서늘하고 비가 많아 습한 지역으로 곰팡이가 잘 끼는 곳
　　④ 아침에는 안개 등으로 습하고, 낮에는 강한 햇볕이 내리쬐는 곳
　　⑤ 서늘하고 건조한 지역으로 포도가 알맞게 잘 익는 곳


47. 1855년에 제정된 '그랑 크뤼 클라세(Grand Cru Classé 1855)'에서 당시 '샤토 뒤켐(Ch. d'Yquem)'의 정확한 등급 명칭은?

　　① Premier Cru
　　② Premier Cru Supérieur
　　③ Premier Cru Exceptionnel
　　④ Premier Cru de Sauternes
　　⑤ Premier Cru de Barsac


48. 원산지 명칭(AO) '바르삭(Barsac)'에서 나오는 와인은?

　　① 드라이 레드와인
　　② 드라이 화이트와인
　　③ 스위트 화이트와인
　　④ 스파클링 와인
　　⑤ 로제


49. 소테른(Sauternes)에서 보트리티스(Botrytis) 곰팡이가 낀 포도로 스위트 화이트와인을 만들 수 있는 자연 조건에 가장 관련이 있는 강을 다음에서 고른다면?

　　① 도르도뉴(Dordogne) 강
　　② 시롱(Ciron) 강
　　③ 마른(Maene) 강
　　④ 가르동(Gardon) 강
　　⑤ 지롱드(Gironde) 강

**50. 다음 중 '포므롤(Pomerol)' 샤토의 등급에 해당되는 용어는?**

① 프르미에르 크뤼(Premier Crus)
② 그랑 크뤼 클라세(Grands Crus Classè)
③ 프르미에르 그랑 크뤼 클라세(Premièrs Grands Crus Classè)
④ 크뤼 클라세 드 포므롤(Crus Classée de Pomerol)
⑤ 등급이 없음

**51. '게라쥐 와인(Garage wine)'이란 어떤 것인지 다음 중 옳게 설명한 것은?**

① 알려지지 않은 소규모 농가에서 전통적인 방법으로 만들어 맛이 좋으면서 값싼 와인
② 농약과 비료를 사용하지 않고 재배한 포도로 만든 와인
③ 현대적인 시설을 갖추고 과학적으로 만들어 큰 병이나 박스에 넣어서 아주 싸게 팔리는 대중적인 와인
④ 포도재배나 양조과정에서 철저한 관리로 나오는 소량 고품질의 비싼 와인
⑤ 역사가 오래된 고급 샤토에서 100년 이상 저장하고 있는 고가 와인

**52. 다음 샤토 중에서 '게라쥐 와인(Garage wine)'에 해당되는 것은?**

① 발랑드로(Ch. Valandraud)
② 오브리옹(Ch. Haut-Brion)
③ 도멘 드 슈발리에(Domaine de Chevalier)
④ 클로 데 자코뱅(Clos des Jacobins)
⑤ 클로 푸르테(Clos Fourtet)

**53. 다음 중 원산지명칭(AO) '포므롤(Pomerol)'의 와인이 아닌 것은?**

① 네넹(Ch. Nénin)  ② 클리네(Ch. Clinet)
③ 보르갸르(Ch. Beauregard)  ④ 트롯트비에유(Ch. Trottevieille)
⑤ 가쟁(Ch. Gazin)

54. 생테밀리용(Saint-Emilon)의 '샤토 앙젤루스(Ch. Angelus)'는 다음 어느 등급에 해당되는가?

① 프르미에르 그랑 크뤼 클라세(Premièrs Grands Crus Classès)
② 그랑 크뤼 클라세(Grands Crus Classè)
③ 그랑 크뤼(Grands Crus)
④ 그랑 프르미에르 크뤼(Grand Premier Crus)
⑤ 등급 없음

55. 다음 중 생테밀리용(Saint-Emilon)의 '프르미에르 그랑 크뤼 클라세(Premièrs Grands Crus Classès)'에 속하지 않은 샤토는?

① 샤토 오존(Ch. Ausone)
② 샤토 보세주르 베코(Ch. Beau-Séjour-Bécot)
③ 샤토 피자크(Ch. Figeac)
④ 샤토 몽부스케(Ch. Monbousquet)
⑤ 클로 푸르테(Clos Fourtet)

56. 보르도 지방의 포므롤(Pomerol)과 생테밀리용(Saint-Emilon)에서도 우수하고 값비싼 와인이 생산되지만, 메도크나 그라브에 비해서 늦게 알려진 이유는?

① 뒤늦게 둑과 배수시설을 갖추어 강의 범람을 방지했기 때문
② 대도시 보르도에 접근하는 교통이 불편했기 때문

③ 최신 기술을 뒤늦게 도입하였기 때문
④ 보수적인 사고방식으로 다른 곳에 알려지기를 싫어했기 때문
⑤ 수도원에서 와인의 외부 유출을 단속했기 때문

57. 다음 중 '샤토 슈발 블랑(Ch. Cheval Blanc)' 와인에서 혼합비율이 가장 높은 품종은?

① 카베르네 소비뇽(Cabernet Sauvignon)
② 메를로(Merlot)
③ 카베르네 프랑(Cabernet Franc)
④ 말베크(Malbec)
⑤ 프티 베르도(Petit Verdot)

58. 다음 중 생테밀리용(Saint-Emilon)의 '프르미에르 그랑 크뤼 클라세(Premièrs Grands Crus Classès)' A급에 속하지 않은 샤토는?

① 오존(Ch. Ausone)
② 피자크(Ch. Figeac)
③ 슈발 블랑(Ch. Cheval Blanc)
④ 앙젤루스(Ch. Angelus)
⑤ 파비(Ch, Pavie)

59. 다음 원산지명칭(AO) 중에서 스위트 화이트와인을 생산하는 곳이 아닌 것은?

① 루피악(Loupiac)
② 카디약(Cadillac)
③ 바르삭(Barsac)
④ 프롱사크(Fronsac)
⑤ 생트 크루아 뒤 몽(Sainte-Croix-du-Mont)

60. 다음 원산지명칭(AO) 중에서 화이트와인만 인정되는 것은?

① 그라브(Grave)

② 그라브 쉬페리외르(Grave Supérieures)

③ 페삭 레오냥(Pessac-Léognan)

④ 그라브 드 베이르(Graves de Vayres)

⑤ 코트 드 카스티용(Côtes de Castillon)

61. 보르도의 '엉 프리뫼르(En Primeur)'에 대한 설명 중 잘못 된 것은?

① 수확한 다음 해 봄에 테이스팅하면서 거래를 한다.

② 현재 숙성되고 있는 와인을 판매한다.

③ 나중에 다른 곳에 되팔 수 있다.

④ 완성된 와인의 가격과 품질은 미지수다.

⑤ 경매에 의해서 가격이 결정된다.

62. 다음 보르도 원산지명칭(AO) 중에서 가론(Garone) 강을 중심으로 동쪽에 있는 지역에서 생산되는 스위트 와인을 고르면?

① 생트크루아뒤 몽(Sainte-Croix-du-Mont)

② 세롱(Cérons)

③ 앙트르 되 메르(Entre-Deux-Mers)

④ 바르삭(Barsac)

⑤ 소테른(Sauternes)

63. 보르도 와인 상표에 'Grand Vin de Bordeaux'라고 표시된 것의 의미는?

① 보르도 와인협회에서 수상한 와인

② 보르도 100대 와인 리스트에 있는 와인

③ 보르도 그랑 크뤼 와인
④ 세계와인 품평회에서 수상한 와인
⑤ 특별한 의미 없이 붙이는 용어

**64. '보르도액(Bordeaux mixture)'이란?**

① 포도의 병충해 방제를 위해 만든 석회와 황산구리 혼합물
② 원산지 명칭(AO)이 다른 보르도 와인을 혼합한 것
③ 보르도 레드와인으로 만든 소스
④ 여러 가지 품종을 혼합하여 만든 보르도 와인의 총칭
⑤ 보르도 와인을 주원료로 만든 칵테일

**65. 다음 중 샴페인에 사용하는 주품종 세 가지가 맞게 짝지어진 것은?**

① 샤르도네(Chardonnay), 피노 누아(Pinot Noir), 믈롱 드 부르고뉴(Melon de Bourgogne)
② 샤르도네(Chardonnay), 피노 뫼니에(Pinot Meunier), 피노 그리(Pinot Gris)
③ 샤르도네(Chardonnay), 피노 누아(Pinot Noir), 알리고테(Aligoté)
④ 샤르도네(Chardonnay), 피노 누아(Pinot Noir), 피노 뫼니에(Pinot Meunier)
⑤ 샤르도네(Chardonnay), 피노 블랑(Pinot Blanc), 피노 그리(Pinot Gris)

**66. 샴페인 지방의 포도밭을 이루는 주요 토양은?**

① 백악질(Chalk) 토양
② 현무암(Basalt) 토양
③ 화강암(Granite) 토양
④ 점판암(Slate) 토양
⑤ 편암(Schist)

67. 샹파뉴 지방에서 구태여 레드와인 품종인 '피노 누아(Pinot Noir)'를 사용하여 샴페인을 만드는 이유에 해당되지 않은 것은?

① 추운 지방이지만 다른 품종에 비해 해마다 품질의 변동이 적기 때문
② 갓 짜낸 주스에 색소가 많이 나오지 않아 특수한 기술을 사용하면 화이트 와인을 만들 수 있기 때문
③ 강한 바디와 향미의 지속성을 주기 때문
④ 클론이 많아서 스파클링 와인에 적합한 것을 선택할 수 있기 때문
⑤ 포도를 압착하여 나오는 주스의 양이 다른 품종에 비해 많기 때문

68. 다음 중 샹파뉴 지방 포도의 특성에 해당되지 않은 사항은?

① 포도재배지역이 프랑스 포도생산지역 중 북쪽에 속한다.
② 포도가 천천히 익으며, 산도가 높고 pH가 낮다.
③ 포도의 성분 중 주석산보다는 사과산 비율이 높다.
④ 포도나무를 높게 재배하여 햇볕을 많이 받도록 한다.
⑤ 포도의 완벽한 성숙을 기대하기 힘들다.

69. 다음 중 샹파뉴 지방에 대한 설명 중 옳지 않은 것은?

① 프랑스 포도재배 지역 중에서 추운 곳에 속한다.
② 유기물이 없는 척박한 백악질 토양이다.
③ '그랑 크뤼(Grands Crus)' 등으로 포도밭에 등급이 정해져 있다.
④ '스틸 와인(Still wine)'도 생산한다.
⑤ 원산지 명칭(AO)이 5개가 있다.

70. 샴페인 제조 규정 중에서 포도 4,000kg을 압착시켜서 얻을 수 있는 과즙 양은 최대

얼마인가?

① 1,550ℓ   ② 2,050ℓ
③ 2,550ℓ   ④ 3,050ℓ
⑤ 3,550ℓ

71. 다음 와인 병과 관련된 용어 중에서 전혀 다른 것을 고른다면?

① Punt   ② Pushup
③ Kick-up   ④ Head space
⑤ Dimple at the bottom

72. 샴페인 제조과정 중 오랜 숙성기간 동안 형성된 병내 침전물을 병구 쪽으로 모으기 위해 병을 돌려주는 과정을 프랑스어로 무엇이라고 하는가?

① 르뮈아주(Remuage)   ② 방당주(Vendange)
③ 티라주(Tirage)   ④ 도자주(Dosage)
⑤ 세주르 엉 캬브(Séjour en Cave)

73. 샴페인 제조과정 중 '데고르주멍(Dégorgement)'이란 어떤 과정인가?

① 찌꺼기를 제거한 다음에, 모자라는 양을 보충하는 작업
② 혼합한 와인에 재발효를 일으키기 위해 효모와 설탕을 첨가하는 작업
③ 여러 가지 기본 와인을 혼합하는 과정
④ 병구에 모인 찌꺼기를 제거하는 작업
⑤ 당도를 조절하는 과정

74. 샴페인 제조 시 찌꺼기를 병구에 모으기 위한 A자 모양의 경사진 나무판(Pupitre, 퓌피트르)을 발명한 사람은?

① 마담 릴리 볼랭제(Madame Lily Bollinger)
② 피에르가브리엘 샹동(Pierre-Gabriel Chandon)
③ 마담 퐁파두르(Madame de Pompadour)
④ 동 페리뇽(Dom Pérignon)
⑤ 베브 클리코 퐁사르당(Veuve Clicquot Ponsardin)

75. 스파클링 와인에서 발생하는 기포의 주성분은?

① 질소
② 산소
③ 탄산가스
④ 아황산가스
⑤ 수소

76. 다음 샴페인 제조과정 중에서, 품질에 미치는 영향이 가장 큰 예민한 단계로서 상당한 경험의 테이스팅이 요구되는 작업은?

① 아상블라주(Assemblage)
② 도자주(Dosage)
③ 르뮈아주(Remuage)
④ 티라주(Tirage)
⑤ 세주르 엉 캬브(Séjour en Cave)

77. 샴페인 제조과정 중에 자주 쓰이는 '퀴베(cuvée)'라는 용어에 해당되는 영어를 다음 중에 고른다면?

① Vat or Tank
② Reserve
③ Special
④ Blending
⑤ Aging

78. 샴페인 제조과정에서 2차 발효에 사용되는 효모가 가져야 할 특성에 해당되지 않은 것은?

① 발효가 끝나면 빨리 사멸해야 한다.
② 병 안에서 응집하여 잘 가라앉아야 한다.
③ 숙성 기간 중 분해되어 바람직한 향을 내야 한다.
④ 발효가 끝나면 병 내부 벽에 잘 달라붙어야 한다.
⑤ 높은 압력에 견뎌야 한다.

79. 샴페인 제조과정 중에서 '쉬르 리(Sur lie)'란?

① 따라내기로 침전물 제거
② 찌꺼기 위에서 숙성
③ 2차 발효
④ 샴페인의 청징
⑤ 찌꺼기 제거

80. 샴페인의 제조과정에서 2차 발효가 끝난 와인의 당도 조절은 어떻게 하는가?

① 1차 발효를 조절하여
② 당분을 첨가하여
③ 블렌딩으로
④ 2차 발효를 조절하여
⑤ 숙성기간을 조절하여

81. 샴페인 고유의 '토스트 향'은 어디서 나오는가?

① 2차 발효 후 효모가 분해되어
② 사용하는 포도 자체의 향에서
③ 탄산가스와 알코올이 반응하여
④ 1차 발효 후 숙성에 의해서
⑤ 2차 발효 후 오크통 숙성에서

82. 다음 샴페인의 당도를 나타내는 용어 중에서 가장 달지 않은 것은?

    ① 브뤼트(Brut)  ② 엑스트라 드라이(Extra dry)
    ③ 세크(Sec)  ④ 두(Doux)
    ⑤ 드미세크(Démisec)


83. 샴페인 병에 '블랑 드 블랑(Blanc de Blancs)'이라는 문구가 있는 경우, 다음 중에서 사용한 품종은?

    ① 샤르도네(Chardonnay)  ② 피노 그리(Pinot Gris)
    ③ 피노 누아(Pinot Noir)  ④ 피노 뫼니에(Pinot Meunier)
    ⑤ 가메(Gamay)


84. 샴페인에서 자기 밭에서 나온 포도만으로 샴페인을 만들어서 판매할 경우에 상표에 표시하는 문구는?

    ① NM  ② RM
    ③ CM  ④ MA
    ⑤ ND


85. 다음 중 고급 샴페인의 기준에 해당되지 않은 것은?

    ① 포도에서 즙을 짤 때 첫 번째 나오는 주스만 사용한 것
    ② 글라스에서 거품의 크기가 작고 올라오는 시간이 오래 지속되는 것
    ③ 1등급 포도밭에서 생산된 가장 좋은 포도를 사용한 것
    ④ 알코올 농도가 높고 산도가 낮은 것
    ⑤ 병에서 오래 숙성시킨 것

86. 각 나라별로 스파클링 와인을 뜻하는 용어가 다르다. 다음 중 나라와 스파클링 와인의 명칭이 잘못 짝 지어진 것은?

① 프랑스 – 무쉐(Mousseux)
② 독일 – 샤움바인(Schaumwein)
③ 이탈리아 – 스푸만테(Spumante)
④ 포르투갈 – 에스푸모소(Espumosos)
⑤ 스페인 – 프리찬테(Frizzante)

87. 다음 중 '약 스파클링 와인'을 뜻하는 용어가 아닌 것은?

① 페티양(Pétillant)
② 프리찬테(Frizzante)
③ 모스카토(Moscsto)
④ 페를바인(Perlwein)
⑤ 세미스파클링(Semi-sparkling)

88. 다음 스파클링 와인 중 압력이 가장 약한 것은?

① 카바(Cava)
② 페티양(Pétillant)
③ 크레망(Crémant)
④ 젝트(Sekt)
⑤ 스푸만테 클라시코(Spumante Calssico)

89. 스파클링 와인을 만들 때 2차 발효를 병에서 시키지 않고, 탱크에 있는 와인에 설탕과 효모를 넣어서 탱크에서 발효시켜 만드는 방법은?

① 트랜스퍼 프로세스(Transfer Process)
② 루랄 메소드(Rural method)
③ 샤르마 프로세스(Charmat Process)
④ 메토드 샴프누아즈(Méthode Champenoise)
⑤ 메토드 트라디시오넬(Méthobe Traditionnelle)

90. 다음 중 샹파뉴 지방의 원산지명칭(AO)에 대한 설명 중 틀린 것은?

① 샴페인 상표에는 Appellation Contrôlée라는 표시는 생략하고, 'Champagne'라고만 표시한다.
② 스틸 와인(Still wine)을 만들었을 경우는 '코토 샹프누아(Coteaux Champenois)'라고 표시한다.
③ 로제 샴페인을 만들었을 경우, 원산지명칭(AO)은 '로제 드 리세(Rosé de Riceys)'가 된다.
④ '메토드 샹프누아즈(Méthode Champenoise)'라는 문구는 샴페인 지방 이외에서 사용할 수 없다.
⑤ 프랑스에서 생산되는 스파클링 와인 중, 샹파뉴 지방에서 생산된 것만을 '샹파뉴(Champagne)'라고 표기할 수 있다.

91. 샹파뉴 지방에서 스파클링 와인이 아닌 '스틸 와인(Still wine)'을 만들었을 때 상표에 원산지명칭(AO)은 어떻게 표시되는가?

① 메토드 샹프누아즈(Méthode Champenoise)
② 코토 샹프누아즈(Coteaux Champenois)
③ 로제 드 리세(Rosé de Riceys)
④ 몽타뉴 드 랭스(Montagne de Reims)
⑤ 코트 드 세잔(Côte de Sézanne)

92. 샴페인 지방에서 보통의 와인 병 750㎖ 사이즈의 네 배 용량인 3ℓ 사이즈 병은 무엇이라고 부르는가?

① 매그넘(Magnum)
② 여로보암 혹은 제로보암(Jeroboam)
③ 르호보암 혹은 레호보암(Rehoboam)

④ 므두셀라(Methuselah)
⑤ 발타자르(Balthazar)

**93. 스파클링 와인을 비롯한 탄산음료를 흔들면 거품이 강하게 분출되는 이유는?**

① 흔들면 탄산가스 분자 운동이 활발해져 병 내 압력이 급격하게 증가하기 때문
② 수많은 핵이 형성되어 이 핵에서 탄산가스가 기체로 변하기 때문
③ 운동 에너지가 추가되어 내부 에너지가 증가되고 온도가 올라가기 때문
④ 탄산가스와 알코올이 반응하여 갑자기 부피가 커져서 폭발하기 때문
⑤ 탄산가스가 분자 상태로 분산되어 수많은 입자를 형성하기 때문에

**94. 오래 숙성시킨 샴페인일수록 거품의 크기가 작고 오래 지속되는 이유는?**

① 오래 숙성시킬수록 탄산가스가 지속적으로 더 많은 양이 생성되기 때문
② 오랜 숙성기간 중 탄산가스가 강한 압력으로 부피가 작아지기 때문
③ 오래 숙성시킬수록 탄산가스 압력이 점차적으로 약해져 천천히 나오기 때문
④ 오랜 숙성기간 중 압력이 점차적으로 분산되어 작아지면서 서서히 나오기 때문
⑤ 오랜 숙성기간 중 탄산가스가 물과 분자상태로 혼합되어 서서히 빠져 나오기 때문

**95. 샴페인 '볼랭제(Bollinger)', '되츠(Deutz)', '에이드시크(Heidsieck)', '크뤼그(Krug)' 등의 공통점은?**

① 여성이 사업을 시작한 곳이다.
② 사위가 사업을 이어받은 곳이다.
③ 독일 이민자들 시작한 곳이다.
④ LVMH 그룹이다.

⑤ 007 영화에 나온 샴페인이다.

**96. 로제샴페인을 만드는 방법은?**

① 완성된 레드와인과 화이트와인을 섞어서
② 적포도를 발효하면서 색깔을 약간만 우려내어
③ 적포도와 청포도를 섞어서 즙을 짠 다음에 발효하여
④ 화이트와인을 오크통에서 뚜껑을 열어 산화시켜서
⑤ 적포도 주스와 청포도 주스를 혼합하여 발효하여

# 5. 프랑스 와인(Ⅱ)

1. 부르고뉴의 테루아르(Terroir)를 한 마디로 묘사하면?

   ① 서늘한 기후와 석회암 토양
   ② 따뜻한 기후와 편마암 토양
   ③ 풍부한 일조량과 화산암 토양
   ④ 건조하고 더운 기후와 자갈 토양
   ⑤ 건조하고 서늘한 기후와 모래 토양

2. 다음 중 부르고뉴의 상표 표기 사항의 설명 중에서 옳은 것은?

   ① '빌라주 혹은 코뮌 명칭 와인(Les Appellation Communales, Village wine)은 상표에 마을 명칭을 표기하며, 단일 포도밭에서 나온 것은 상표에 포도밭 명칭을 표기할 수 있다.
   ② '프르미에 크뤼 와인(Les Appellations Premier Crus)'은 상표에 포도밭 명칭을 표기하고, 포도밭 명칭이 원산지명칭(AO)이 된다.
   ③ '프르미에 크뤼 와인(Les Appellations Premier Crus)'은 상표에 마을 명칭만 표기하고, 마을 명칭이 원산지명칭(AO)이 된다.

④ '그랑 크뤼 와인(Grands Crus)'은 상표에 마을 명칭과 포도밭 명칭을 표기한다.
⑤ '그랑 크뤼 와인(Grands Crus)'은 상표에 '그랑 크뤼(Grands Crus)'라는 표기를 생략한다.

3. 부르고뉴에서 네고시앙(Négociant)의 역할이 중요한 이유는?

① 수도승 출신이 많기 때문
② 테루아르가 우수하기 때문
③ 판매를 중개하기 때문
④ 협동조합을 운영하기 때문
⑤ 와인을 만들기 때문

4. 다음 부르고뉴 와인 생산지역 중 화이트와인만 인정되는 것은?

① 샤블리(Chablis)
② 코트 도르(Côte d'Or)
③ 코트 샬로네즈(Côte Châlonnaise)
④ 보졸레(Beaujolais)
⑤ 마코네(Mâconnais)

5. 다음 여러 가지 오크통 명칭 중 부르고뉴에서 사용하는 228ℓ 용량의 명칭은?

① 바리크(Barrique)   ② 피에스(Pièce)
③ 파이프(Pipe)       ④ 버트(Butt)
⑤ 톤(Tonne/Tun)

6. 부르고뉴에서 유래된 식전주(Apéritif)로 인기가 좋은 혼성주 '키르(Kir)'는 원래

'그렘 드 카시스(Créme de Cassis)'와 어떤 품종으로 만든 화이트와인을 혼합한 것인가?

① 샤르도네(Chardonnay)   ② 알리고테(Aligoté)
③ 피노 블랑(Pinot Blanc)   ④ 피노 그리(Pinot Gris)
⑤ 사시(Sacy)

7. 원산지명칭(AO) '부르고뉴 오트코트 드 뉘(Bourgogne Haute-Côtes de Nuits)'는 다음 등급 중 어느 것에 해당되나?

① 광역명칭 와인(Les Appellations Régionales)
② 빌라주 혹은 코뮌 명칭 와인(Les Appellation Communales, Village wine)
③ 프르미에 크뤼(Les Appellations Premier Crus)
④ 그랑 크뤼(Les Appellation Grands Crus)
⑤ 등급 없음

8. 부르고뉴 최고급 와인인 '로마네 콩티(Romanée-Conti)'의 AOC 표기 중 맞는 것은?

① Appellation Vosne-Romanée Contrôlée
② Appellation Romanée-Conti Contrôlée
③ Appellation Bourgogne Grand Cru Contrôlée
④ Appellation Vosne-Romanée Grand Cru Contrôlée
⑤ Appellation Grand Cru Contrôlée

9. 상표에 'Appellation Chassagne-Montrachet Contrôlée'라고 표기된 와인은 다음 어느 등급에 해당되는가?

① 광역명칭 와인(Les Appellations Régionales)
② 빌라주 혹은 코뮌 명칭 와인(Les Appellation Communales, Village wine)
③ 프르미에 크뤼(Les Appellations Premier Crus)
④ 그랑 크뤼(Les Appellation Grands Crus)
⑤ IGP

10. 다음 포도밭 중에서 포도밭 이름이 그대로 원산지명칭(AO)이 되지 않는 것은?

① 라 타슈(La Tâche)
② 코르통(Corton)
③ 샹베르탱(Chambertin)
④ 레 클로(Les Clos)
⑤ 본 마르(Bonnes Mares)

11. 다음 부르고뉴 지방의 원산지명칭(AO) 중에서 '소비뇽 블랑(Sauvignon Blanc)'으로 만든 와인이 인정되는 것은?

① 이랑시(Irancy)
② 생브리(St-Bris)
③ 부르고뉴 베즐레(Bourgogne Vézelay)
④ 부즈롱(Bouzeron)
⑤ 마콩(Mâcon)

12. 다음 중 샤블리(Chablis) 지방의 원산지 명칭(AO)이 아닌 것은?

① 샤블리 그랑 크뤼(Chablis Grand Cru)
② 샤블리 쉬페리외르 크뤼(Chablis Supérieur Cru)
③ 프티 샤블리(Petit Chablis)
④ 샤블리 프르미에르 크뤼(Chablis Premier Cru)
⑤ 샤블리(Chablis)

**13. 다음 중 '샤블리 그랑 크뤼(Chablis Grand Cru)' 포도밭이 아닌 곳은?**

① 블랑쇼(Blanchots)  ② 부그로(Bougros)
③ 레 클로(Les Clos)  ④ 푸르숌(Fourchaume)
⑤ 그르누이(Grenouilles)

**14. 샤블리(Chablis) 와인산지 중에서 '그랑 크뤼(Grand Cru)'는 아니지만, 비공식적으로 그랑 크뤼로 인정되는 곳은?**

① 푸르숌(Fourchaume)  ② 몽멩(Montmains)
③ 바이용(Vaillons)  ④ 라 무톤 (La Moutonne)
⑤ 보루아(Beauroy)

**15. 다음 '샤블리(Chablis)'에 대한 설명 중 잘못된 것은?**

① 화이트와인 생산만 인정된다.
② 센 강의 편리한 수상운송수단을 이용하여 파리와 벨기에의 주요 와인 공급원이었다.
③ 와인 색깔은 엷은 황금색으로 오히려 초록빛에 가까운 신선미가 풍긴다.
④ 와인은 섬세하고 신선한 맛에 미네랄 향이 특징이다.
⑤ 모두 오크통에서 6개월 이상 숙성한다.

**16. 다음 중 '코트 드 뉘이(Côte de Nuits)'에 있는 마을 중에서 가장 남쪽에 있는 것은?**

① 모레 생드니(Morey-St-Denis)
② 부조(Vougeot)
③ 본 로마네(Vosne-Romanée)

④ 샹볼 뮈지니(Chambolle-Musigny)

⑤ 뉘이 생조르주(Nuits St-George)

17. 다음 중 '코트 드 뉘이(Côte de Nuits)'에 있는 마을은?

① 제브레 샹베르탱(Geverey-Chambertin)

② 알록스 코르통(Aloxe-Corton)

③ 볼네(Volnay)

④ 뫼르소(Meursault)

⑤ 몽텔리(Monthélie)

18. 다음 중 '본 로마네(Vosne-Romanée)' 마을의 그랑 크뤼(Grand Cru)가 아닌 것은?

① 라 타슈(La Tâche)  ② 클로 드 부조(Clos de Vougeot)

③ 리슈부르(Richebourg)  ④ 라 그랑드뤼(La Grande-Rue)

⑤ 라 로마네(La Romanée)

19. 부르고뉴의 포도밭으로 '코트 드 뉘이(Côte de Nuits)'의 그랑 크뤼(Grand Cru) 중에서 가장 재배지역이 넓은 곳은?

① 클로 생 드니(Clos St-Denis)

② 라 로마네(La Romanée)

③ 그랑 데셰조(Grands Echézeaux)

④ 라 타슈(La Tâche)

⑤ 클로 드 부조(Clos de Vougeot)

20. 부르고뉴 그랑 크뤼(Grand Cru) 포도밭 '클로 드 부조(Clos de Vougeot)'는 역사

적으로 어느 수도원에서 개척하였는가?

① 카르투지오(Carthusians) 수도원   ② 베네딕트(Benedictine) 수도원
③ 프란시스코(Franciscan) 수도원   ④ 도미니코(Dominican) 수도원
⑤ 시토(Cistercian) 수도원


21. 다음 부르고뉴 '그랑 크뤼(Grand Cru)' 중에서 화이트와인의 생산이 인정되는 곳은?

① 샤름 샹베르탱(Charmes-Chambertin)
② 뮈지니(Musigny)   ③ 클로 드 부조(Clos de Vougeot)
④ 라 그랑드 뤼(La Grande-Rue)   ⑤ 에셰조(Echézeaux)


22. 다음 중에서 부르고뉴에서 프르미에르 크뤼(Premier Crus) 포도밭으로 유명한 '레 보몽(Les Beaux-Monts)'이 속한 마을 이름은?

① 본 로마네(Vosne-Romanée)   ② 부조(Vougeot)
③ 샹볼 뮈지니(Chambolle-Musigny)   ④ 모레 생드니(Morey-St-Denis)
⑤ 뉘 생조르주(Nuits St-George)


23. 다음 부르고뉴 마을 중에서 코트 드 뉘이(Côtes de Nuits)에서 포도재배 면적이 가장 넓은 곳은?

① 모레 생드니(Morey-St-Denis)
② 제브레 샹베르탱(Geverey-Chambertin)
③ 본 로마네(Vosne-Romanée)
④ 뉘이 생조르주(Nuits St-George)
⑤ 부조(Vougeot)

24. 다음 중 부르고뉴의 그랑 크뤼(Grand Cru) '본마르(Bonnes-Mares)'가 속해 있는 마을(Village)은?

① 제브레 샹베르탱(Geverey-Chambertin)과 모레 생드니(Morey-St-Denis)
② 모레 생드니(Morey-St-Denis)와 샹볼 뮈지니(Chambolle-Musigny)
③ 샹볼 뮈지니(Chambolle-Musigny)와 부조(Vougeot)
④ 부조(Vougeot)와 플라제 에셰조(Flagey-Echézeaux)
⑤ 플라제 에셰조(Flagey-Echézeaux)와 본 로마네(Vosne-Romanée)

25. 다음 중 부르고뉴의 '오스피스 드 본(Hospices de Beaune)'에 대한 설명 중 잘못된 것은?

① 15세기부터 자선 병원으로 출발하여 부르고뉴의 명소가 된 곳이다.
② 매년 11월 세 번째 일요일에 이곳에서 와인 경매를 한다.
③ 대규모 양조시설을 갖추고 '오스피스 드 본(Hospices de Beaune)'이라는 와인을 생산한다.
④ '코트 드 본(Côte de Beaune)'은 물론 '코트 드 뉘이(Côte de Nuits)'까지 이름 있는 포도밭을 소유하고 있다.
⑤ 경매 수익금으로 병원을 유지하고 있다.

26. 다음 중 '코트 드 본(Côte de Beaune)'에 있는 마을 중에서 가장 남쪽에 있는 것은?

① 알록스 코르통(Aloxe-Corton)
② 포마르(Pommard)
③ 샤사뉴 몽라셰(Chassagne-Montrachet)
④ 뫼르소(Meursault)
⑤ 쇼레 레 본(Chorey-Les-Beaune)

**27. 다음 중 부르고뉴 마을 중에서 '코트 드 본(Côte de Beaune)'에 있는 것은?**

① 픽생(Fixin)
② 뉘이 생조르주(Nuits St-George)
③ 마르사네(Marsannay)
④ 부조(Vougeot)
⑤ 포마르(Pommard)

**28. 부르고뉴 '코트 드 본(Côte de Beaune)'에 있는 그랑 크뤼(Grand Cru) '코르통(Corton)' 포도밭은 세 마을(Village)이 공유하고 있다. 다음 중 세 마을 이름이 옳게 된 것은?**

① 알록스 코르통(Aloxe-Corton) - 라두아(Ladoix) - 페르낭 베르줄레스(Pernand-Vergelesse)
② 알록스 코르통(Aloxe-Corton) - 샤비니 레 본(Savigny-les-Beaune) - 쇼레 레 본(Chorey-Les-Beaune)
③ 알록스 코르통(Aloxe-Corton) - 본(Beaune) - 쇼레 레 본(Chorey-Les-Beaune)
④ 알록스 코르통(Aloxe-Corton) - 본(Beaune) - 샤비니 레 본(Savigny-les-Beaune)
⑤ 알록스 코르통(Aloxe-Corton) - 라두아(Ladoix) - 쇼레 레 본(Chorey-Les-Beaune)

**29. 부르고뉴 '코트 드 본(Côte de Beaune)'에 있는 그랑 크뤼(Grand Cru) 포도밭으로 '퓔리니 몽라셰(Puligny-Montrachet)'와 '샤사뉴 몽라셰(Chassagne-Montrachet)' 양쪽 마을에 걸쳐 있는 그랑 크뤼 포도밭은?**

① 슈발리에 몽라셰(Chevalier-Montrachet)
② 바타르 몽라셰(Bâtard-Montrachet)
③ 비앵브뉘 바타르 몽라셰(Bienvenue-Bâtard-Montrachet)
④ 크리오 바타르 몽라셰(Criots-Bâtard-Montrachat)
⑤ 모르조(Morgeot)

30. 다음 중 부르고뉴의 '코트 드 본(Côte de Beaune)'에 있는 레드와인 그랑 크뤼(Grand Cru)는?

   ① 코르통(Corton)
   ② 에세조(Echézeaux)
   ③ 클로 들 라 로슈(Clos de la Roche)
   ④ 샤를마뉴(Charlemagne)
   ⑤ 코르통 샤를마뉴(Corton-Charlemagne)


31. 다음 부르고뉴 마을 중에서 그랑 크뤼(Grand Cru) 포도밭을 가지고 있는 곳은?

   ① 뉘 생조르주(Nuits St-George)
   ② 픽생(Fixin)
   ③ 뫼르소(Meursault)
   ④ 페르낭 베르줄레스(Pernand-Vergelesse)
   ⑤ 포마르(Pommard)


32. 다음 부르고뉴의 그랑 크뤼(Grand Cru) 포도밭 중에서 '코트 드 본(Côte de Beaune)'에 속하는 것은?

   ① 클로 데 랑브레(Clos des Lambrays)
   ② 라 그랑드 뤼(La Grande-Rue)
   ③ 본 마르(Bonnes Mares)
   ④ 클로 드 부조(Clos de Vougeot)
   ⑤ 몽라셰(Montrachet)


33. 다음 부르고뉴 와인에 대한 설명 중에서 잘못된 것은?

① 'Appellation Flagey-Echézeaux 1er Cru Contrôlée'라는 표기는 존재하지 않는다.
② '뉘이 생조르주(Nuits St-George)' 마을에는 그랑 크뤼(Grand Cru)가 없다.
③ '퓔리니 몽라셰(Puligny-Montrachet)' 마을에서는 화이트와인만 인정된다.
④ '코르통 샤를마뉴(Corton-Charlemagne)' 포도밭에서 피노 누아(Pinot Noir)를 재배하여 만든 와인은 '코르통(Corton)'이 된다.
⑤ 'Appellation Flagey-Echézeaux Contrôlée'라는 표기는 존재하지 않는다.

34. 부르고뉴 와인 상표에 '모노폴(Monopole)'이라고 표시된 것은 무엇을 말하는가?

① 정부에서 독점한 포도밭에서 나오는 와인
② 하나의 포도밭을 하나의 업체가 가지고 있는 경우
③ 한 업체에서 한 종류의 와인만을 생산하는 경우
④ 정부에서 독점으로 판매 대행을 해주는 와인
⑤ 정부기관에만 납품하는 와인

35. 다음 중 부르고뉴의 '모노폴(Monopole)'이 아닌 포도밭은?

① 라 타슈(La Tache)
② 로마네 콩티(Romanée Conti)
③ 클로 드 타르(Clos de Tart)
④ 라 그랑드 뤼(La Grande Rue)
⑤ 리슈부르(Richebourg)

36. 다음 중 여성 와인메이커로서 '도멘 들 라 로마네 콩티(Domaine de la Romanée-Conti)'의 공동 소유주였던 사람은?

① 랄루 비즈를루아(Lalou Bize-Leroy)

② 에티엔 소제(Étienne Sauzet)

③ 젠시스 로빈슨(Jancis Robinson)

④ 브리지트 바르도(Brigitte Bardot)

⑤ 르네 랄루(René Laliu)

37. 다음 중 '도멘 들 라 로마네 콩티(Domaine de la Romanée-Conti)'에서 생산하는 와인이 아닌 것은?

① 로마네 콩티(Romanée-Conti)  ② 라 타슈(La Tâche)

③ 리슈부르(Richebourg)  ④ 라 로마네(La Romanée)

⑤ 몽라셰(Montrachet)

38. 다음 중 '로마네 콩티(Romanée-Conti)'와 경계를 맞대고 있는 포도밭이 아닌 곳은?

① 라 그랑드 뤼(La Grande Rue)  ② 라 타슈(La Tâche)

③ 리슈부르(Richebourg)  ④ 라 로마네(La Romanée)

⑤ 로마네생비방(Romanée-St-Vivant)

39. 다음 중 '로마네 콩티(Romanée Conti)'와 가장 관계가 먼 인물은?

① 오베르 드 빌렌(Aubert de Villaine)

② 랄루 비즈를루아(Lalou Bize-Leroy)

③ 마담 드 퐁파두르(Madame de Pompadour)

④ 조셉 드루앵(Joseph Drouhin)

⑤ 프랭스 드 콩티(Prince de Conti)

**40. 다음 부르고뉴 와인에 대해서 이야기한 것 중에서 옳은 것은?**

① '로마네 콩티(Romanée-Conti)'는 부르고뉴 그랑 크뤼 중 포도밭 면적이 가장 작다.
② '몽라셰(Montrachet)'는 '모노폴(Monopole)'이다.
③ '샤블리 그랑 크뤼(Chablis Grand Cru)'는 7개의 원산지명칭(AO)을 가지고 있다.
④ '본 로마네(Vosne-Romanée)'는 '뉘 생조르주(Nuits St-George)' 남쪽에 있다.
⑤ '포마르(Pommard)'는 레드와인만 생산할 수 있다.

**41. 다음 부르고뉴의 마을의 그랑 크뤼 와인에 대해 잘못 설명하고 있는 것은?**

① '페르낭 베르즐레스(Pernand-Vergelesse)' 마을에는 세 개의 그랑 크뤼(Grand Cru) 포도밭이 있다.
② '뉘 생조르주(Nuits St-George)' 마을에는 그랑 크뤼(Grand Cru) 포도밭이 없다.
③ '본 로마네(Vosne-Romanée)' 마을에는 다섯 개의 그랑 크뤼(Grand Cru) 포도밭이 있다.
④ '슈발리에 몽라셰(Chevalier-Montrachet)'는 '퓔리니 몽라셰(Puligny-Montrachet)' 마을의 그랑 크뤼다.
⑤ '샤사뉴 몽라셰(Chassagne-Montrachet)' 마을에서는 레드와인도 생산한다.

**42. 다음 중 '크레망 드 부르고뉴(Crémant de Bourgogne)'에 허용되지 않은 포도 품종은?**

① 피노 누아(Pinot Noir)  ② 피노 그리(Pinot Gris)
③ 피노 블랑(Pinot Blanc)  ④ 피노 뫼니에(Pinot Meunier)
⑤ 샤르도네(Chardonnay)

43. 부르고뉴 코트 샬로네즈(Côte Châlonnaise)의 원산지명칭(AO) '부즈롱(Bouzeron)'에 사용되는 품종은?

① 알리고테(Aligoté)  ② 샤르도네(Chardonnay)
③ 피노 누아(Pinot Noir)  ④ 피노 블랑(Pinot Blanc)
⑤ 피노 그리(Pinot Gris)

44. 부르고뉴 '코트 샬로네즈(Côte Châlonnaise)' 지방의 와인이 아닌 것은?

① 메르퀴레(Merucurey)  ② 륄리(Rully)
③ 지브리(Givry)  ④ 생베랑(Saint-Véran)
⑤ 부즈롱(Bouzeron)

45. 부르고뉴 원산지명칭(AO) '푸이 퓌이세(Pouilly-Fuissé)'에 사용되는 포도 품종은?

① 소비뇽 블랑(Sauvignon Blanc)  ② 피노 누아(Pinot Noir)
③ 피노 그리(Pinot Gris)  ④ 알리고테(Aligoté)
⑤ 샤르도네(Chardonnay)

46. 부르고뉴 '마코네(Mâconnais)' 지방의 와인이 아닌 것은?

① 푸이 퓌이세(Pouilly-Fuissé)  ② 비레 클레세(Viré-Clessé)
③ 푸이 뱅젤(Pouilly-Vinzelles)  ④ 몽타뉘(Montagny)
⑤ 생베랑(Saint-Véran)

47. 보졸레(Beaujolais) 와인이 유명한 이유는?

① 품질이 뛰어나기 때문에
② 덜 익은 포도로 와인을 만들기 때문에
③ 그 해 수확하여 만든 와인을 그 해에 팔기 때문에
④ 장기 보관이 가능한 와인을 만들기 때문에
⑤ 탄소를 사용하여 와인을 만들기 때문에

48. 보졸레(Beaujolais) 지방 등에서 사용하는 양조법인 '마세라시옹 카르보니크(Macération Carbonique)'란 어떤 방식의 양조법인가?

① 탄소를 첨가하여 포도를 발효시키는 방법
② 탄산을 첨가하여 산도를 높이는 방법
③ 탄산가스 침지법
④ 탄산가스를 완벽하게 배출시켜 만드는 방법
⑤ 탄산 분해과정을 거쳐서 만드는 방법

49. 푸이 퓌이세(Pouilly-Fuissé)의 가난한 포도밭에서 태어나서 '보졸레 누보(Beaujolais Nouveau)'를 세계적으로 유행시키고, 와인 박물관도 만들어서 일명 '보졸레의 왕'으로 불리는 사람은?

① 조르주 뒤뵈프(Georges Duboeuf)
② 조셉 드루앵(Joseph Drouhin)
③ 루이 자도(Louis Jadot)
④ 조셉 페블리(Joseph Faiveley)
⑤ 루이 자도(Louis Jadot)

50. 다음 중 보졸레(Beaujolais) 지방의 고급 와인인 '크뤼(Cru)'급에 해당되지 않은 곳은?

① 브뤼이(Brouilly) ② 플뢰리 (Fleurie)
③ 모르공(Morgon) ④ 생타무르(Saint-Amour)
⑤ 코토 뒤 리오네(Coteaux du Lyonnais)

51. 보졸레(Beaujolais) 크뤼(Cru)급 와인 중에서 가장 생산량이 많은 곳은?

① 셰나(Chenas) ② 플뢰리 (Fleurie)
③ 모르공(Morgon) ④ 브루이(Brouilly)
⑤ 쉬루블(Chiroubles)

52. 보졸레 누보(Beaujolais Nouveau)에서 '누보(Nouveau)'를 영어로 번역한다면?

① Fresh ② New
③ Best ④ Quality
⑤ Fruity

53. 론(Rhône) 지방에서 14세기 교황의 별장으로 사용하여 유명해진 원산지명칭(AO)은?

① 에르미타주(Hermitage)
② 샤토뇌프 뒤파프(Châteauneuf-du-Pape)
③ 지공다스(Gigondas)
④ 코트 로티(Côte Rôtie)
⑤ 샤토 그리예(Château Grillet)

54. 론(Rhône) 지방의 원산지명칭(AO) '코트 뒤 론(Côte du Rhône)'의 레드와인에

허용되는 품종이 아닌 것은?

① 시라(Syrah)　　② 그르나슈(Grenache)
③ 카리냥(Carignan)　　④ 말베크(Malbec)
⑤ 무르베드르(Mourvédre)

55. 다음 론(Rhône) 지방 원산지명칭(AO) 중에서 남부 론 지방에 속한 것은?

① 생 조제프(St. Joseph)　　② 에르미타주(Hermitage)
③ 샤토 그리예(Château Grillet)　　④ 코르나스(Cornas)
⑤ 지공다스(Gigondas)

56. 론(Rhône) 지방의 테루아르에 큰 영향을 주는 알프스 산맥에서 부는 차갑고 매서운 북풍의 이름은?

① 미스트랄(Mistral)　　② 미스텔라(Mistella)
③ 미스텔(Mistelle)　　④ 밀드유(Mildew)
⑤ 밀레짐(Millésime)

57. 다음 원산지명칭(AO)중에서 하나의 업체가 이를 단독으로 차지하고 있는 것이 아닌 것은?

① 로마네 콩티(Romanée Conti)
② 코트 로티(Côte Rôtie)
③ 샤토 그리에(Château Grillet)
④ 샤브니에르 쿨레 드 세랑(Savenniéres Coulée-de-Serrant)
⑤ 라 로마네(La Romanée)

58. 다음 중 '코트 로티(Côte Rôtie)' 원산지명칭(AO)에 사용하는 품종은?

① 시라(Syrah) + 마르산(Marsanne) + 루산(Rousanne)
② 시라(Syrah) + 비오니에(Viognier)
③ 시라(Syrah) + 그르나슈(Grenache)
④ 시라(Syrah) + 무르베드르(Mourvédre)
⑤ 시라(Syrah) + 생소(Cinsault)

59. 다음 론(Rhône) 지방 와인 중에서 18세기와 19세기에는 프랑스에서 가장 비싼 와인으로 알려졌고, 현재도 론 지방에서 가장 비싼 와인으로 알려진 원산지명칭(AO)은?

① 콩드리외(Condrieu)
② 에르미타주(Hermitage)
③ 지공다스(Gigondas)
④ 샤토뇌프 뒤파프(Châteauneuf-du-Pape)
⑤ 크로즈 에르미타주(Crozes-Hermitage)

60. 북부 론(Rhône)과 남부 론(Rhône) 지방의 차이점을 설명한 것 중 옳은 것은?

① 북부 론은 강한 북풍이 심하고, 남부 론은 바람이 없다.
② 북부 론은 강을 따라 비옥한 토양, 남부 론은 거친 토양으로 조성되어 있다.
③ 북부 론은 자갈이 많은 토양이고, 남부 론은 점토질 토양이다.
④ 북부 론은 단일 품종, 남부 론은 여러 품종을 혼합하여 와인을 만든다.
⑤ 포도밭이 북부 론은 강을 따라 양쪽 언덕에, 남부 론은 널리 퍼져 있다.

61. 다음 중에서 남부 론(Rhône) 지방의 원산지명칭(AO)이 아닌 것은?

① 바케라(Vacqueyras)   ② 라스토(Rasteau)
③ 코르나스(Cornas)    ④ 지공다스(Gigondas)
⑤ 타벨(Tavel)

**62. 다음 론(Rhône) 지방 원산지명칭(AO) 중에서 가장 북쪽에 있는 것은?**

① 코트 로티(Côte Rôtie)   ② 에르미타주(Hermitage)
③ 코르나스(Cornas)        ④ 지공다스(Gigondas)
⑤ 샤토 그리에(Château Grillet)

**63. 프랑스 남부지방에서 많이 생산되는 'VDN(Vin Doux Naturel)'이란 무엇을 말하는가?**

① 과즙에 알코올을 첨가하여 알코올 함량을 15~22% 정도 되는 달콤한 리큐르
② 포도를 수확하여 2~3개월 건조시킨 다음에 만든 스위트 와인
③ 발효 도중에 알코올을 부어 알코올 농도를 높인 스위트 와인
④ 나무통에 가득 채우지 않고 효모막을 형성시켜 일부러 산화시킨 와인
⑤ 인공 효모를 사용하지 않고, 포도껍질에 묻어있는 천연 효모를 사용하여 만든 와인

**64. 다음 중 '샤토뇌프 뒤 파프(Châteauneuf-du-Pape)' 원산지명칭(AO)에서 나오는 와인은?**

① 레드와인
② 레드와인, 로제
③ 레드와인, 화이트와인
④ 레드와인, 화이트와인, 로제
⑤ 레드와인, 화이트와인, 로제, 스파클링 와인

65. 다음 론(Rhône) 지방 원산지명칭(AO) 중에서 '비오니에(Viognier)' 사용이 허용되지 않은 것은?

   ① 코트 뒤 론(Côte du Rhône)
   ② 코트 로티(Côte Rôtie)
   ③ 콩드리유(Condrieu)
   ④ 샤토 그리에(Château Grillet)
   ⑤ 코르나스(Cornas)


66. 다음 원산지명칭(AO) 중에서 론(Rhône) 지방 최초의 VDN으로 인정된 것은?

   ① 라스토(Rasteau)
   ② 뮈스카 봄 드 브니스(Muscat de Beaumes-de-Venise)
   ③ 코트 뒤 벙투(Côtes du Ventoux)
   ④ 코트 뒤 비바레(Côte du Vivarais)
   ⑤ 코토 뒤 트리카스탱(Coteaux du Tricastin)


67. 다음 중 론(Rhône) 지방에서 거의 레드와인 수준의 묵직함을 주는 로제가 나오는 원산지명칭(AO)은?

   ① 코르나스(Cornas)
   ② 타벨(Tavel)
   ③ 클레레트 드 디(Clairette de Die)
   ④ 바케라(Vacqueyras)
   ⑤ 코트 뒤 벙투(Côtes du Ventoux)


68. 론(Rhône) 지방에서 1990년부터 포도재배, 와인 양조 방법을 개선하여 우수한 와

인을 만들고 있으며, 유기농 와인과 점자로 된 상표가 유명한 메이커는?

① 도멘 뒤 비유 텔레그라프(Domaine du Vieux Telegraphe)
② 샤푸티에(M. Chapoutier)
③ 기갈(E. Guigal)
④ 폴 자블레 에네(Paul Jaboulet-Ainé)
⑤ 샤토 보셴(Ch. Beauchêne)

69. 다음 론(Rhône) 지방의 원산지명칭(AO) 중에서 레드와인만 인정되는 곳은?

① 샤토뇌프 뒤 파프(Châteauneuf-du-Pape)
② 크로즈 에르미타주(Crozes-Hermitage)
③ 에르미타주(Hermitage)
④ 생조제프(St. Joseph)
⑤ 코르나스(Cornas)

70. 다음 중 론(Rhône) 지방에서 사용되는 품종의 별명이 잘못 연결된 것은?

① 위니 블랑(Ugni Blanc) - 트레비아노(Trebbiano)
② 카리냥(Carignan) - 마수엘로(Mazuelo)
③ 그르나슈(Grenache) - 가르나차(Garnacha)
④ 무르베드르(Mourvèdre) - 모라스텔(Morrastel)
⑤ 생소(Cinsault) - 에르미타주(Hermitage)

71. 다음 중 루아르(Loire) 지방의 원산지명칭(AO)이 아닌 것은?

① 뮈스카데(Muscadet)   ② 시농(Chinon)
③ 부브레(Vouvray)     ④ 푸이 퓌메(Pouilly Fumé)
⑤ 코트 드 툴(Côtes de Toul)

72. 다음 루아르(Loire) 지방의 원산지명칭(AO) 중에서 가장 서쪽에 있는 것은?

① 시농(Chinon)
② 뮈스카데(Muscadet)
③ 푸이 퓌메(Pouilly-Fumé)
④ 앙주(Anjou)
⑤ 부브레(Vouvray)


73. 루아르(Loire) 지방에서 '뮈스카데(Muscadet)'로 알려진 원산지명칭(AO)에서 사용하는 특수한 양조방법으로, 발효 후에 이스트 찌꺼기 위에서 숙성시키는 방법은?

① 피자주(Pigeage)
② 쉬르 리(Sur Lie)
③ 수티라주(Soutirage)
④ 데부르바주(Débourbage)
⑤ 마세라시옹 카르보니크(Macération Carbonique)


74. 다음 중 루아르(Loire) 지방에서 사용하는 품종의 별명이 잘못 짝지어진 것은?

① 슈냉 블랑(Chenin Blanc) = 피노 들라 루아르(Pineau de la Loire)
② 소비뇽 블랑(Sauvignon Blanc) = 블랑 퓌메(Blanc Fumé)
③ 카베르네 프랑(Cabernet Franc) = 브르통(Breton)
④ 가메(Gamay) = 그롤로(Grolleau)
⑤ 코(Cot) = 말베크(Malbec)


75. 다음 중 루아르(Loire) 지방의 원산지명칭(AO) '뮈스카데(Muscadet)'에서 사용되는 품종은?

① 슈냉 블랑(Chenin Blanc)
② 소비뇽 블랑(Sauvignon Blanc)
③ 폴 블랑슈(Folle Blanche)

④ 샤르도네(Chardonnay)

⑤ 믈롱 드 부르고뉴(Melon de Bourgogne)

76. 루아르(Loire) 지방에서 '생물기능농법(Biodynamic viticulture)'의 발상지로 유명한 원산지명칭(AO)은?

① 자스니에르(Jasniéres)
② 시농(Chinon)
③ 샤브니에르 쿨레 드 세랑(Savenniéres Coulée-de-Serrant)
④ 생 니콜라 드 부르괴이(St.-Nicolas-de-Bourgueil)
⑤ 뮈스카데 쉬르 리(Muscadet sur Lie)

77. 다음 중 루아르(Loire) 지방에서 '소비뇽 블랑(Sauvignon Blanc)'으로 만든 와인으로 인기를 끌고 있는 원산지명칭(AO)은?

① 본조(Bonnezeaux)
② 자스니에르(Jasniéres)
③ 푸이 퓌메(Pouilly-Fumé)
④ 카르 드 숌(Quart-de-Chaume)
⑤ 샤브니에르(Savenniéres)

78. 다음 중 루아르(Loire) 지방 '투렌(Touraine)'의 원산지명칭(AO)이 아닌 것은?

① 시농(Chinon)
② 자스니에르(Jasniéres)
③ 부브레(Vouvray)
④ 본조(Bonnezeaux)
⑤ 몽루이(Montlouis)

79. 다음 중 루아르(Loire) 지방의 '중부지방(Centre Nivernais)'의 원산지명칭(AO)이 아닌 것은?

① 메네투 살롱(Menetou-Salon)   ② 푸이 퓌메(Pouilly Fumé)
③ 상세르(Sancerre)   ④ 캥시(Quincy)
⑤ 부브레(Vouvray)


80. 알자스(Alsace) 지방에서 '토카이 달자스(Tokay d'Alsace)'라고 부르는 품종은 다음 중 어느 것인가?

    ① 피노 블랑(Pinot Blanc)   ② 리슬링(Riesling)
    ③ 슈냉 블랑(Chenin Blanc)   ④ 실바네르(Sylvaner)
    ⑤ 피노 그리(Pinot Gris)


81. 알자스(Alsace) 지방 와인 상표에 '셀렉시옹 드 그랑 노블(Sélection de Grains Nobles)'이라는 표시는 어떤 와인을 말하는가?

    ① 보트리티스 곰팡이 낀 포도로 만든 와인
    ② 그랑 크뤼(Grand Cru) 등급의 와인
    ③ 알자스 지방 와인 품평회에서 우승한 와인
    ④ 귀족들이 즐겨 마시던 와인
    ⑤ 한정적으로 판매하는 고급 와인


82. 알자스(Alsace) 지방의 '그랑 크뤼(Grand Cru)'에 허용되지 않은 품종은?

    ① 리슬링(Riesling)
    ② 게뷔르츠트라미너(Gewürztraminer)
    ③ 피노 블랑(Pinot Blanc)
    ④ 뮈스카 달자스(Muscat d'Alsace)
    ⑤ 피노 그리(Pinot Gris)

83. 알자스(Alsace) 지방 와인 상표에 '방당주 타르디브(Vendange Tardive)'라는 표시는 어떤 와인을 말하는가?

   ① 경사 30도 이상의 포도밭에서 나온 와인
   ② 2년 이상 숙성시킨 와인
   ③ 여러 가지 품종을 블렌딩한 와인
   ④ 늦게 수확한 포도로 만든 와인
   ⑤ 보트리티스 곰팡이 낀 포도로 만든 와인

84. 알자스(Alsace) 지방에서 1639년에 설립되어, 1715년에 제작한 오크통을 소유하고 있는 유명한 메이커는?

   ① 파펜하임(Pfaffenheims)
   ② 트림바흐(F. E. Trimbach)
   ③ 위겔 에 피스(Hugel & Fils)
   ④ 도멘 마르셀 다이스(Domaine Marcel Deiss)
   ⑤ 도멘 바인바흐(Domaine Weinbach)

85. 다음 알자스(Alsace) 와인에 대한 설명 중 잘못된 것은?

   ① 독일의 영향을 많이 받았다.
   ② AOC 제도는 1960년대에 완성되었다.
   ③ 대부분 상표에 원산지명칭(AO)을 '알자스'로 표시하고, 품종을 표시한다.
   ④ 레드와인은 주로 '피노 누아(Pinot Noir)'로 만든다.
   ⑤ 포도밭은 알프스 산맥을 따라 남북으로 150 km에 걸쳐 있다.

86. 다음 중 알자스(Alsace)의 원산지명칭(AO) '크레망 달자스(Crémant d'Alsace)'에

허용되는 품종이 아닌 것은?

① 리슬링(Riesling)
② 피노 그리(Pinot Gris)
③ 뮈스카(Muscat)
④ 샤르도네(Chardonnay)
⑤ 오세루아(Auxerrois)

87. 다음 랑그도크 루시용(Languedoc-Roussillon) 지방의 와인에 대한 설명 중 잘못된 것은?

① 이 지방의 농수산물 및 와인을 대상으로 '남프랑스(Sud de France)'라는 명칭도 사용된다.
② 프랑스에서 가장 많은 와인을 생산한다.
③ 오래 동안 이탈리아에 속해 있어서 와인 성격도 이탈리아와 비슷하다.
④ 전형적인 지중해성 기후로 투박한 레드와인이 많다.
⑤ '뱅 드 페이(Vins de Pays)' 급 와인을 많이 생산한다.

88. 다음 랑그도크 루시용(Languedoc-Roussillon) 지방의 원산지명칭(AO) 중에서 루시용에 속한 것은?

① 코르비에르(Corbiéres)
② 포제르(Faugères)
③ 피투(Fitou)
④ 콜리우르(Collioure)
⑤ 카바르데스(Cabardés)

89. 다음 중 VDN을 생산하지 않는 원산지명칭(AO)은?

① 프롱티냥(Frontignan)
② 바뉠스(Banyuls)
③ 모리(Maury)
④ 리브잘트(Rivesaltes)
⑤ 생쉬니앙(St.-Chinian)

90. VDN에 '랑시오(Rancio)'라는 단어가 붙어 있으면 어떤 뜻인가?

① 오크통에서 효모막(Flor)을 형성시킨 와인
② 오크통에 넣어 햇볕에 노출시켜 숙성시킨 와인
③ 병에 넣어 3년 이상 숙성시킨 와인
④ '솔레라(Solera)' 시스템으로 숙성시킨 와인
⑤ 그랑 크뤼(Grand Cru) 와인


91. 유명한 화가 '세잔(Paul Cézanne)'이 활동한 곳으로 관광객이 많이 찾는 프로방스(Provence)의 원산지명칭(AO)은?

① 방돌(Bandol)
② 벨레(Bellet)
③ 코토 덱셍 프로방스(Coteaux d'Aix-en-Provence)
④ 레 보 드 프로방스(Les Baux de Provence)
⑤ 카시스(Cassis)


92. 다음 중 프로방스(Provence) 지방의 원산지명칭(AO)인 것은?

① 카바르데스(Cabardés)
② 포제르(Faugères)
③ 모리(Maury)
④ 팔레트(Palette)
⑤ 아작시오(Ajaccio)


93. 프랑스 쥐라(Jura) 지방에서 건조한 포도로 장기간 발효시켜 4년 이상 숙성시킨 스위트 와인의 이름은?

① 뱅 드 파이으(Vins de Paille)
② 뱅 푸(Vin Fou)
③ 뱅 존(Vin Jaune)
④ 뱅 그리(Vin Gris)
⑤ 막뱅(Macvin)

94. 프랑스 쥐라(Jura) 지방에서 '사바냥(Savagnin)' 포도로 와인을 만든 후 228ℓ 나무통에 넣고 뚜껑을 열어 놓은 채 6년을 두면서 와인 표면에 효모막(Flor)을 형성시켜 셰리와 비슷한 와인을 만들어 이 지방 최고의 품질을 자랑하는 '뱅 존(Vin Jaune)'을 생산하는 원산지명칭(AO)은?

   ① 세셀(Seyssel)  ② 소시냑(Saussignac)
   ③ 막뱅(Macvin)  ④ 크레피(Crépy)
   ⑤ 샤토샬롱(Château-Chalon)

95. 프랑스 쥐라(Jura) 지방에서 유명한 '샤토 샬롱(Château-Chalon)' 원산지명칭(AO)의 와인에 사용되는 620㎖ 용량의 병 이름은?

   ① 제로보암(Jeroboam)  ② 클라블랭(Clavelin)
   ③ 피아스코(Fiasco)  ④ 복스보이텔(Bocksbeutel)
   ⑤ 제니(Jennie)

96. 파스퇴르의 고향으로 프랑스 최초의 AOC로 지정된 원산지명칭(AO)은?

   ① 아르부아(Arbois)  ② 샤토 샬롱(Château-Chalon)
   ③ 아작시오(Ajaccio)  ④ 크레피(Crépy)
   ⑤ 코트 뒤 쥐라(Côte du Jura)

97. 프랑스 남서부(Sud-Ouest) 지방에서 브랜디로 유명한 곳은?

   ① 아르마냑(Armagnac)  ② 코냑(Cognac)
   ③ 칼바도스(Calvados)  ④ 마디랑(Madiran)
   ⑤ 오드비(Eaux-de-vie)

98. 다음 프랑스 남서부(Sud-Ouest) 지방의 원산지명칭(AO) 중에서 스위트 화이트와인이 생산되고 있는 것은?

① 베르즈라크(Bergerac)
② 자르나크(Jarnac)
③ 마르시야크(Marcillac)
④ 가이야크(Gaillac)
⑤ 몽바지야크(Monbazillac)

99. 다음 중 프랑스 남서부(Sud-Ouest) 지방의 원산지명칭(AO) '카오르(Cahors)'에서 주품종으로 사용하는 것은?

① 메를로(Merlot)
② 타나(Tannat)
③ 코(Cot)
④ 카베르네 소비뇽(Cabernet Sauvignon)
⑤ 네그레트(Négrette)

100. 폴리페놀이 풍부한 '타나(Tannat)'를 주품종으로 만든 와인으로 세계적인 남성 장수촌으로 알려진 프랑스 남서부(Sud-Ouest) 지방의 원산지명칭(AO)은?

① 베르즈라크(Bergerac)
② 가이야크(Gaillac)
③ 카오르(Cahors)
④ 마디랑(Madiran)
⑤ 몽라벨(Montravel)

101. 중세 때부터 보르도 와인으로 알려져 영국에서 인기가 좋았던 와인으로, 색깔이 진하여 '블랙 와인(Black wine)'이라는 별명을 가진 프랑스 남서부(Sud-Ouest) 지방의 원산지명칭(AO)은?

① 베르즈라크(Bergerac)
② 가이야크(Gaillac)
③ 카오르(Cahors)
④ 마디랑(Madiran)
⑤ 몽라벨(Montravel)

102. 다음 프랑스 와인 생산 지방 중 공식적으로 '그랑 크뤼(Grands crus)'로 분류된 포도밭이 있는 곳은?

① 루아르(Loire)
② 알자스(Alsace)
③ 론(Rhône)
④ 쥐라(Jura)
⑤ 프로방스(Provence)

# 6. 이탈리아 와인

1. 16세기 프랑스의 프랑수아 1세의 둘째 아들 '앙리 오를레앙'과 정략 결혼하면서, 이탈리아 르네상스 최고의 명문가의 예술적인 감각과 에티켓, 요리 등을 프랑스에 전파한 여인은?

   ① 마리아 칼라스(Maria Callas)
   ② 리치아 알바네제(Licia Albanese)
   ③ 카미유 클로델(Camille Claudel)
   ④ 안젤리카 카탈라니(Angelica Catalani)
   ⑤ 카트린 드 메디치(Catherine de Medicis)

2. 기원전 1,000년경에 이탈리아 반도에 처음으로 정착하여 알파벳을 만들고 신화를 도입하면서 지금의 토스카나 지방에서 최초로 포도를 재배한 민족은?

   ① 라틴(Latin)족
   ② 에트루리아인(Etrurian)
   ③ 켈트(Celt)족
   ④ 그리스인(Greeks)
   ⑤ 이베리아(Iberia) 족

3. 19세기 중반에 '리카솔리(Risoli)' 남작이 고안한 품종별 혼합비율을 기본으로 1967년 원산지명칭(DO)과 그 규정을 정하게 된 와인은?

① 키안티(Chianti)
② 사시카야(Sassicaia)
③ 비노 노빌레 디 몬테풀치아노(Vino Nobile di Montepulciano)
④ 브루넬로 디 몬탈치노(Brunello di Montalcino)
⑤ 볼게리(Bolgheri)

4. 이탈리아 와인 병에서 볼 수 있는 '검은 수탉(Gallo Nero)' 그림을 심벌마크로 사용하는 와인은?

① 키안티 클라시코(Chianti Classico)
② 카르미냐노(Carmignano)
③ 비노 노빌레 디 몬테풀치아노(Vino Nobile di Montepulciano)
④ 브루넬로 디 몬탈치노(Brunello di Montalcino)
⑤ 빈 산토 디 몬테풀치아노(Vin Santo di Montepulciano)

5. 이탈리아에서 수확한 포도를 건조하여 당분과 향미를 농축시킨 포도로 만든 와인을 무엇이라고 하는가?

① 로사토(Rosato)
② 비노 노벨로(Vino Novello)
③ 클라시코(Classico)
④ 벨리니(Bellini)
⑤ 파시토(Passito)

6. 이탈리아의 DOC 제도의 규정 중에서 프랑스의 AOC 제도와 가장 큰 차이를 다음 중에서 고른다면?

　① 품종의 선택이 자유스럽다.
　② 숙성기간을 규정한다.
　③ 화학분석을 한다.
　④ 관능검사를 한다.
　⑤ 알코올 농도를 규제한다.

7. 이탈리아 와인 용어 중에서 '클라시코(Classico)'라고 표시된 것은 무엇을 뜻하는가?

　① DOC 지역의 중심으로 예전부터 있었던 명산지
　② 오크통에서 발효시키고 그 통에서 숙성시킨 와인
　③ 500년 이상의 역사를 가진 와인에 붙이는 용어
　④ 음악가나 화가 등 예술가들이 만든 와인
　⑤ 농약과 비료 등을 사용하지 않고 옛날 방식으로 만든 와인

8. 다음 중 프랑스의 '보졸레 누보'와 성격이 가장 비슷한 이탈리아 와인은?

　① 비노 노벨로(Vino Novello)
　② 빈 산토(Vin Santo)
　③ 모스카토 다스티(Moscato d'Asti)
　④ 돌체토 달바(Dolcetto d'Alba)
　⑤ 비노 다 타볼라(Vino da Tavola)

9. 다음 이탈리아 와인의 명칭과 그 와인이 생산되는 지역이 올바르게 연결된 것은?

① 아스티(Asti) - 토스카나(Toscana)
② 소아베(Soave) - 베네토(Veneto)
③ 사시카야(Sassicaia) - 피에몬테(Piemonte)
④ 돌체토 달바(Dolcetto D'Alba) - 에밀리아로마냐(Emilia-Romagna)
⑤ 발폴리첼라(Valpolicella) - 피에몬테(Piemonte)

10. 다음 중 토스카나(Toscana) 지방의 레드와인을 대표하는 품종으로 유전적으로 변종이 많기로 유명한 품종은?

① 산조베제(Sangiovese)
② 카나욜로(Canaiolo)
③ 네비올로(Nebbiolo)
④ 돌체토(Dolcetto)
⑤ 바르베라(Barbera)

11. 지금은 드물지만, 짚으로 둘러 싼 '키안티(Chianti)' 병을 무엇이라고 하는가?

① 키아레토(Chiaretto)  ② 아나타(Annata)
③ 보틸랴(Bttiglia)  ④ 안티코(Antico)
⑤ 피아스코(Fiasco)

12. 다음 '슈퍼 투스칸(Super Tuscans)'에 대한 설명 중 틀린 것은?

① 정부의 엄격한 DOC 규정을 적용하여 선별한 것이다.
② 비교적 고가에 팔리는 와인이다.
③ 카베르네 소비뇽 등 프랑스 품종을 사용하는 것이 많다.
④ 사시카야(Sassicaia), 티냐넬로(Tignanello) 등의 예를 들 수 있다.
⑤ 토스카나(Toscana) 지방 와인이다.

13. 브루넬로 디 몬탈치노(Brunello di Montalcino)에서 '브루넬로'에 대한 설명 중 옳은 것은?

① 포도 품종으로 산조베제의 변종이다.
② 귀족과 시인이 즐겨 마셨다는 와인에서 유래된 명칭이다.
③ 이 와인이 생산되는 곳의 지명이다.
④ 이 와인을 최초로 생산한 메이커 이름이다.
⑤ 포도를 건조시켜 만든 와인이란 뜻이다.

14. 다음 와인 중에서 토스카나(Toscana) 지방의 원산지명칭(DO)이 아닌 것은?

① 키안티(Chianti)
② 브루넬로 디 몬탈치노(Brunello di Montalcino)
③ 비노 노빌레 디 몬테풀치아노(Vino Nobile di Montepulciano)
④ 랑게(Langhe)
⑤ 카르미냐노(Carmignano)

15. 볼게리(Bolgheri)에서 시작하여, 1948년 보르도의 샤토 라피트(Ch. Lafite)에서 카베르네 소비뇽(Cabernet Sauvignon) 묘목을 가져와 프랑스 오크통에서 숙성시켜 만든 최고급와인으로, 품질을 인정을 받아 1994년 따로 DOC로 된 와인은?

① 티냐넬로(Tignanell)  ② 오르넬라야(Ornellaia)
③ 솔라야(Solaia)  ④ 마세토(Masseto)
⑤ 사시카야(Sassicaia)

16. 산조베제의 변종으로 만들지만, 키안티와는 달리 타닌 함량이 많고 묵직한 레드와인으로 19세기 '비온디 산티(Biondi-Santi)'의 노력으로 나온 와인의 원산지명칭(DO)은?

① 비노 노빌레 디 몬테풀치아노(Vino Nobile di Montepulciano)
② 베르나차 디 산 지미냐노(Vernaccia di San Gimignano)
③ 브루넬로 디 몬탈치노(Brunello di Montalcino)
④ 카르미냐노(Carmignano)
⑤ 볼게리(Bolgheri)

17. 토스카나(Toscana)의 유명한 메이커로서 '티냐넬로(Tignanello)', '솔라야(Solaia)' 등을 소개하면서 이탈리아 와인의 질을 한 단계 올려놓은 메이커는?

① 안티노리(Antinori)
② 비온디 산티(Biondi-Santi)
③ 루피노(Ruffino)
④ 빌라 반피(Villa Banfi)
⑤ 프레스코발디(Frescobaldi)

18. 토스카나(Toscana) 와인 중 '비노 노빌레 디 몬테풀치아노(Vino Nobile di Montepulciano)'에서 '몬테풀치아노'는 무엇을 말하는가?

① 포도품종
② 생산지명
③ 양조방법
④ 숙성기간
⑤ 와인등급

19. 다음 중 '키안티 클라시코(Chianti Classico)'에 허용된 품종이 아닌 것은?

① 산조베제(Sangiovese)
② 카나욜로(Canaiolo)
③ 메를로(Merlot)
④ 카베르네 소비뇽(Cabernet Sauvignon)
⑤ 말바지아(Malvasia)

20. 토스카나(Toscana) 지방에서 수확한 포도의 10% 정도를 건조시켜 당분과 향미를 농축시킨 다음에, 이를 발효가 끝난 와인에 첨가하여 느린 발효를 일으켜 부드러운 와인을 만드는 방법을 무엇이라고 하는가?

① 페르골라(Pergola)  ② 비노 노벨로(Vino Novello)
③ 갈로 네로(Gallo Nero)  ④ 고베르노(Governo)
⑤ 우바조(Uvaggio)


21. 다음 중에서 '키안티(Chinti)'가 나오는 일곱 개 세부지역에 해당되는 곳이 아닌 곳은?

① 콜리 피오렌티니(Colli Fiorentini)  ② 루피노(Ruffino)
③ 콜리 세네지(Colli Senesi)  ④ 몬테스페르톨리(Montespertoli)
⑤ 몬탈바노(Montalbano)


22. 다음 중에 피에몬테(Piemonte) 지방 와인의 특성을 묘사한 것이 아닌 것은?

① 대부분 소규모 업자들이 많다.
② 주로 여러 가지 품종을 블렌딩한 와인을 만든다.
③ 진지하고 부지런한 태도로 와인을 만든다.
④ 대륙성 기후로 겨울이 춥고 길다.
⑤ 고급 와인이 많이 나오는 지방이다.


23. 다음 중 '모스카토 다스티(Moscato d'Asti)'의 특성이 아닌 것은?

① 알코올 농도가 낮다.
② 약 스파클링 와인이다.
③ 스위트 와인이다.

④ 샴페인 방식으로 만든다.
⑤ '프리찬테(Frizzante)'라고 한다.

**24. 다음 와인 중에서 피에몬테(Piemonte) 지방의 원산지명칭(DO)이 아닌 것은?**

① 모스카토 다스티(Moscato d'Asti)
② 바르돌리노(Bardolino)
③ 바롤로(Barolo)
④ 바르바레스코(Barbaresco)
⑤ 게메(Gemme)

**25. 이탈리아 북부지방에서 최고의 레드와인을 만드는 품종으로, 만생종이며 타닌이 풍부하여 장기간 숙성을 해야 제 맛이 나는 품종은?**

① 산조베제(Sangiovese)      ② 돌체토(Dolcetto)
③ 바르베라(Barbera)         ④ 카나욜로(Canaiolo)
⑤ 네비올로(Nebbiolo)

**26. 다음 중 피에몬테(Piemonte) 지방의 스파클링 와인인 '모스카토 다스티((Moscato d'Asti)'에 사용하는 품종은?**

① 코르테세(Cortese)
② 아르네이스(Arneis)
③ 피노 비안코(Pinot Bianco)
④ 뮈스카 블랑 아 프티 그랭(Muscat Blanc à Petits Grains)
⑤ 베스파욜라(Vespaiola)

27. 피에몬테(Piemonte) 지방의 '바롤로(Barolo)'와 '바르바레스코(Barbaresco)'의 가장 큰 차이점은?

   ① 포도 품종      ② 발효 방법
   ③ 테루아르       ④ 재배 방법
   ⑤ 등급

28. 다음 피에몬테(Piemonte) 지방의 포도품종 중에서 화이트와인 품종인 것은?

   ① 브라케토(Brachetto)     ② 베스폴리나(Vespolina)
   ③ 보나르다(Bonarda)       ④ 코르테제(Cortese)
   ⑤ 바르베라(Barbera)

29. 다음 중 '네비올로(Nebbiolo)' 포도를 전혀 사용하지 않은 원산지명칭(DO)은?

   ① 게메(Ghemme)           ② 가티나라(Gattinara)
   ③ 가비(Gavi)              ④ 로에로(Roero)
   ⑤ 파라(Fara)

30. 다음 중에서 '바롤로(Barolo)'가 나오는 열한 개 세부지역에 해당되는 곳이 아닌 곳은?

   ① 카스티유리오네 팔레토(Castiglione Falleto)
   ② 세라룽가 달바(Serralunga d'Alba)
   ③ 몬포르테 달바(Monforte d'Alba)
   ④ 라 모라(La Morra)
   ⑤ 트레이조(Treiso)

31. '바르바레스코(Barbaresco)'를 최고의 와인으로 만든 피에몬테(Piemonte)의 왕자라고 불리는 메이커로서 1960년대 후반 가족경영의 와이너리를 맡아 네비올로(Nebbiolo) 포도를 유행시킨 와인메이커는?

   ① 안젤로 가야(Angelo Gaja)   ② 피오 체자레(Pio Cesare)
   ③ 폰타나프레다(Fontanafredda)   ④ 브루노 자코사(Bruno Giacosa)
   ⑤ 비에티(Vietti)

32. 상표에 '바롤로 리제르바(Barolo Riserva)'라고 표시되어 있으면 숙성기간은?

   ① 약 1년   ② 약 2년
   ③ 약 3년   ④ 약 4년
   ⑤ 약 5년

33. 다음 중 원산지명칭(DO) '소아베(Soave)'에 사용되는 주요 품종은?

   ① 가르가네가(Garganega)   ② 코르테제(Cortese)
   ③ 아르네이스(Arneis)   ④ 모스카토(Moscato)
   ⑤ 샤르도네(Chardonnay)

34. 다음 중 베네토(Veneto) 지방의 원산지명칭(DO)이 아닌 것은?

   ① 발폴리첼라(Valpolicella)   ② 바르돌리노(Bardolino)
   ③ 소아베(Soave)   ④ 가르다(Garda)
   ⑤ 라만돌로(Ramandolo)

35. '아마로네(Amarone)'를 만들고 남은 포도껍질을 '발폴리첼라(Valpolicella)' 일

반 와인에 첨가하여 만든 와인을 무엇이라고 하는가?

① 레초토(Recioto)  ② 마시(Masi)
③ 리파소(Ripasso)  ④ 파시토(Passito)
⑤ 라마토(Ramato)

36. 베네토(Veneto) 지방에서 포도를 건조시켜 당분과 향미를 농축시켜 만든 와인을 무엇이라고 하는가?

① 리파소(Ripasso)  ② 비노 노벨로(Vino Novello)
③ 벨리니(Bellini)  ④ 레초토(Recioto)
⑤ 리코로소(Riquoroso)

37. 수확한 포도를 건조시켜 당분함량을 높인 다음에 발효하여 드라이 와인으로 만들어 알코올 농도가 15-16% 정도 되는 베네토 지방의 와인으로 유명한 것?

① 캄포피오린(Campofiorin)  ② 아마로네(Amarone)
③ 리파소(Ripasso)  ④ 파시토(Passito)
⑤ 키아레토(Chiaretto)

38. 다음 중 '아마로네(Amarone)'에 대한 설명 중 틀린 것은?

① 단맛이 강한 와인이다.
② 수확한 포도를 건조시켜 발효한다.
③ 베네토 지방에서 나온다.
④ 일반 와인보다 알코올 농도가 높다.
⑤ 레드와인이다.

**39. 이탈리아의 3대 화이트와인 생산지가 올바르게 된 것은?**

① 트렌티노알토아디제(Trentino-Alto Aldige), 베네토(Veneto), 프리울리베네치아줄리아(Friuli-Venezia Giulia)
② 토스카나(Toscana), 피에몬테(Piemonte), 베네토(Veneto)
③ 시칠리아(Sicilia), 사르데냐(Sardegna), 라치오(Lazio)
④ 발레다오스타(Valle D'Aosta), 피에몬테(Piemonte), 리구리아(Liguria)
⑤ 칼라브리아(Calabria), 시칠리아(Sicilia), 사르데냐(Sardegna)

**40. 이탈리아 와인 생산 지방 20개 중에서 그 지방에서 생산되는 모든 와인을 단 하나의 원산지명칭(DO)으로 표시하는 곳은?**

① 발레다오스타(Valle D'Aosta)    ② 리구리아(Liguria)
③ 움브리아(Umbria)    ④ 몰리제(Molise)
⑤ 시칠리아(Sicilia)

**41. 프랑스 국경에서 토스카나까지 해안을 따라 형성된 곳으로 바닷가에 접한 급경사지에서 고급 와인을 생산하는 지방은?**

① 리구리아(Liguria)    ② 몰리제(Molise)
③ 칼라브리아(Calabria)    ④ 발레다오스타(Valle D'Aosta)
⑤ 바실리카타(Basilicata)

**42. 롬바르디아 지방에서 샴페인 방식으로 만든 스파클링 와인으로 '이탈리아의 샴페인'이라고 할 만큼 고급 스파클링 와인이 나오는 곳의 원산지명칭(DO)은?**

① 프레스코발디(Frescobaldi)    ② 페라리(Ferrari)
③ 프란차코르타(Franciacorta)    ④ 프로세코(Prosecco)
⑤ 가비(Gavi)

43. 원산지명칭(DO)으로 '에스트 에스트 에스트 디 몬테피아스코네(Est! Est! Est! di Montefiascone)'가 있는 지방은?

① 라치오(Lazio)　　　　　② 캄파니아(Campania)
③ 에밀리아로마냐(Emilia-Romagna)　④ 롬바르디아(Lombardia)
⑤ 시칠리아(Sicilia)

44. 다음 중 이탈리아에서 대중적으로 잘 알려진 화이트와인 '오르비에토(Orvieto)'가 나오는 지방은?

① 트렌티노알토아디제(Trentino-Alto Aldige)
② 움브리아(Umbria)
③ 베네토(Veneto)
④ 프리울리베네치아줄리아(Friuli-Venezia Giulia)
⑤ 시칠리아(Sicilia)

45. '파르미지아노 레지아노(Parmigiano-Reggiano)' 치즈, '발사믹(Balsamic)' 식초 등 요리가 발달한 지방은?

① 에밀리아로마냐(Emilia-Romagna)　② 롬바르디아(Lombardia)
③ 라치오(Lazio)　　　　　　　　　　④ 캄파냐(Campania)
⑤ 아브루초(Abruzzo)

46. 이탈리아 가장 북쪽에 있는 곳으로 독일어를 병용하며, 해발 1,000m 알프스 산기슭에 포도밭이 조성되어 있으며, 19세기부터 프랑스 품종을 사용하고, 독일식 화이트와인을 많이 생산하는 지방은?

① 발레다오스타(Valle D'Aosta)

② 트렌티노알토아디제(Trentino-Alto Aldige)
③ 리구리아(Liguria)
④ 피에몬테(Piemonte)
⑤ 프리울리베네치아줄리아(Friuli-Venezia Giulia)

**47. 다음 중 '롬바르디아(Lombardia)' 지방의 원산지명칭(DO)이 아닌 것은?**

① 올트레포 파베제(Oltrepò Pavese)
② 발텔리나 수페리오레(Valtellina Superiore)
③ 올트레포 파베제(Oltrepò Pavese)
④ 스포르차토 디 발텔리나(Sforzato di Valtellina)
⑤ 바르돌리노(Bardolino)

**48. 다음 중 '라치오(Lazio)' 지방의 원산지명칭(DO)이 아닌 것은?**

① 오르비에토(Orvieto)   ② 프라스카티(Frascati)
③ 아프릴랴(Aprillia)   ④ 몬테팔코(Montefalco)
⑤ 마리노(Marino)

**49. 원산지명칭(DO) '몬테풀치아노 다브루초(Montepulciano d'Abruzzo)'에서 '몬테풀치아노'는 무엇을 나타내는가?**

① 지역명칭   ② 포도품종
③ 양조방법   ④ 와인등급
⑤ 숙성기간

**50. 다음 중 '캄파냐(Campania)' 지방의 원산지명칭(DO)이 아닌 것은?**

① 타우라지(Taurasi)　② 베수비오(Vesuvio)
③ 카프리(Capri)　④ 치로(Cirò)
⑤ 이스키아(Ischia)


**51. 다음 중 '시칠리아(Sicilia)' 지방의 원산지명칭(DO)이 아닌 것은?**

① 에트나(Etna)
② 마르살라(Marsala)
③ 파로(Faro)
④ 체라수올로 디 비토리아(Cerasuolo di Vittoria)
⑤ 알게로(Alghero)


**52. 시칠리아를 대표하는 강화와인으로 18세기 말 영국 상인이 포트나 셰리 대용으로 개발한 와인은?**

① 빈 산토(Vin Santo)　② 베르뭇(Vermouth)
③ 리코로소(Licoroso)　④ 마르살라(Marsala)
⑤ 알마세니스타(Almacenista)


**53. 식전주(Apéritif)로서 많이 애용되는 이탈리아 특유의 가향와인으로, 화이트와인에 여러 가지 향신료가 들어있는 식물을 넣어서 만든 와인은?**

① 마르살라(Marsala)　② 베르뭇(Vermouth)
③ 마데이라(Madeira)　④ 말라가(Málaga)
⑤ 리코로소(Licoroso)


**54. '그리스도의 눈물(Lacryima Christi)'이라는 뜻을 가진 와인이 나오는 곳은?**

① 에밀리아로마냐(Emilia-Romagna)　② 롬바르디아(Lombardia)
③ 라치오(Lazio)　④ 캄파냐(Campania)
⑤ 사르데냐(Sardegna)

55. 널리 알려진 칵테일 '마티니(Martini)'는 진(Gin)과 어떤 와인을 혼합한 것인가?

① 마르살라(Marsala)　② 베르뭇(Vermouth)
③ 세리(Sherry)　④ 말라가(Málaga)
⑤ 마데이라(Madeira)

56. 다음 중 대중적으로 잘 알려진 스파클링 와인 '페라리(Ferrari)'가 나오는 지방은?

① 롬바르디아(Lombardia)
② 트렌티노알토 아디제(Trentino-Alto Aldige)
③ 베네토(Veneto)
④ 프리울리베네치아줄리아(Friuli-Venezia Giulia)
⑤ 라치오(Lazio)

# 7. 스페인, 포르투갈 와인

1. 다음 스페인 와인 산지 중에서 주로 신선한 화이트와인을 생산하는 원산지명칭(DO)은?

   ① 리오하(Rioja)  ② 페네데스(Penedés)
   ③ 카탈루냐(Cataluña)  ④ 토로(Toro)
   ⑤ 리아스 바이사스(Rias Baixas)

2. 2003년 스페인 와인 법률을 개정할 때 특별한 미기후(Microclimate)를 가지고 뛰어난 와인을 생산하는 단일 포도밭 와인에 부여하는 명칭은?

   ① 데노미나시온 데 오리헨 칼리피카다(Denominación de Origen Calificada)
   ② 데노미나시온 데 파고(Denominación de Pagos)
   ③ 비녜도스 데 에스파냐(Viñedos de Espana)
   ④ 비노 데 칼리다드 콘 인디카시온 헤오그라피카(Vino de Calidad con Indicacion Geografica)
   ⑤ 데노미나시온 데 오리헨(Denominación de Origen)

3. 다음 스페인 와인 숙성기간 표시 용어 중에서 숙성기간이 가장 오래된 것은?

① 크리안사(Crianza)
② 레세르바(Reserva)
③ 호벤(Joven)
④ 신 크리안사(Sin Crianza)
⑤ 그란 레세르바(Gran Reserva)

4. 스페인 레드와인에서 '레제르바(Reserva)' 급의 숙성 규정은?

① 1년 이상 숙성 중 6개월 이상은 오크통에서 숙성
② 2년 이상 숙성 중 6개월 이상은 오크통에서 숙성
③ 3년 이상 숙성 중 1년 이상은 오크통에서 숙성
④ 5년 이상 숙성 중 18개월 이상은 오크통에서 숙성
⑤ 7년 이상 숙성 중 24개월 이상은 오크통에서 숙성

5. 와인 스타일은 부드러워 부르고뉴를 닮았지만, 스페인의 보르도라고 알려져 있는 곳으로 중세부터 스페인에서 프랑스로 가는 길목에 있는 원산지명칭(DO)은?

① 리오하(Rioja)
② 페네데스(Penedés)
③ 프리오라토(Priorato)
④ 리베라 델 두에로(Ribera del Duero)
⑤ 리아스 바이사스(Rias Baixas)

6. 스페인 카탈루냐 지방의 원산지명칭(DO)으로서 1970년대부터 스테인리스스틸 탱크를 도입하여 온도 관리를 하고, 카베르네 소비뇽 등 프랑스 품종을 사용하여 우수한 와인을 만드는 곳은?

① 리오하(Rioja)

② 페네데스(Penedés)
③ 리베라 델 두에로(Ribera del Duero)
④ 프리오라토(Priorato)
⑤ 리아스 바이사스(Rias Baixas)

7. '카바(Cava)'를 만드는 방식은?

① 탄산가스 주입법
② 샤르마 프로세스(Charmat Process)
③ 루랄 메소드(Rural method)
④ 샴페인 방식
⑤ 트랜스퍼 프로세스(Transfer Process)

8. 스페인 중앙 고원지대로 청포도인 '아이렌(Airen)'을 주로 재배하며, 스페인에서 가장 많은 와인을 생산하는 원산지명칭(DO)은?

① 리오하(Rioja)      ② 라만차(La Mancha)
③ 후미야(Jumilla)    ④ 토로(Toro)
⑤ 비노스 데 마드리드(Vinos de Madrid)

9. 다음 스페인 원산지명칭(DO) 중에서 가장 북쪽에 있는 곳은?

① 리오하(Rioja)
② 라만차(La Mancha)
③ 리베라 델 두에로(Ribera del Duero)
④ 헤레스(Jerez)
⑤ 말라가(Málaga)

10. 다음 중 '파고(DO de Pago)'에 속하지 않은 곳은?

① 도미니오 데 발데푸사(Dominio de Valdepusa)
② 핀카 엘레스(Finca Élez)
③ 엘구이호소(El Guijoso)
④ 데에사 델 카리살(Dehesa del Carrizal)
⑤ 테라 알타(Terra Alta)


11. 다음 스페인에서 사용하는 포도 품종의 별명이 잘못 짝 지어진 것은?

① 가르나차(Garnacha) - 그르나슈(Grenache)
② 마수엘로(Mazuelo) - 카리냥(Carignan)
③ 모나스트렐(Monastrell) - 무르베드르(Mourvèdre)
④ 비우라(Viura) - 아이렌(Airen)
⑤ 템프라니요(Tempranillo) - 울 데 예브레(Ull de Llebre)


12. 다음 중 '리오하(Rioja)'에서 레드와인 품종으로 인정된 품종이 아닌 것은?

① 가르나차(Garnacha)   ② 마수엘로(Mazuelo)
③ 그라시아노(Graciano)   ④ 모나스트렐(Monastrell)
⑤ 템프라니요(Tempranillo)


13. 다음 '리오하(Rioja)'에 대한 설명 중에서 옳지 않은 것은?

① 레드와인 생산만 허용된다.
② 프랑스와 왕래가 잦았던 곳으로 보르도의 영향을 받았다.
③ 레드와인 품종은 템프라니요(Tempranillo), 가르나차(Garnacha) 등이다.
④ 스페인에서 최초로 1991년 DOCa 등급을 받았다.
⑤ 피레네 산맥 남서쪽에 있다.

14. '템프라니요(Tempranillo)' 품종은 각 지방별로 여러 가지 명칭이 있는데, 다음 중 템프라니요가 아닌 것은?

    ① 울 데 예브레(Ull de Llebre)   ② 틴타 바호카(Tinta Barroca)
    ③ 센시벨(Cencibel)              ④ 틴토 피노(Tinto Fino)
    ⑤ 틴토 델 파이스(Tinto del Pais)

15. '페네데스(Penedés)'의 와인을 세계적인 수준으로 끌어올린 회사로서 현재는 칠레, 캘리포니아까지 진출하여 와인을 만드는 회사는?

    ① 보데가스 무가(Bodegas Muga)
    ② C.V.N.E,
    ③ 토레스(Torres)
    ④ 베가 시실리아(Vega Sicilia)
    ⑤ 보데가스 마르케스 데 카세레스(Bodegas Marqués de Càceres)

16. 다음 중 '페네데스(Penedés)'에 대한 설명 중 옳지 않은 것은?

    ① 다른 지방보다 먼저 스테인리스스틸 탱크를 도입하여 혁신적인 방법으로 와인을 양조하였다.
    ② 다른 지방보다 먼저 프랑스 품종을 도입하여 우수한 와인을 만들었다.
    ③ 카탈루냐 지방에 속한다.
    ④ 스파클링 와인 '카바(Cava)'의 주산지다.
    ⑤ 화이트와인보다는 레드와인을 더 많이 생산한다.

17. 다음 중 '카바(Cava)'에 대한 설명 중 옳지 않은 것은?

    ① 샴페인 방식으로 병에서 2차 발효를 한다.

② '카탈루냐(Cataluña)' 지방에서 생산된 스파클링 와인만을 '카바'라고 한다.
③ 1800년대 후반부터 생산하기 시작했다.
④ 연간 2억 병 이상의 카바(Cava)가 생산된다.
⑤ 페네데스(Penedés)에서 90% 이상을 생산한다.

18. 다음 중 '카바(Cava)'에 사용되는 품종이 아닌 것은?

① 파레야다(Parellada)
② 마카베오(Macabeo)
③ 샤르도네(Chardonnay)
④ 모스카텔(Moscatel)
⑤ 사렐로(Xarel-lo)

19. '리베라 델 두에로(Ribera del Duero)' 와인을 세계적인 수준으로 만든 선구자로서 스페인에서 가장 값이 비싼 와인이라고 할 수 있는 '우니코(Unico)'를 만드는 메이커는?

① 베가 시실리아(Vega Sicilia)
② 도미니오 데 핑구스(Dominio de Pingus)
③ 토레스(Torres)
④ 보데가스 마르케스 데 카세레스(Bodegas Marqués de Càceres)
⑤ 알레한드로 페르난데스(Alejandro Fernandez)

20. 다음 중 '리베라 델 두에로(Ribera del Duero)'에서 나오는 와인이 아닌 것은?

① 페스케라(Pesquera)
② 핑구스(Pingus)
③ 우니코(Unico)
④ 발소티요(ValSotillo)
⑤ 진 레온(Jean Léon)

21. 최근에 주목 받고 있는 고급와인 산지인 '프리오라토(Priorato)'가 속한 지방은?

　① 카탈루냐(Cataluña) 지방
　② 바스크(Basque) 지방
　③ 안달루시아(Andalucia) 지방
　④ 카스티야 레온(Castilla-León) 지방
　⑤ 갈리시아(Galicia) 지방

22. 다음 중 '리아스 바이사스(Rias Baixas)'의 화이트와인에 사용되는 품종으로, 이 지방에서 가장 넓은 재배면적을 가지고 있는 품종은?

　① 알바리뇨(Albariño)
　② 샤르도네(Chardonnay)
　③ 마카베오(Macabeo)
　④ 파레야다(Parellada)
　⑤ 가르나차 블랑카(Garnacha Blanca)

23. 다음 스페인 원산지명칭(DO) 중에서 '라만차(La Mancha)' 원산지명칭(DO)에 접해 있는 것은?

　① 발데페냐스(Vadepeñas)
　② 리아스 바이사스(Rias Baixas)
　③ 프리오라토(Priorato)
　④ 리베라 델 두에로(Ribera del Duero)
　⑤ 발렌시아(Valencia)

**24. 다음 중 '안달루시아(Andalucia)' 지방의 원산지 명칭(DO)이 아닌 것은?**

① 헤레스세레스셰리(Jeres-Xérèz-Sherry)
② 만사니야 산루카르 데 바라메다(Manzanilla Sanlúcar de Barrameda)
③ 말라가(Málaga)
④ 몬티야 모릴레스(Montilla-Moriles)
⑤ 라팔마(La Palma)


**25. 스페인 고유의 품종으로 스페인에서 가장 넓은 재배면적을 가지고 있는 품종은?**

① 알바리뇨(Albariño)
② 가르나차(Garnacha)
③ 템프라니요(Tempranillo)
④ 아이렌(Airen)
⑤ 비우라(Viura)


**26. 스페인 '셰리(Sherry)'의 정확한 원산지 명칭(DO)은?**

① 헤레스 델 라 프론테라(Jerez de la Frontera)
② 산루카르 데 바라메다(Sanlúcar de Barrameda)
③ 엘 푸에르토 데 산타마리아(El Puerto de Santa Maria)
④ 셰리(Sherry)
⑤ 헤레스세레스셰리(Jerez-Xérès-Sherry)


**27. 다음 셰리의 '플로르(Flor)'에 대한 설명 중 옳지 않은 것은?**

① '플로르(Flor)'는 와인을 오크통에 넣어 뚜껑을 열어 놓으면 표면에 생성되는 백회색의 산막효모를 말한다.
② '플로르(Flor)'는 잔당을 소모하면서 글리세린과 휘발산을 감소시키며, 에스테르와 알데히드를 증가시킨다.

③ '플로르(Flor)'가 형성되면 보호막이 형성되어 더 이상 과도한 산화가 진행되지 않는다.
④ 알코올발효가 끝나면 바로 알코올을 부어 알코올 농도를 18% 이상으로 조절해야 '플로르(Flor)'가 잘 형성된다.
⑤ 효모막이 하얀 꽃을 뿌려 놓은 것 같아서 '꽃(Flor)'이라고 부른다.

28. 다음 스페인 셰리의 종류 중에서 '플로르(Flor)'를 형성시키지 않고 만든 것은?

① 피노(Fino)
② 아몬티야도(Amontillado)
③ 만사니야(Manzanilla)
④ 올로로소(Oloroso)
⑤ 팔로 코르타도(Palo Cortado)

29. 스페인 셰리를 숙성시키는 '솔레라(Solera) 시스템'은 어떤 특성을 가지고 있는가?

① 빈티지에 따라 특성이 강하게 나타난다.
② 반자동 블렌딩으로 급격한 품질 변화가 없다.
③ 지하 창고에서 외기의 온도와 습도의 영향을 덜 받는다.
④ 해마다 새 오크통으로 교환하므로 향미가 강해진다.
⑤ 보통 225ℓ 오크통에서 숙성시킨다.

30. 다음 중 스페인에서 셰리를 만드는 품종에 대한 설명 중 옳지 않은 것은?

① 세 가지 품종만 허용된다.
② '팔로미노(Palomino)'가 90% 이상 차지한다.

③ '페드로 히메네스(Pedero Ximénez)'는 주로 스위트 와인 만드는 데 사용된다.
④ 레드와인 품종도 혼합될 수 있다.
⑤ 각 품종의 특성이 강하게 나타날 필요가 없다.

31. 드라이 셰리를 식전주로 사용하는 이유는?

① 신선한 과일 향이 풍기고 맛이 맑고 깨끗하기 때문
② 알코올 농도가 높고 산도가 높아서 입맛을 돋우기 때문
③ 특이한 향미가 빵 냄새와 같이 식욕을 자극하기 때문
④ 진한 오크 향과 특유의 짠맛이 입맛을 돋우기 때문
⑤ 산화가 진행되어 신맛이 강하기 때문

32. '피노(Fino)'를 대서양 연안의 '산루카르 데 바라메다(Sanlúcar de Barrameda)'라는 곳에서 발효 숙성시킨 것으로, 이것은 이 지역의 습한 미기후 때문에 약간 짠맛이 있는 듯한 자극성을 갖는 셰리는?

① 아몬티야도(Amontillado)
② 만사니야(Manzanilla)
③ 올로로소(Oloroso)
④ 페드로 히메네스(Pedro Ximénez)
⑤ 팔로 코르타도(Palo Cortado)

33. 다음 스페인 셰리에 대한 설명 중에서 잘못된 것은?

① 셰리라는 명칭은 생산지인 '헤레스 델 라 프론테라(Jerez de la Frontera)'의 '헤레스(Jerez)'가 변형되어 영어식으로 'Sherry'가 된 것이다.
② '만사니야(Manzanilla)'의 원산지명칭(DO)은 '헤레스세레스셰리(Jerez-Xérès-

Sherry)'로 표기된다.

③ 사용되는 품종은 팔로미노(Palomino), 페드로 히메네스(Pedero Ximénez), 모스카텔 피노(Moscatel Fino) 세 가지다.

④ 스페인의 셰리 창고는 '보데가(Bodega)'라고 하며, 주로 지상에 만든다.

⑤ 숙성 중 1년에 약 3%의 와인이 증발하여 없어진다.

34. 셰리는 '헤레스 델 라 프론테라(Jerez de la Frontera)', '산루카르 데 바라메다(Sanlúcar de Barrameda)' 그리고 또 하나의 지역을 묶어서 '셰리의 삼각지대'라고 하는데, 다음 중 그 지역에 해당되는 곳은?

① 몬티야 모릴레스(Montilla-Moriles)
② 리베라 델 과디아나(Ribera del Guadiana)
③ 암푸르단 코스타 브라바(Ampurdán-Costa Brava)
④ 엘 푸에르토 데 산타 마리아(El Puerto de Santa Maria)
⑤ 콘다도 데 우엘바(Condado de Huelva)

35. 스페인 안달루시아 지방의 전통적인 디저트 와인으로 '페드로 히메네스(Pedro Ximénez)', '모스카텔(Moscatel)' 등을 사용하여 셰리와 같은 강화와인으로 유명한 원산지명칭(DO)은?

① 발렌시아(Valencia)    ② 말라가(Málaga)
③ 라팔마(La Palma)      ④ 타라고나(Tarragona)
⑤ 몬티야 모릴레스(Montilla-Moriles)

36. 스페인 안달루시아 지방에서 셰리를 만드는 '팔로미노(Palomino)' 포도가 자라는 석회질 토양의 명칭은?

① 테라 로사(Terra rossa)   ② 갈레스트로(Galestro)
③ 리그나이트(Lignite)   ④ 로움(Loam)
⑤ 알바리사(Albariza)

37. 다음 포르투갈 와인의 원산지 표시제도에 대해서 잘못 설명한 것은?

① 1756년 도우로(Douro)를 시작으로 원산지표시 제도를 실시하였다.
② 1987년 유럽연합(EU)에 가입하면서 프랑스를 모델로 다시 제정하였다.
③ 프랑스의 '뱅 드 페이(Vins de Pays)'에 해당되는 것은 'IPR(Indicação de Proveniência Regulamentada)'이다
④ 프랑스와 마찬가지로 DOC를 DOP로 변경할 예정이다.
⑤ 비뉴스 드 메자(Vinhos de Mesa) 역시 비뉴스(Vinhos)로 변경 예정이다.

38. 영어로 'Green Wine'이란 뜻으로 '알바리뉴(Alvarinho)'를 주품종으로 만든 가볍고 신선한 여름용 화이트와인을 주로 만드는 포르투갈의 원산지명칭(DO)은?

① 도우로(Douro)   ② 히바테주(Ribatejao)
③ 부셀라스(Bucelas)   ④ 비뉴 베르드(Vinho Verde)
⑤ 바이하다(Bairrada)

39. 포르투갈에서 가장 이상적인 조건을 갖춘 와인산지로서 여름이 온난하고 건조하여 당도가 높은 포도가 생산되므로, 알코올 농도가 높은 레드와인이 유명하여 보르도와 견줄 수 있는 와인을 만드는 원산지명칭(DO)은?

① 타부라 베호자(Távora-Varosa)
② 카르카벨로스(Carcavelos)
③ 팔멜라(Palmela)

④ 샤브스(Chaves)

⑤ 다웅(Dão)

40. 다음 '포트(Port)'의 제조방법에 대한 설명 중 옳지 않은 것은?

① 알코올발효의 온도를 30℃ 정도 높게 유지하면서 껍질에서 색소를 추출한다.

② 껍질과 씨가 있는 상태에서 알코올을 부어 알코올 농도를 18~20%정도로 조절한다.

③ 첨가하는 알코올은 반드시 와인을 증류한 것으로 보통 77% 정도 되는 것을 사용한다.

④ 알코올을 첨가하면, 알코올 농도가 높아서 더 이상 발효는 일어나지 않고, 당분이 9~10%정도 남게 된다.

⑤ 화이트와인 품종으로 '화이트 포트(White port)'도 만든다.

41. 다음 중 숙성 기간을 10년, 20년, 30년, 40년 단위로 표시하는 '포트(Port)'는?

① 에이지드 토니 포트(Aged Tawny Port)

② 빈티지 포트(Vintage Port)

③ LBV(Late Bottled Vintage) Port

④ 크러스트 포트(Crusted or Crusting Port)

⑤ 싱글 킨타 토니 포트(Single-Quinta Tawny Port)

42. 다음 '포트(Port)'의 종류 중에서 오크통에서는 2년 정도 숙성하고, 병에서 10년 이상 오래 숙성시키는 것은?

① 루비 포트(Ruby Port)

② 토니 포트(Tawny Port)

③ LBV(Late Bottled Vintage)
④ 빈티지 포트(Vintage Port)
⑤ 에이지드 토니 포트(Aged Tawny Port)

43. '포트(Port)'가 나오는 '도우로(Douro)' 계곡의 테루아르(Terroir)에 대한 설명 중 잘못된 것은?

① 편암과 화강암으로 이루어진 경사진 언덕에서 포도를 재배한다.
② 흙은 별로 없고 대부분 돌덩어리로 된 포도밭에 퇴비를 섞어 농사를 짓는다.
③ 다양한 토양에 일조량, 고도 등이 일정하지 않아서 수많은 미기후(Microclimate)가 형성된다.
④ 대서양 영향을 받아 여름이 시원하여 산도가 유지된다.
⑤ 전통적으로 여러 가지 품종을 한꺼번에 재배하여 블렌딩한다.

44. '빈티지 포트(Vintage Port)'의 오크통 숙성 기간은?

① 2년                ② 4년
③ 6년                ④ 8년
⑤ 10년 단위

45. 단일 연도의 포도만을 사용하여, 대형 오크통에서 최소 4~6년 숙성시키고, 빈티지를 상표에 표시하는 와인으로, 병 숙성이 없이 주병 후 바로 마실 수 있는 '포트(Port)'는?

① 빈티지 포트(Vintage Port)
② LBV(Late Bottled Vintage)
③ 빈티지 캐릭터 포트(Vintage Character Port)

④ 크러스트 포트(Crusted or Crusting Port)
⑤ 에이지드 토니 포트(Aged Tawny Port)

46. 다음 '포트(Port)' 와인에 대한 설명 중 잘못된 것은?

    ① 영국시장을 겨냥하여 개발하였고, 영국인이 가장 많이 소비하는 와인이다.
    ② 전형적인 남성들의 술로서 식탁에서 여자들이 자리를 뜬 다음에 시가와 함께 마시는 와인이다.
    ③ 장기간 항해 도중에 변질을 방지하고자 브랜디를 부어서 만든 것이 포트의 시작이다.
    ④ 병에서 오래 숙성시키기 때문에 가라앉은 찌꺼기를 제거하기 위해 디캔팅이 필요한 와인이다.
    ⑤ 포트가 생산되는 지방은 '베이라스(Beiras)' 지방이다.

47. 강화와인을 만들어서 40~50℃의 온도로 장기간 가열하여 숙성시킨 세계 3대 디저트 와인 중 하나로, 생산지인 아프리카 근처 섬 이름과 동일한 와인은?

    ① 말라가(Málaga)    ② 마데이라(Madeira)
    ③ 마르살라(Marsala)  ④ 베르뭇(Vermouth)
    ⑤ 아소헤즈(Azores)

48. 다음 중 '마데이라(Madeira)' 제조과정에서 마데이라 고유의 향미를 얻게 되는 결정적인 과정은?

    ① 여러 가지 품종을 블렌딩한다.
    ② 효모 찌꺼기와 함께 숙성시킨다.
    ③ 가열 과정을 거친다.

④ 밤나무로 만든 나무통을 사용한다.
⑤ 발효 후 항아리에서 숙성시킨다.

49. 다음 포르투갈 원산지명칭(DO) 중에서 코르크를 가장 많이 생산하는 곳은?

① 다옹(Dão)
② 도우로(Douro)
③ 알렌테주(Alentejo)
④ 바이하다(Bairrada)
⑤ 알가르베(Algarve)

50. 다음 중 포르투갈 원산지명칭(DO) 중에서 가장 북쪽에 있는 것은?

① 비뉴 베르드(Vinho Verde)
② 포르투(Porto)
③ 다옹(Dão)
④ 마데이라(Madeira)
⑤ 세투발(Setúbal)

51. 다음 중 '마데이라(Madeira)'에 사용하는 품종이 아닌 것은?

① 스르시알(Sercial)
② 베르델료(Verdelho)
③ 보알(Boal, Bual)
④ 말바시아(Malvasia)
⑤ 알리칸트 부셰(Alicante Bouschet)

# 8. 기타 유럽 와인

1. 다음 독일 와인의 품질분류체계 중에서 원료 포도의 당도가 가장 높은 것은?

   ① 아이스바인(Eiswein)
   ② 트로켄베렌아우스레제(Trockenbeerenauslese)
   ③ 아우스레제(Auslese)
   ④ 슈페트레제(Spätlese)
   ⑤ 베렌아우스레제(Beerenauslese)

2. 다음 중 독일의 당도 단위는?

   ① 브릭스(Brix)　　　　② 볼링(Balling)
   ③ 보메(Baumé)　　　　④ KMW
   ⑤ 웩슬레(Öechsle)

3. 독일에서 가장 많이 재배되는 품종은?

① 리슬링(Riesling)
② 질바너(Silvaner)
③ 뮐러 투르가우(Müller Thurgau)
④ 바이스부르군더(Weissburgunder)
⑤ 그라우브루군더(Graubrugunder)

4. 독일 와인용어 중 '쥐스레제르베(Süssreserve)'는 무엇을 말하는가?

① 발효가 끝난 와인에 첨가하기 위해 보관된 포도주스
② 2년 이상(오크통 6개월) 숙성시킨 와인에 붙는 문구
③ 독일 와인의 당도표시 중 가장 당도가 높은 것
④ 포도를 건조시켜 그 다음 해에 발효시켜서 만든 와인
⑤ 경사 30도 이상의 포도밭에서 나오는 포도로 만든 와인

5. 독일 와인 용어 중 '트로켄(Trocken)'은 다음 영어 중에서 어떤 뜻에 해당되는가?

① Old
② Dry
③ Sweet
④ White
⑤ Vintage

6. 프랑스의 '무쉐(Mousseux)'에 해당되는 독일의 '스파클링 와인'은

① 샤움바인(Schaumwein)
② 젝트(Sekt)
③ 페를바인(Perlwein)
④ 쉴러바인(Schillerwein)
⑤ 플라쉔게룽(Flaschengärung)

**7. 다음 독일 와인 생산지역 중에서 가장 넓은 곳은?**

① 아르(Ahr)
② 모젤(Mosel)
③ 나헤(Nahe)
④ 라인헤센(Rheinhessen)
⑤ 헤시쉐 베르크슈트라세(Hessiche Bergstrasse)

**8. 독일와인 용어 중에서 '쉴로스(Schloss)'란 뜻은?**

① 프랑스의 샤토와 동일한 뜻이다.
② 경사진 포도밭이란 뜻이다.
③ 울타리로 둘러싸인 포도밭이란 뜻이다.
④ 와인 저장고를 말한다.
⑤ 단일 포도밭을 말한다.

**9. 독일 와인 용어 중에서 '바인구트(Weingut)'의 뜻은?**

① 고급 와인     ② 로제 와인
③ 양조장       ④ 빈티지
⑤ 수확

**10. 독일의 와인생산 지역단위를 큰 순서대로 올바르게 배열한 것은?**

① 안바우게비테(Anbaugebiete)>베라이히(Bereich)>게마인데(Gemeinde)>그로슬라게(Grosslage) 혹은 아인첼라게(Einzellage)
② 그로슬라게(Grosslage) 혹은 아인첼라게(Einzellage)>게마인데(Gemeinde)>안바우게비테(Anbaugebiete)>베라이히(Bereich)

③ 베라이히(Bereich)>게마인데(Gemeinde)>그로슬라게(Grosslage) 혹은 아인첼라게(Einzellage)>안바우게비테(Anbaugebiete)

④ 게마인데(Gemeinde)>그로슬라게(Grosslage) 혹은 아인첼라게(Einzellage)>안바우게비테(Anbaugebiete)>베라이히(Bereich)

⑤ 그로슬라게(Grosslage) 혹은 아인첼라게(Einzellage)>베라이히(Bereich)>게마인데(Gemeinde)>안바우게비테(Anbaugebiete)

11. 독일 와인 산지(Anbaugebiete)는 1971년 11개로 지정하였다가, 통일 후 동독에 있는 2개 산지가 합류되어 13개가 되었다. 다음 중 예전 동독에 있는 와인 산지는?

① 프랑켄(Franken)
② 미텔라인(Mittelrhein)
③ 뷔르템베르크(Württemberg)
④ 헤시쉐 베르크슈트라세(Hessiche Bergstrasse)
⑤ 작센(Sachsen)

12. 독일 와인산지 중에서 레드와인의 비율이 가장 높은 지방은?

① 라인가우(Rheingau)    ② 모젤(Mosel)
③ 프랑켄(Franken)       ④ 아르(Ahr)
⑤ 바덴(Baden)

13. 다음 독일의 포도 품종 중에서 레드와인용 포도인 것은?

① 포르투기저(Portugieser)   ② 쇼이레베(Scheurebe)
③ 박후스(Bacchus)          ④ 케르너(Kerner)
⑤ 룰랜더(Ruländer)

**14. 다음 독일 와인산지 중에서 '라인가우(Rheingau)' 바로 남쪽에 붙어 있는 것은?**

① 모젤(Mosel)
② 아르(Ahr)
③ 미텔라인(Mittelrhein)
④ 라인헤센(Rheinhessen)
⑤ 팔츠(Pfalz)

**15. 다음 중 '프래디카츠바인(Prädikatswein)'에 대한 설명 중 틀린 것은?**

① 발효 전에 포도 주스에 설탕을 첨가하지 못한다.
② 수확방법에 따라 구분한 여섯 개의 등급명칭이 표시되어야 한다.
③ 상표에 공인검사번호(A.P.Nr)를 표시해야 한다.
④ 품종을 표시할 경우 그 함량이 85% 이상이라야 한다.
⑤ 발효가 끝난 후 1년 이상 숙성시킨 다음에 출하해야 한다.

**16. 독일 포도밭 중에서 유명한 '쉴로스 폴라츠(Schloss Vollrads)'가 속한 마을(Gemeinde)의 이름은?**

① 빈켈(Winkel)
② 호흐하임(Hochheim)
③ 가이젠하임(Geisenheim)
④ 뤼데스하임(Rüdesheim)
⑤ 오펜하임(Oppenheim)

**17. 다음 '마을(Gemeinde)' 중에서 라인가우(Rheingau) 지방에 속하는 것은?**

① 위르치히(Ürzig)
② 엘트빌레(Eltville)
③ 빌팅겐(Wiltingen)
④ 피스포트(Piesport)
⑤ 트리텐하임(Trittenheim)

18. 다음 중 '오르츠타일라게(Ortsteillage)'에 해당되지 않은 곳은?

① 쉴로스 요하니스베르크(Schloss Johannisberg)
② 쉴로스 폴라츠(Schloss Vollrads)
③ 샤르츠호프베르크(Scharzhofberg)
④ 베르크 쉴로스베르크(Berg Schlossberg)
⑤ 슈타인베르크(Steinberg)

19. 다음 표기 중에서 '모젤(Mosel)' 지방에 속한 것은?

① 트리텐하이머 아포테케(Trittenheimer Apotheke)
② 라우엔탈러 바이켄(Rauenthaler Baiken)
③ 뤼데스하이머 베르크 로트란트(Rüdesheimer Berg Rottland)
④ 니어슈타이너 구테스 돔탈(Niersteiner Gutes Domtal)
⑤ 가인젠하이머 쉴로스 가르텐(Geisenheimer Schloss Garten)

20. '립프라우밀히(Liebfraumilch)'의 생산이 허용된 지방이 아닌 곳은?

① 라인헤센(Rheinhessen)  ② 라인가우(Rheingau)
③ 나헤(Nahe)            ④ 팔츠(Pfalz)
⑤ 바덴(Baden)

21. 라인헤센(Rheinhessen)의 '보름즈(Worms)' 교회에서 생산하던 것으로, 여러 품종을 섞어서 만든 와인이었으나, QbA급으로 신선한 향과 약간 달콤한 맛을 가지고 있으면서 값이 싸서 외국인에게 많이 팔리면서 유명해진 와인은?

① 립프라우밀히(Liebfraumilch)   ② 페더바이스(Federweiss)
③ 호크(Hock)                  ④ 로렐라이(Loreley)
⑤ 모젤탈러(Moseltaler)

22. 독일 와인의 공인검사번호(예, A.P.Nr 5 347 078 009 03) 중에서 마지막 두 자리 숫자는 무엇을 나타내는가?

① 빈티지
② 검사 연도
③ 품질관리국 번호
④ 업자 등록 번호
⑤ 지역 번호

23. 다음 VDP 와인에서 1등급이 아닌 것은?

① 그로세스 게벡흐스(Grosses Gewächs)
② 에르스테스 라게(Erstes Lage)
③ 에델쥐서 스피첸바인(Edelsüsser Spitzenwein)
④ 바인 아우스 클라시피치터(Wein aus Klassifizierter)
⑤ 에르스테스 게벡흐스(Erstes Gewächs)

24. 독일의 약한 스파클링 와인으로 압력이 1~2.5 기압 정도 되는 것은?

① 데어 노이에(Der Neue)
② 페를바인(Perlwein)
③ 젝트(Sekt)
④ 플라쉔게룽(Flaschengärung)
⑤ 플라쉔게룽 나흐 뎀 트라디치오넬렌 페어파렌(Faschengärung nach dem traditionellen Verfahren)

25. 다음 모젤(Mosel) 와인 명칭 중에서 '마을(Gemeinde)' 명칭이 아니고 포도밭 명칭인 것은?

① 위르치히(Ürzig)
② 베엘렌(Wehlen)

③ 트리텐하임(Trittenheim)  ④ 피스포트(Piesport)
⑤ 존넨우어(Sonnenuhr)

26. 독일 와인 중에서 독수리 로고가 붙어 있는 VDP 와인은 어떤 와인인가?

① 독일 우수와인양조협회 회원
② 정부 공인 검사에 합격했다는 표시
③ 가당을 하지 않고 발효시킨 와인
④ 리슬링으로만 만든 와인
⑤ 1년 이상 오크통에서 숙성시킨 와인

27. 독일 와인 용어 중에서 '야어강(Jahrgang)'은 프랑스어로 어떤 뜻에 해당되는가?

① 세파주(Cépage)
② 두(Doux)
③ 방방주(Vendange)
④ 밀레짐(Millésime)
⑤ 비뇨블(Vignoble)

28. 독일 와인 상표에 '클라식(Classic)'이라는 표시가 되어 있으면 무엇을 뜻하는가?

① 샴페인 방식으로 만든 스파클링와인
② 가장 고전적인 방법으로 만든 와인
③ 드라이 와인의 등급
④ 오크통에서 1년 이상 숙성시킨 와인
⑤ 유기농으로 재배한 포도로 만든 와인

### 29. 다음 독일 와인에 대한 설명 중에서 잘못된 것은?

① '쥐스레제르베(Süssreserve)'는 수확 후 과즙의 일부를 고온살균이나 무균여과법으로 처리하여 탄산가스와 함께 저장해 두었다가 와인에 첨가된다.
② '클라식(Classic)'과 '젤렉치온(Selection)'은 드라이 와인의 품질등급으로 단일 품종을 원칙으로 한다.
③ '립프라우밀히(Liebfraumilch)'는 '란트바인(Landwein)' 등급에 해당된다.
④ '데어 노이에(Der Neue)'는 프랑스 누보와 같은 개념으로, 수확한 해에 판매할 수 있는 와인을 말한다.
⑤ 프래디카츠바인(Prädikatswein)은 발효 전에 포도주스에 설탕을 첨가하지 못한다.

### 30. 독일 와인 생산지방 중에서 가장 남쪽에 있는 것과 가장 동쪽에 있는 것을 짝 지은 것은?

① 팔츠(Pfalz), 프란켄(Franken)
② 라인가우(Rheingau), 자알레 운스트루트(Saale-Unstrut)
③ 아르(Ahr), 뷔르템베르크(Württemberg)
④ 모젤(Mosel), 뷔르템베르크(Württemberg)
⑤ 바덴(Baden), 작센(Sachsen)

### 31. 독일 '프란켄(Franken)' 지방의 둥글납작한 와인 병의 이름은?

① 복스보이텔(Bocksbeutel)    ② 야어강(Jahrgang)
③ 구츠압퓔룽(Gutsabfüllung)   ④ 프란코니아(Franconia)
⑤ 클렘스탈(Klemstal)

### 32. 다음 독일 와인 용어 중 당도를 표시하는 단어가 아닌 것은?

① 트로켄(Trocken)   ② 할프트로켄(Halbtrocken)
③ 리블리히(Lieblich)   ④ 바이스(Weiss)
⑤ 쥐스(Süss)

33. 오스트리아에서 가장 대중적인 와인으로, 와인이 숙성되면 업자들이 나무 가지나 관을 입구에 걸어 놓고 지나가는 사람에게 새로 담근 와인을 팔면서 시작된 '자가 와인' 혹은 '햇 와인'이라고 할 수 있는 와인의 명칭은?

    ① 호이리겐(Heurigen)        ② 베르크바인(Bergwein)
    ③ 슈트로바인(Strowein)      ④ 쉴러바인(Schillerwein)
    ⑤ 아우스브루흐(Ausbruch)

34. 오스트리아에서 가장 많이 재배되는 화이트와인용 품종은?

    ① 라인리슬링(Rheinriesling)
    ② 뮐러 투르가우(Müller-Thurgau)
    ③ 그뤼너 펠트리너(Grüner Veltliner)
    ④ 바이스부르군더(Weissburgunder)
    ⑤ 벨슈리슬링(Welschriesling)

35. 오스트리아에서 1985년에 일어난 '와인 스캔들'은 어떤 사건인가?

    ① 포도의 원산지를 속인 사건
    ② 와인에 메틸알코올을 첨가한 사건
    ③ 와인의 등급을 속인 사건
    ④ 와인에 방부제를 첨가한 사건
    ⑤ 와인에 부동액을 첨가한 사건

36. 오스트리아에서 '노이지들러제(Neusiedlersee)' 호수의 안개 때문에 보트리티스(Botrytis cinerea) 곰팡이 낀 포도로 만든 와인이 가장 잘되는 지방은?

   ① 니더외스터라이히(Niederösterreich)
   ② 부르겐란트(Burgenland)
   ③ 슈트리아(Styria)
   ④ 비인(Wien)
   ⑤ 슈타이어마르크(Steiermark)

37. 오스트리아 와인의 품질체계 중에서 다음 중 '프레디카츠바인(Prädikatswein)'에 속하지 않은 것은?

   ① 카비네트(Kabinett)    ② 아우스부르흐(Ausbruch)
   ③ 아이스바인(Eiswein)   ④ 슈트로바인(Strohwein)
   ⑤ 슈페트레제(Spätlese)

38. 오스트리아에서 와인 생산 지방 중에서 와인생산량이 가장 많은 곳은?

   ① 니더외스터라이히(Niederösterreich)
   ② 부르겐란트(Burgenland)
   ③ 슈트리아(Styria)
   ④ 비인(Wien)
   ⑤ 슈타이어마르크(Steiermark)

39. 다음 와인 중에서 성격이 전혀 다른 와인은?

   ① 뱅 드 파이으(Vins de Paille)   ② 파시토(Passito)
   ③ 슈타인페더(Steinfeder)         ④ 슈트로바인(Strohwein)

⑤ 레초토(Recioto)

40. 헝가리 제2의 와인으로 '황소의 피(Bull's Blood)'라는 별명을 가지고 있는 와인을 생산하는 곳은?

① 에게르(Eger)  ② 토카이(Tokaji)
③ 톨나(Tolna)  ④ 바다초니(Badacsony)
⑤ 쇼프론(Sopron)

41. 헝가리에서 보트리티스(*Botrytis cirnerea*) 곰팡이 영향을 받은 포도를 무엇이라고 하는가?

① 토카이(Tokaji)  ② 푸톤(Putton)
③ 에센시아(Eszencia)  ④ 에그리 비카베르(Egri Bikavér)
⑤ 아수(Aszú)

42. 다음 중 '토카이(Tokaji)'를 만드는 품종이 아닌 것은?

① 하르쉬레벨류(Hárslevelü)  ② 푸르민트(Furmint)
③ 무스캇(Muscat Lunel)  ④ 츠바이겔트(Zweigelt)
⑤ 오레무스(Orémus)

43. '토카이(Tokaji)'를 만들 때, 곰팡이 낀 포도를 거두어 들이는 25ℓ 용기를 말하는 것으로, 곰팡이 낀 포도가 담긴 이 용기를 몇 개 투입했는지를 상표에 표시하는데, 이 용기를 무엇이라고 하는가?

① 푸톤(Putton)  ② 아수(Aszú)

③ 에센시아(Eszencia)  ④ 톨나(Tolna)
⑤ 괸크(Gönc)

44. 다음 중 보트리티스(*Botrytis cirnerea*) 곰팡이 영향을 받지 않은 포도로만 만든 와인은?

① 토카이 푸르민트(Tokaji Furmint)
② 토카이 에센시아(Tokaji Eszencia)
③ 토카이 아수 에센시아(Tokaji Aszú Eszencia)
④ 토카이 아수(Tokaji Aszú)
⑤ 토카이 자모르드니(Tokaji Szamorodni)

45. 토카이(Tokaji)를 권하면서 "이 술은 왕들의 와인이며, 와인 중의 왕이다."라고 말한 왕은?

① 나폴레옹 3세  ② 나폴레옹 1세
③ 프란츠 요셉  ④ 구스타프 3세
⑤ 루이 15세

46. 그리스의 대중적인 와인으로 발효 때 송진을 가미한 와인은?

① 레치나(Retsina)  ② 사모스(Samos)
③ 노티오스(Nótios)  ④ 오레무스(Orémus)
⑤ 나우사(Naoussa)

47. 스위스에서 가장 많이 재배되는 화이트와인용 품종은?

① 샤슬라(Chasselas)
② 그뤼너 펠트리너(Grüner Veltliner)
③ 뮐러 투르가우(Müller-Thurgau)
④ 라인리슬링(Rheinriesling)
⑤ 샤르도네(Chardonnay)

48. 아이스와인을 만들기 위해 포도를 2013년 1월에 수확했을 경우, 빈티지는 어떻게 표시되나?

① 2013
② 2012
③ 2012/2013
④ 2012(2013)
⑤ 표시하지 않는다.

# 9. 신세계 와인

1. 캘리포니아 와인의 선구자라고 할 수 있는 사람으로, 유럽에서 포도묘목 10만 주를 가져와 와인산업의 기틀을 마련한 사람은?

   ① 아고스톤 하라즈시(Agoston Haraszthy)
   ② 프랭크 쉰메이커(Frank Schoonmaker)
   ③ 로버트 몬다비(Robert Mondavi)
   ④ 찰스 크룩(Charles Krug)
   ⑤ 주니페로 세라(Junipero Serra)

2. 다음 중 미국에서 '금주법'이 시행된 기간을 올바르게 표시한 것은?

   ① 1861~1865년　　② 1914~1918년
   ③ 1917~1940년　　④ 1920~1933년
   ⑤ 1939~1945년

3. 1979년 보르도의 '바롱 필리프 드 로트칠드(Baron Philippe de Rothschild)' 와 캘리

포니아의 '로버트 몬다비(Robert Mondavi)'가 합작하여 만든 와인은?

① 도미너스(Dominus)
② 인시그니아(Insignia)
③ 오퍼스 원(Opus One)
④ 샤토 세인트 진(Chateau St. Jean)
⑤ 스태그스 립(Stag's Leap)

4. 캘리포니아 와인의 80%를 생산하는 최대 와인 생산지역은?

① 북부해안 지방(North Coast)
② 중부해안 지방(Central Coast)
③ 중부 내륙지방(Central Valley)
④ 시에라 풋힐즈(Sierra Foothills)
⑤ 남부 해안지방(South Coast)

5. 1976년 '파리의 심판'에서 1등으로 선정된 캘리포니아 레드와인은?

① 스태그스 립 와인 셀러스(Stag's Leap Wine Cellars)
② 로버트 몬다비(Robert Mondavi)
③ 릿지 몬테 벨로(Ridge Monte Bello)
④ 샤토 몬텔레나(Ch. Montelena)
⑤ 마야카마스(Mayacamas Vineyards)

6. 다음 중 미국의 AVA에 대한 설명 중 틀린 것은?

① AVA를 상표에 표시할 경우 해당 AVA에서 생산된 포도를 일정비율 사용해야 한다.
② 포도재배 지역을 구분하자는 취지에서 시작된 것으로 어느 지역이 우수하거나 품질을 보증한다는 의미는 아니다.

③ 1983년부터 시행하여 현재 200여 개가 있으며, 그 수가 계속 증가하고 있다.
④ 캘리포니아뿐 아니라 전국적으로 AVA가 지정되어 있다.
⑤ 포도 품종, 재배방법, 생산방법 등에 대한 규정이 엄격하다.

7. 미국의 '지정재배지역'을 나타내는 AVA는 American (     ) Areas의 약자이다. (     ) 안에 들어갈 단어는?

① Varieties
② Viticultural
③ Vinification
④ Vines
⑤ Vineyards

8. 다음 중 미국에서 와인 생산량이 2위인 주는?

① 워싱턴 주
② 오리건 주
③ 뉴욕 주
④ 텍사스 주
⑤ 네바다 주

9. 다음 캘리포니아 와인에 대한 설명 중에서 잘못된 것은?

① 'Estate Bottled'라고 상표에 표시된 경우는 해당 와이너리에서 재배하고 발효, 숙성시킨 와인을 100% 사용할 경우에 한한다.
② 상표에 원산지 표시가 '캘리포니아'로 표시된 경우는 캘리포니아에서 나오는 포도를 100% 사용해야 한다.
③ '소비뇽 블랑(Sauvignon Blanc)'을 일명 '퓌메 블랑(Fumé Blanc)'이라고도 부른다.
④ 샌프란시스코 남쪽 해안지대부터 '산타바바라(Santa Barbara)'까지를 '남부 해안지방(South Coast)'이라고 부른다.
⑤ 머스트에 설탕을 첨가하지 못한다.

10. 미국에서 보통 '저그 와인(Jug wine)' 이라고 하는 것은 어떤 와인인가?

① 와이너리에서 따라주는 와인
② 오크통에서 숙성 중인 와인
③ 병에 들어있지 않고 큰 탱크에 있는 와인
④ 발효가 갓 끝난 와인
⑤ 큰 병에 들어있는 값싼 와인

11. 다음 중 '나파 카운티(Napa county)' 의 AVA가 아닌 곳은?

① 오크빌(Oakville)
② 러더포드(Rutherford)
③ 세인트 헬레나(St. Helena)
④ 알렉산더 밸리(Alexander Valley)
⑤ 스프링 마운틴 디스트릭트(Spring Mountain District)

12. 캘리포니아 와인에 AVA가 표시될 경우 해당 AVA의 포도를 얼마 이상 사용해야 하나?

① 65%  ② 75%
③ 85%  ④ 95%
⑤ 100%

13. 미국 와인 상표에 빈티지를 표시할 경우 그 해 수확한 포도를 얼마 이상 사용해야 하나?

① 80%  ② 85%
③ 90%  ④ 95%
⑤ 100%

**14. 캘리포니아 와인에서 '메리티지(Meritage)' 와인이란?**

① 특정 음식과 환상의 조화를 이루는 특정 와인
② 결혼식 미사에 사용하는 고급 와인
③ 보르도 스타일의 고급 와인
④ 여러 가지 품종을 섞은 값싼 대중적인 와인
⑤ 두 가지 품종을 혼합하여 다시 숙성시킨 와인


**15. '나파(Napa)'와 '소노마(Sonoma)' 양쪽 카운티 모두에 해당되는 AVA는?**

① 오크빌(Oakville)
② 욘트빌(Yountville)
③ 그린 밸리(Green Valley)
④ 러시안 리버 밸리(Russian River Valley)
⑤ 로스 캐너로스(Los Carneros)


**16. 2006년 파리의 재심판에서 1등으로 선정된 릿지(Ridge)의 '몬테 벨로(Ridge Monte Bello)'가 나오는 AVA는?**

① 산타크루즈 마운틴스(Santa Cruz Mountains)
② 스태그스 립 디스트릭트(Stags Leap District)
③ 몬테레이(Monterey)
④ 리버모어 밸리(Livermore Valley)
⑤ 파소 로블스(Paso Robles)


**17. 캘리포니아 와인의 상표에 품종을 표시하려면 표시된 품종을 얼마 이상 넣어야 하나?**

① 65%   ② 75%
③ 85%   ④ 95%
⑤ 100%

18. 캘리포니아 와인 상표에 'Estate Bottled…'라고 표시된 것은 무슨 뜻인가?

    ① 해당 와이너리에서 포도를 재배하고 발효, 숙성시켜 주병한 와인
    ② 다른 곳에서 포도를 구입하여 발효, 숙성시켜 주병한 와인
    ③ 유기농으로 재배한 포도를 발효, 숙성시켜 주병한 와인
    ④ 자가 주병 시설을 갖춘 와이너리에서 주병한 와인
    ⑤ 자가 병 공장을 가지고 있는 와이너리에서 주병한 와인

19. 캘리포니아에서 '컬트 와인(Cult wine)'이란?

    ① 소량 고품질의 고가 와인
    ② 보르도 스타일의 고가 와인
    ③ 대량 생산되는 저가 와인
    ④ 그 해 가장 많이 팔린 와인
    ⑤ '피노 누아(Pinot Noir)'로 만든 고가 와인

20. 보르도 타입으로 만들어 세계적으로 인기가 좋은 '인시그니아(Insignia)'는 어느 와이너리에서 나오는가?

    ① 조셉 펠프스 빈야즈(Joseph Phelps Vineyards)
    ② 로버트 몬다비 와이너리(Robert Mondavi Winery)
    ③ 세이퍼 빈야즈(Shafer Vineyards)
    ④ 조단 빈야드 앤 와이너리(Jordan Vineyard & Winery)
    ⑤ 스태그스 립 와인 셀러스(Stag's Leap Wine Cellars)

21. 캘리포니아 중부 내륙지방 '모데스토(Modesto)'에 있는 세계에서 가장 큰 가족 경영 와이너리는?

    ① 웬티 브로스(Wente Bros)
    ② 켄달 잭슨(Kendall Jackson)
    ③ 델리카토 패밀리 빈야즈(Delicato Family Vineyards)
    ④ 로버트 몬다비 와이너리(Robert Mondavi Winery)
    ⑤ 갤로(E & J Gallo)

22. 캘리포니아에만 주로 재배되는 품종으로 족보가 확실하지 않고, 처음에는 '저그 와인(Jug wine)'이나 로제를 만들다가, 최근에 고급 레드와인용으로 부상하면서 크로아티아 원종으로 밝혀진 품종은?

    ① 진펀델(Zinfandel)
    ② 루비 카베르네(Ruby Cabernet)
    ③ 프티트 시라(Petite Sirah)
    ④ 카르메네레(Carmenère)
    ⑤ 나파 가메(Napa Gamay)

23. '소노마 카운티(Sonoma County)' 바로 북쪽에 있는 카운티는?

    ① 멘도시노(Mendocino)
    ② 레이크(Lake)
    ③ 나파(Napa)
    ④ 몬테레이(Monterey)
    ⑤ 알라미다(Alameda)

24. 다음 AVA 중 가장 북쪽에 있는 것은?

① 오크빌(Oakville)
② 러더포드(Rutherford)
③ 스테크스 립 디스트릭트(Stags Leap District)
④ 세인트헬레나(St. Helena)
⑤ 아틀라스 피크(Atlas Peak)


25. 오리건 주에서 최초로 '피노 누아(Pinot Noir)'를 개척한 선구자 '데이빗 렛(David Lett)'이 1966년 설립한 곳으로 뛰어난 피노 누아(Pinot Noir)와 우아한 피노 그리(Pinot Gris)를 생산하는 와이너리는?

① 도메인 드루앵(Domain Drouhin)
② 폰지 빈야즈(Ponzi Vineyards)
③ 엘크 코브 빈야즈(Elk Cove Vineyards)
④ 아델쉐임 빈야드(Adelsheim Vineyard)
⑤ 아이리 빈야즈(Eyrie Vineyards)


26. 오리건 주에서 '피노 누아(Pinot Noir)'를 생산하여 유명해진 AVA는?

① 컬럼비아 밸리(Columbia Valley)
② 로구 밸리(Rogue Valley)
③ 엄프쿠아 밸리(Umpqua Valley)
④ 윌라메트 밸리(Willamette Valley)
⑤ 월라 월라 밸리(Walla Walla Valley)


27. 다음 중 오리건 주와 워싱턴 주 양쪽 모두 해당되는 AVA는?

① 컬럼비아 밸리(Columbia Valley)
② 엄프쿠아 밸리(Umpqua Valley)
③ 야키마 밸리(Yakima Valley)
④ 레드 마운틴(Red Mountain)
⑤ 로구 밸리(Rogue Valley)

28. 부르고뉴에서 최초로 오리건 주로 온 메이커로서 1988년부터 부르고뉴 방식으로 부드럽고 농축된 맛의 '피노 누아(Pinot Noir)'를 생산하는 부르고뉴의 네고시앙(Négociant)은?

① 부샤르 페르 에 피스(Bouchard Père & Fils)
② 조제프 드루앵(Joseph Drouhin)
③ 앙리 자이에르(Henri Jayer)
④ 루이 자도(Louis Jadot)
⑤ 도멘 들 라 로마네 콩티(Domaine de la Romanée-Conti)

29. 다음 중 미국계 포도와 유럽계 포도의 잡종인 것은?

① 나이아가라(Niagara)
② 비달 블랑(Vidal Blanc)
③ 콩코드(Concord)
④ 카토바(Catawba)
⑤ 델라웨어(Delaware)

30. 다음 중 워싱턴 주의 AVA에 해당되지 않은 것은?

① 컬럼비아 밸리(Columbia Valley)

② 엄프쿠아 밸리(Umpqua Valley)
③ 월라 월라 밸리(Walla Walla Valley)
④ 야키마 밸리(Yakima Valley)
⑤ 퓨짓 사운드(Puget Sound)

31. 다음 AVA 중에서 뉴욕 주에 있는 것은?

① 핑거 레이크스(Finger Lakes)
② 게녹 밸리(Guenoc Valley)
③ 파소 로블스(Paso Robles)
④ 로다이(Lodi)
⑤ 레드 마운틴(Red Mountain)

32. 다음 중 미국에서 가장 오래된 와이너리는?

① 볼류 빈야즈(Beaulieu Vineyards)
② 갤로(E & J Gallo)
③ 부에나 비스타(Buena Vista)
④ 찰스 크룩 와이너리(Charles Krug Winery)
⑤ 브라더후드 와이너리(Brotherhood Winery)

33. 다음 워싱턴 주 와인에 대한 설명 중 잘못 된 것은?

① 미국의 수도가 있는 곳으로 관광객을 대상으로 와인산업이 발전하였다.
② 케스케이드 산맥을 중심으로 동쪽에 대부분의 와인 산지가 있다.
③ 6월의 낮 시간이 캘리포니아보다 두 시간 더 길다.
④ 19세기부터 와인을 만들기는 했지만, 본격적인 발전은 1960년부터 시작되어

빠르게 성장하고 있다.

⑤ 건조기후에 일교차가 심하기 때문에 생동감 있는 와인을 생산한다.

34. 우크라이나 출신 식물학 교수로 1951년 54세 때 미국으로 이주하여, 코넬 대학에 있으면서 뉴욕 주의 미국종이나 잡종 포도를 유럽 종으로 교체하는데 성공하여, 뉴욕 주 와인산업을 발전시킨 사람은?

① 콘스탄틴 프랑크(Konstantin Frank)
② 안드레 첼리스체프(André Tchelistcheff)
③ 레온 아담스(Leon Adams)
④ 프랭크 쉰메이커(Frank Schoonmaker)
⑤ 프란시스 포드 코폴라(Francis Ford Coppola)

35. 다음 미국 와인에 대한 설명 중에서 옳은 것은?

① 미국은 세계에서 다섯 번째로 와인을 많이 생산한다.
② 워싱턴 주는 '피노 누아(Pinot Noir)' 생산량이 가장 많다.
③ 나파의 남쪽에 있는 '로스 캐너로스(Los Carneros)'는 온화하여 보르도 품종에 적합하다.
④ 오리건 주는 '메를로(Merlot)' 생산량이 가장 많다.
⑤ 뉴욕 주는 미국 토종이나 잡종을 많이 재배하지만, 유럽종 포도가 증가하고 있다.

36. '카베르네 소비뇽(Cabernet Sauvignon)'으로 유명하여 '오스트레일리아의 보르도'라는 별명을 가진 생산지는?

① 헌터(Hunter)
② 태즈메이니아(Tasmania)

③ 마가렛 리버(Margaret River)
④ 쿠나와라(Coonawarra)
⑤ 깁스랜드(Gippsland)

37. 다음 중 오스트레일리아에 일찍 소개되어 오스트레일리아의 주종을 이루는 레드와인 품종이라고 할 수 있는 것은?

① 쉬라즈(Shiraz)
② 카베르네 소비뇽(Cabernet Sauvignon)
③ 그르나슈(Grenache)
④ 메를로(Merlot)
⑤ 그르나슈(Grenache)

38. 다음 중 오스트레일리아 와인에 대한 설명 중 잘못된 것은?

① 대부분의 와인지역이 더운 곳에 위치하고 있어서 발효 온도조절이 필수적이기 때문에 과학적으로 발전하였다.
② 규제가 없으므로 부지선정, 품종이나 클론의 선택, 재배방법, 수확, 양조기술 등 모든 면에 새로운 기술을 적용하여 품질을 개선하고 있다.
③ 전통적으로 균형과 복합성을 얻기 위해 두 종류 포도의 블렌딩이 많다.
④ 전통적으로 특정 포도밭에서 좋은 와인이 나온다는 '테루아르(Terroir)'에 대한 믿음이 강하다.
⑤ 포도밭이 대부분 건조하고 온화한 남부지방에 퍼져 있어서 거의 동일한 기후 양상을 보인다.

39. 오스트레일리아 와인 상표에 'BIN'이라고 표시된 것은 무엇을 뜻하는가?

① 해당 회사의 최고급 제품이라는 표시
② 탱크 번호 등을 상표에 표시한 것
③ 국가 공인 검사에서 합격한 와인
④ 원산지를 표시한 와인
⑤ 여러 품종을 블렌딩한 와인

40. 오스트레일리아에서 역사가 오래된 와인산지 '헌터(Hunter)'는 어느 주 소속인가?

① 뉴사우스웨일스(New South Wales)
② 사우스오스트레일리아(South Australia)
③ 빅토리아(Victoria)
④ 웨스턴오스트레일리아(Western Australia)
⑤ 태즈메이니아(Tasmania)

41. 다음 오스트레일리아의 주 중에서 와인 생산량이 가장 많은 곳은?

① 뉴사우스웨일스(New South Wales)
② 태즈메이니아(Tasmania)
③ 빅토리아(Victoria)
④ 웨스턴오스트레일리아(Western Australia)
⑤ 사우스오스트레일리아(South Australia)

42. 오스트레일리아의 '나파(Napa)'라고 할 만큼 명산지로서 '사우스오스트레일리아(South Australia)' 주에 있으며, 풀 바디로서 장기 숙성이 가능한 쉬라즈와 진한 맛과 색깔을 지닌 카베르네 소비뇽으로 고급와인을 만드는 곳은?

① 바로사 밸리(Barossa Valley)
② 헌터(Hunter)
③ 야라 밸리(Yarra Valley)
④ 마가렛 리버(Margaret River)
⑤ 스완 디스트릭트(Swan District)

43. 펜폴즈의 쉬라즈를 세계적으로 유명하게 만든 사람으로 오스트레일리아 와인의 국가적인 상징인 '그레인지(Grange)'를 개발한 사람은?

① 헨리 존 린더만(Henry John Lindeman)
② 크리스토퍼 로손 펜폴즈(Christopher Rawson Penfolds)
③ 맥스 슈버트(Max Schubert)
④ 제임스 버즈비(James Busby)
⑤ 휴 존슨(Hugh Johnson)

44. 다음 오스트레일리아 와인 산지 중에서 '사우스오스트레일리아(South Australia)' 주에 있지 않은 것은?

① 쿠나와라(Coonawarra)
② 맥러렌 배일(McLaren Vale)
③ 바로사 밸리(Barossa Valley)
④ 헌터(Hunter)
⑤ 클레어 밸리(Clare valley)

45. 다음 중 비교적 서늘한 곳으로 오스트레일리아 최고의 '피노 누아(Pinot Noir)'로 유명한 빅토리아 주의 와인 산지는?

① 야라 밸리(Yarra Valley)
② 마가렛 리버(Margaret River)
③ 클레어 밸리(Clare valley)
④ 헌터(Hunter)
⑤ 바로사 밸리(Barossa Valley)

46. 다음 오스트레일리아 와인 산지 중에서 '웨스턴오스트레일리아(Western Australia)' 주에 있는 것은?

① 마가렛 리버(Margaret River)
② 야라 밸리(Yarra Valley)
③ 맥러렌 베일(McLaren Vale)
④ 쿠나와라(Coonawarra)
⑤ 에덴 밸리(Eden Valley)

47. 유명한 펜폴즈의 '그레인지(Grange)'의 첫 번째 빈티지는?

① 1931년
② 1941년
③ 1951년
④ 1961년
⑤ 1971년

48. 다음 중 '쿠나와라(Coonawarra)'의 유명한 토양 명칭은?

① 조리(Jory)
② 네키아(Nekia)
③ 테라로사(Terra rossa)
④ 리그나이트(Lignite)
⑤ 슬레이트(Slate)

49. 뉴질랜드에서 가장 넓고 유명한 와인산지로 남 섬 북동쪽 끝에 있어서 산맥이 서풍을 막아 포도의 생육기간이 길고 건조하며, 서늘한 기후의 영향으로 '소비뇽 블랑(Sauvignon Blanc)'이 가장 잘 되는 곳은?

① 기즈번(Gisborne)
② 말보로(Marlborough)
③ 캔터베리(Canterbury)
④ 센트랄 오타고(Central Otago)
⑤ 넬슨(Nelson)


50. 뉴질랜드 와인 산지 중에서 '말보로(Marlborough)' 바로 남쪽에 있는 것은?

① 넬슨(Nelson)
② 센트랄 오타고(Central Otago)
③ 기즈번(Gisborne)
④ 혹스 베이(Hawke's Bay)
⑤ 캔터베리(Canterbury)


51. 다음 중 뉴질랜드 남 섬에 있는 와인산지가 아닌 곳은?

① 기즈번(Gisborne)
② 넬슨(Nelson)
③ 캔터베리(Canterbury)
④ 센트랄 오타고(Central Otago)
⑤ 말보로(Marlborough)


52. 다음 뉴질랜드 와인생산지역 중에서 대륙성 기후인 곳은?

① 기즈번(Gisborne)
② 말보로(Marlborough)
③ 센트럴 오타고(Central Otago)
④ 혹스 베이(Hawke's Bay)
⑤ 넬슨(Nelson)

53. 다음 뉴질랜드 와인에 대한 설명 중 잘못된 것은?

① 세계 포도재배 지역 중 가장 남쪽으로 오스트레일리아, 캘리포니아보다 춥고 습도가 높다.
② 남 섬은 북 섬에 비해 비교적 온난하고 강우량이 풍부하여 수확량이 많다.
③ 이 나라의 대표적인 품종은 '소비뇽 블랑(Sauvignon Blanc)'이다.
④ 다른 나라와는 다르게 1980년대 후반부터 급격하게 와인산업이 성장하고 있다.
⑤ 레드와인의 대표적인 품종은 '피노 누아(Pinot Noir)'이다.

54. 남아프리카 공화국의 '원산지명칭 제도(WO, Wine of Origin)'에 대한 설명 중 잘못된 것은

① 1973년부터 시행된 제도이다.
② WO가 표시되면 해당 원산지의 포도가 100% 들어가야 한다.
③ 생산지는 지방(Region), 지역(District), 와드(Ward)라는 지구, 에스테이트(Estate)까지 단계별로 구분된다.
④ 에스테이트(Estate)는 하나 혹은 그 이상의 포도밭으로서 와인제조시설이 있어야 하며, 합격된 와인에는 스티커가 붙는다.
⑤ 포도재배 지역을 구분하자는 취지에서 시작된 것으로 표시 등에 대 규정은 없다.

55. 남아프리카 대표적인 와인산지로서, 이곳의 대학에서는 와인 양조와 포도재배 학

과가 있어서 젊은 와인메이커를 교육하는 등, 남아프리카의 와인 산업과 교육 및 연구의 중심지인 곳은?

① 케이프 포인트(Cape Point)　　② 팔(Paarl)
③ 스와르트랜드(Swartland)　　④ 스텔렌보쉬(Stellenbosch)
⑤ 부스타(Worcester)

56. 케이프타운에서 50km 떨어진 곳으로 KWV의 광역 포도원, 사무실, 연구 개발단지가 있는 지역은?

① 케이프 포인트 지역(Cape Point District)
② 팔 지역(Paarl District)
③ 스와르트랜드 지역(Swartland District)
④ 부스타 지역(Worcester District)
⑤ 스텔렌보쉬(Stellenbosch)

57. 남아프리카에 가장 널리 퍼져 있는 품종으로 이곳에서는 '스틴(Steen)'이라고 하며, 신선하고 과일 향이 많아 쉽게 마실 수 있는 스타일의 와인을 만드는 품종은?

① 콜롬바르(Colombar)
② 소비뇽 블랑(Sauvignon Blanc)
③ 슈냉 블랑(Chenin Blanc)
④ 하네푸어(Hanepoot)
⑤ 리슬링(Riesling)

58. 남아프리카에서 개발한 품종인 '피노타쥐(Pinotage)'는 피노 누아(Pinot Noir)와 어떤 품종을 교배하여 육종한 것인가?

① 생소(Cinsaut) ② 쉬라즈(Shiraz)
③ 그르나슈(Grenache) ④ 무르베드르(Mourvédre)
⑤ 카리냥(Carignan)

59. 다음 중 남아프리카의 '코스탈 지방(Coastal Region)'에 속하지 않은 지역(District)은?

① 로버트손 지역(Robertson District)
② 팔 지역(Paarl District)
③ 스텔렌보쉬 지역(Stellenbosch District)
④ 스와르트랜드 지역(Swartland District)
⑤ 케이프 포인트 지역(Cape Point District)

60. 다음 칠레 와인산지 중에서 '센트랄 밸리(Central Valley)'에 속하지 않은 곳은?

① 마이포 밸리(Maipo Valley) ② 카차포알(Cachapoal)
③ 콜차과(Colchagua) ④ 아콩카과 밸리(Aconcagua Valley)
⑤ 쿠리코 밸리(Curicó Valley)

61. 칠레에서 보르도의 '바롱 필리프 드 로트칠드(Baron Philippe de Rothschild)'와 '콘차 이 토로(Concha y Toro)'가 합작하여 만든 와인의 명칭은?

① 돈 막시미아노(Don Maximiano)
② 몬테스 알파 엠(Montes Alpha M)
③ 카사 레알(Casa Real)
④ 레세르바 데 파밀리아(Reserva de Familia)
⑤ 알마비바(Almaviva)

62. 칠레에서 '메를로(Merlot)'와 혼동을 일으켜, 최근까지도 상표에 '메를로'로 표기했었던 품종은?

① 파이스(Pais)　　② 카르메네레(Carmenère)
③ 말베크(Malbec)　　④ 쉬라즈(Shiraz)
⑤ 생소(Cinsault)

63. 다음 칠레 와인 산지 중에서 가장 북쪽에 있는 곳은?

① 아콩카과 밸리(Aconcagua Valley)
② 마이포 밸리(Maipo Valley)
③ 쿠리코 밸리(Curicó Valley)
④ 비오 비오 밸리(Bio Bio Valley)
⑤ 카차포알 밸리(Cachapoal Valley)

64. 칠레에서 많이 재배되고 있는 카르메네레(Carmenère) 품종의 원산지는?

① 보르도(Bordeaux)　　② 부르고뉴(Bourgogne)
③ 론(Rhône)　　④ 프로방스(Provence)
⑤ 랑그도크 루시용(Languedoc-Roussillon)

65. 다음 칠레 와인에 대한 설명으로 잘못된 것은?

① 대체적으로 와인에 적합한 지중해성 기후로서 일조량이 풍부하고, 여름에 일교차가 커서(20℃) 당과 산의 조화가 잘 된다.
② 땅값이 싸고, 값싼 노동력이 풍부하여 가격 대비 가장 좋은 와인이 나오는 곳이 되었다.
③ 포도재배는 16세기 중반, 정복자들과 선교사들이 유럽 포도를 멕시코를 거쳐

페루에서 가져오면서 시작되었다.

④ 필록세라가 침투하지 못한 지역으로 접붙이기를 하지 않은 포도나무를 재배하고 있다.

⑤ 정치적으로 스페인 영향권에 있었으나, 와인은 이탈리아 이민자의 영향을 많이 받았다.

**66. 다음 아르헨티나 와인에 대한 설명 중 잘못된 것은?**

① 생산량의 50% 이상을 100여 개국에 수출하는 수출주도형 와인산업이 발달되어 있다.
② 세계 5위의 와인생산국이다.
③ 와인은 16세기 후반 스페인 사람들이 시작하였다.
④ 포도밭은 주로 안데스 산맥 기슭의 해발 1,000 m 이상의 고지대에 분포되어 있다.
⑤ 필록세라를 비롯한 병충해가 없어 유기농 재배가 가능한 곳이 많다.

**67. 아르헨티나 와인의 80% 이상 생산하는 대표적인 와인산지로서 해발 600~1,200 m에 포도밭이 있으며, '말베크(Malbec)'를 많이 재배하는 곳은?**

① 라 리오하(La Rioja)  ② 산후안(San Juan)
③ 멘도사(Mendoza)  ④ 리오 네그로(Río Negro)
⑤ 네우켄(Neuquén)

**68. 다음 아르헨티나 와인 산지 중에서 가장 남쪽에 있는 것은?**

① 멘도사(Mendoza)  ② 리오 네그로(Río Negro)
③ 살타(Salta)  ④ 라 리오하(La Rioja)
⑤ 산후안(San Juan)

69. 다음 레드와인용 품종 중에서 아르헨티나를 대표하는 것은?

① 말베크(Malbec)
② 토론테스(Torrontés)
③ 마레샬 포크(Maréchal Foch)
④ 바코 누아(Baco Noir)
⑤ 산조베제(Sangiovese)

70. 신세계 와인 산지에서 초창기 선교사들이 심었던 포도를 가리키는 말이 아닌 것은?

① 파이스(Pais)
② 크리오야(Criolla)
③ 미션(Mission)
④ 피스코(Pisco)
⑤ 네그라 코리엔테(Negra Corriente)

71. 1950년대 일본에서 개발된 양조 겸용 포도로서 일명 '머루포도'라고도 하며, 당도가 높아 1980년대 우리나라 레드와인을 만들었던 품종은?

① 캠벨 어얼리(Campbell Early)
② 거봉(巨峰)
③ 블랙 퀸(Black Qeen)
④ 네오 머스캇(Neo Muscat)
⑤ 머스캇 베일리 에이(Muscat Bailey A)

72. 다음 중 해방 이후 우리나라에서 상업적으로 생산된 과실주 중에서 가장 먼저 나온 것은?

① 마주앙
② 노블와인
③ 애플와인 파라다이스
④ 샤또 몽블르
⑤ 그랑주아

**73. '캡 클라시크(Cap Classique)'란 무엇을 말하는가?**

① 남아프리카의 병 내에서 2차 발효시킨 스파클링 와인
② 캡슐을 사용하지 않고 밀납 등으로 코르크를 둘러싼 와인 병
③ 레드와인 발효 시 떠오르는 껍질을 방치시켜 양조하는 방법
④ 오스트레일리아의 종이상자에 들어있는 와인
⑤ 스크루캡으로 밀봉한 와인 병


**74. 세계적으로 유명한 아이스와인 '이니스킬린(Inniskillin)'은 어느 나라에서 나오는가?**

① 독일
② 오스트리아
③ 우크라이나
④ 캐나다
⑤ 미국

# 10. 와인 관능검사 및 서비스

1. 다음에서 와인의 '관능검사'에 대한 설명 중 잘못된 것은?

   ① 사람이 측정기구가 되어 와인의 특성을 평가하는 방법이다.
   ② 제품 및 원료의 분류, 신제품 개발, 원가절감, 저장, 마케팅 여러 분야에서 기준이 되는 중요한 일이다.
   ③ 목적과 그에 맞는 적합한 방법과 패널의 선정으로 얻은 결과를 통계분석으로 처리해야 성공적으로 이용될 수 있다.
   ④ 와인의 전반적인 느낌을 사실대로 표현하되, 개인의 취향이 아닌 객관적이고 공평한 다수의 평가에 감정하는 사람 자신의 것도 포함되어야 한다.
   ⑤ 와인을 많이 접해본 적이 없더라도, 감각기관의 예민도가 뛰어난 사람을 선발하여 와인을 평가해야 한다.

2. 와인을 글라스에 따랐을 때 유리벽을 따라 점성물질이 흘러내리는 현상(Leg 혹은 Tear)을 일으키는 주요 원인물질은?

   ① 당분                    ② 글리세린

③ 알코올      ④ 유기산
⑤ 타닌

3. 다음 중 와인의 '보디(Body)'를 가장 잘 설명한 것은?

① 숙성이 오래 되어 품위가 있으면서 타닌이 부드러워진 느낌
② 효모의 자가분해로 토스트 향과 같은 구수한 향이 나는 느낌
③ 입에서 스쳐 지나가는 와인의 느낌으로 경험으로서 인식하는 무게감
④ 과일 자체가 주는 인상으로 입과 코에서 동시에 느끼는 향미
⑤ 산도가 높아서 날카로운 신맛이 주는 자극적인 느낌

4. 다음 중 '부케(Bouquet)'에 해당되는 향은?

① 레몬 향      ② 장미 향
③ 사과 향      ④ 바닐라 향
⑤ 바이올렛 향

5. 와인 맛을 보고 '부쇼네(Bouchonné)' 되었다고 한다면 어떤 현상을 말하는가?

① 초산이 형성되어 맛이 실 때
② 화이트와인은 갈색으로, 레드와인은 초콜릿 색깔로 변한 경우
③ 잔에 따랐을 때 침전물이 많이 가라앉은 경우
④ 와인 표면에 하얀 막이 형성된 경우
⑤ 오염된 코르크로 인해 안 좋은 냄새가 날 때

6. 와인의 향미를 표현하는 용어 중에서 '바닐라 향'은 다음 중 어디서 유래되는가?

① 나무통  ② 포도 품종
③ 토양  ④ 기후
⑤ 효모

7. 다음에서 후각에 대한 설명 중 잘못된 것은?

   ① 후각은 개인에 따라서 느끼는 정도의 차이가 심하여, 동일한 물질이라도 사람에 따라 다르게 반응할 수 있다.
   ② 후각으로 감지될 수 있는 물질은 반드시 휘발성이라야 한다.
   ③ 후각은 자극에 대한 순응이 매우 빨리 일어나며, 이로 인하여 한 가지 향을 오래 동안 접하면 그 자극에 대해 무감각하게 된다.
   ④ 와인의 향을 맡을 때 잔 깊숙이 코를 대고 숨을 깊이 빨리 들이마시면 후각신경이 손상될 우려가 있으므로 손으로 조심스럽게 저어가면서 맡아야 한다.
   ⑤ 후각세포는 한번 손상되면 일생 동안 회복이 어려우므로 조심해야 한다.

8. 다음에서 미각에 대한 설명 중 잘못된 것은?

   ① 단맛은 혀의 끝부분, 신맛은 혀의 가장자리, 쓴맛은 혀의 안쪽 그리고 짠맛은 혀의 전체에서 잘 느낀다.
   ② 맛을 보려는 물질은 물 혹은 침에 녹아야 한다.
   ③ 미각세포는 자극에 대한 '순응'이 빨리 일어나므로 한 가지 맛을 오래 동안 접하면 그 강도가 점차 약하게 느껴진다.
   ④ 최근에는 미각으로 느끼는 네 가지 기본 맛(단맛, 신맛, 짠맛, 쓴맛)에 '감칠맛'이 추가되었다.
   ⑤ 두 가지 맛이 섞일 경우는 새로운 맛이 형성되거나 그 맛이 없어지는 것이 아니고, 원래 맛의 강도가 증가하거나 감소한다.

9. 다음 중 와인에서 '촉각'으로 느끼는 것에 해당되지 않은 것은?

   ① 온도(Temperature)
   ② 무게감(Weight)
   ③ 떫은맛(Astringency)
   ④ 알코올(Alcohol)
   ⑤ 향미(Flavor)

10. 보통의 사람이 설탕물에서 단맛을 느낄 수 있는 가장 낮은 농도는?

    ① 0.05-0.5 %
    ② 0.5-1.0 %
    ③ 1.0-1.5 %
    ④ 1.5-2.0 %
    ⑤ 2.0-2.5 %

11. 오염된 코르크에서 나오는 퀴퀴한 냄새의 원인 물질은?

    ① 아황산
    ② 황화수소
    ③ TCA
    ④ 초산에틸(Ethyl acetate)
    ⑤ 아세트알데히드(Acetaldehyde)

12. 발효가 갓 끝난 와인에서 삶은 계란 껍질을 벗길 때 나오는 냄새와 유사한 향의 명칭은?

    ① 아황산
    ② 황화수소
    ③ TCA
    ④ 초산에틸(Ethyl acetate)
    ⑤ 아세트알데히드(Acetaldehyde)

13. 다음 중 와인에서 알코올에 대한 설명이 잘못된 것은?

    ① 물을 제외하고 가장 많은 성분으로 와인의 '강도(body)'를 결정한다.

② 화끈한 맛과 복합적인 맛을 가지고 있지만, 쓴맛을 더 강하게 만든다.
③ 페놀, 향 등의 성분을 추출하는 용매로 작용하여 와인의 향미에 기여한다.
④ 알코올 농도가 높아질수록 향을 배출시켜 와인의 향을 약하게 만든다.
⑤ 4% 알코올과 2% 포도당은 동일한 단맛을 가진다.

14. 다음에서 타닌에 대한 설명 중 잘못된 것은?

① 포도의 껍질, 씨, 나무통 등에서 나오는 성분이다.
② 단백질과 결합하므로 와인을 맑게 만드는 데 사용되기도 한다.
③ 와인의 산화를 방지하여 와인을 오래가게 만든다.
④ 안토시아닌과 결합하여 와인의 색소를 안정시킨다.
⑤ 와인이 오래되면 수용성 타닌으로 변하여 맛이 부드러워진다.

15. 온도와 맛의 관계를 설명한 것 중 잘못된 것은?

① 동일한 와인이라도 온도가 25℃ 정도로 높으면 부드럽게 느껴진다.
② 짠맛과 쓴맛은 높은 온도에서 약하지만 낮은 온도에서는 강하게 느껴진다.
③ 단맛은 35℃ 정도에서 가장 강하게 느껴진다.
④ 신맛은 단독으로 있을 때 그 강도는 온도와 큰 관계가 없다.
⑤ 신맛과 쓴맛은 낮은 온도에서 서로 맛을 누그러뜨린다.

16. 와인 테이스팅에서 '블라인드 테스트(Blind test)'란 무엇을 말하는가?

① 상표를 보이지 않게 가려서 어떤 와인인지 모르는 상태에서 테이스팅하는 것
② 검사자의 눈을 가려서 어떤 와인인지 모르는 상태에서 테이스팅하는 것
③ 미각과 후각이 뛰어난 맹인을 선별하여 테이스팅하는 것
④ 보통 사람은 잘 감지할 수 없는 극미량의 성분을 테이스팅으로 알아내는 검사
⑤ 사방이 가려진 방에서 한 사람만 들어가서 테이스팅하는 것

17. 입에서 느끼는 '광의의 맛'이라고 할 수 있는데, 혀에서 느끼는 맛과 코로 전달되는 냄새가 동시에 작용하여 느끼는 것으로, 후각의 도움을 받아서 느끼는 물질의 맛이라고 할 수 있는 것은?

① 향미(Flavor)
② 뒷맛(After taste)
③ 감칠맛(Umami)
④ 마우스 아로마(Mouth aroma)
⑤ 코달리(Caudalie)

18. 다음 관능검사의 준비사항에 대한 설명 중 옳은 것은?

① 관능검사실은 준비실과 검사실이 같은 공간에 있어야 편견을 줄일 수 있다.
② 관능검사는 바쁜 평일을 피해서 한가한 주말에 하는 것이 좋다.
③ 관능검사실에는 검사원 훈련 시에 여러 명이 둘러앉아 토의할 수 있는 원형탁자가 있는 것이 좋다.
④ '테이스팅 패널(Tasting Panel)'을 선발할 경우, 3점 검사에서 정답비율이 100% 가까이 나와야 한다.
⑤ '테이스팅 패널(Tasting Panel)'은 멤버를 고정시키지 않고, 필요에 따라 모집하여 검사를 시켜야 편견을 줄일 수 있다.

19. 다음 중 맛의 상호작용을 설명한 문장 중에서 잘못된 것은?

① 단맛에 짠맛이 약간 있으면 더 달게 느껴진다.
② 쓴맛은 신맛을 무마시킨다.
③ 단맛은 쓴맛을 무마시킨다.
④ 단맛은 신맛을 무마시킨다.
⑤ 온도가 낮을수록 떫은맛이 강하게 느껴진다.

20. 다음 감각기관에 대한 설명 중 잘못된 것은?

　① 보통 숨을 쉴 때는 흡수된 공기의 5~10% 정도만 후각상피세포에 도달한다.
　② 미각과 후각의 예민도는 타고난다.
　③ 후각기관은 한번 고장 나면 평생 회복이 어렵다.
　④ 후각으로 감지될 수 있는 물질은 반드시 수용성이라야 한다.
　⑤ 후각기관은 자극에 대한 순응이 매우 빨리 일어난다.


21. 와인의 향미를 표현하는 용어 중에서 'Finesse'에 대한 설명 중 가장 적합한 것은?

　① 외관을 표현하는 용어로서 광채가 날 정도로 깨끗한
　② 섬세하고 우아한 고급 와인 맛의 표현
　③ 타닌이 많아서 거칠게 느껴지는 와인의 표현
　④ 향을 표현하는 용어로서 거칠고 조악한
　⑤ 신선하고 깨끗한 영 화이트와인의 표현


22. 와인의 향미를 표현하는 용어 중에서 'Tired'에 대한 설명 중 가장 적합한 것은?

　① 타이어 즉 고무 냄새가 나는 와인
　② 신선함이나 아로마가 부족한 것으로 전성기가 지난 와인
　③ 둥글다는 뜻으로 특성이 뚜렷하지 않은 원만한 와인
　④ 단맛이 너무 강해서 금방 질리는 와인
　⑤ 알코올 농도가 낮아서 가볍게 느껴지는 와인


23. 관능검사에서 '3점 검사(Triangle test)'란 무엇을 말하는가?

　① 세 개의 시료 중 두개는 동일하고 한 개는 다르게 하여, 이를 평가 후 다른 것 하

나를 찾아내는 방법
② 하나의 시료를 맛을 보고, 그와 동일한 시료를 나머지 두 개에서 찾아내는 방법
③ 각각 다른 세 개의 시료를 맛을 보고 그 맛을 각각 평가하는 방법
④ 두 개의 시료를 맛을 보고, 다른 하나를 맛 본 다음에, 두 개의 시료 중에서 하나와 동일한 것을 찾아내는 방법
⑤ 단맛, 신맛, 향을 삼각형 꼭짓점에 그려 넣고 그 강도를 그림으로 나타내는 방법

24. 다음 관능검사 용어 중에서 맛이나 향을 느낄 수 있는 최소의 농도를 나타내는 것은?

① Threshold  ② PTC
③ Aftertaste  ④ Astringency
⑤ Caudalie

25. 다음 관능검사 용어 중에서 타닌과 가장 관계가 깊은 것은?

① Astringency  ② Foxy
③ Tart  ④ Ester
⑤ Fruity

26. 와인 관능검사에서 1회 글라스에 제공되는 와인의 양은 ISO나 INAO에서 얼마로 규정하고 있나?

① 10㎖  ② 20㎖
③ 30㎖  ④ 50㎖
⑤ 100㎖

**27. 관능검사 용어 중에서 '코달리(Caudalie)'는 어떤 것인가?**

① 색깔의 강도를 나타내는 단위
② 신맛의 강도를 나타내는 단위
③ 잔에서 올라오는 거품의 지속성을 나타내는 단위
④ 탄산음료의 압력을 나타내는 단위
⑤ 입에서 향미의 지속시간을 나타내는 단위

**28. 다음 유기산 중에서 '휘발산(Volatile acid)'이라고 할 수 있는 것은?**

① 젖산
② 초산
③ 주석산
④ 사과산
⑤ 구연산

**29. 레스토랑에서 유능한 소믈리에가 되려면 가장 중요하게 생각해야 할 일은?**

① 와인 맛과 향을 감정하는 일
② 손님에게 친절하게 대하는 일
③ 와인과 음식의 조화를 잘 파악하는 일
④ 와인을 많이 파는 일
⑤ 값싸고 맛있는 와인을 선택하는 일

**30. 다음 중 와인을 서비스할 때 와인의 맛과 향에 가장 큰 영향력을 미치는 것은?**

① 와인의 온도
② 글라스 크기와 형태
③ 디캔팅
④ 사전 코르크 개봉
⑤ 실내 습도

31. 다음 중 디캔팅(Decanting)을 하는 가장 큰 이유에 해당되는 것은?

① 와인의 온도를 높이기 위해
② 잠자는 와인을 깨우기 위해
③ 향미를 개선하기 위해
④ 찌꺼기를 제거하기 위해
⑤ 색깔을 살리기 위해

32. 15℃의 셀라에서 꺼내온 화이트와인을 얼음물이 들어있는 와인 쿨러에서 냉각시켜 10℃로 와인 온도를 내리고자 할 때, 약 몇 분이 소요되는가?

① 5분
② 10분
③ 15분
④ 20분
⑤ 30분

33. 14℃의 셀라에서 레드와인을 꺼내 23℃인 실내에 방치하여 18℃로 와인 온도를 올리고자 할 때, 약 몇 분이 소요되는가?

① 30분
② 45분
③ 60분
④ 75분
⑤ 90분

34. 와인을 마시기 전에, 저장실에서 와인을 마시는 장소로 가져와서 실내온도와 동일한 온도를 유지하도록 실내에 방치하는 것을 프랑스어로 무엇이라고 하는가?

① 샹브레(Chambrer)
② 부숑(Bouchon)
③ 리토(Liteau)
④ 타블리에(Tablier)
⑤ Carte de Vin(카르트 드 뱅)

35. 다음 중 와인과 서비스 온도가 알맞게 짝지어진 것은?

① 몽라셰(Montrachet): 7℃
② 물래나방(Moulin-à-Vent): 14℃
③ 동 페리뇽(Dom Pérignon): 18℃
④ 에르미타주(Hermitage): 10℃
⑤ 샤토 클리멍(Ch. Climens): 18℃


36. 다음 프랑스어 와인 서비스 용어 중 잘못 해석된 것은?

① Panier: 와인 바스켓
② Dégustation: 디캔팅
③ Etiquette: 상표
④ Tablier: 소믈리에가 사용하는 앞치마
⑤ Tastevin: 테이스팅용 은제 그릇


37. 다음 와인의 서비스 순서가 옳게 된 것은?

A. 프란차코르타(Franciacorta)
B. 리오하 그란 레세르바(Rioja Gran Reserva)
C. 푸이 퓌이세(Pouilly-Fuissé)
D. 샤토 리외세크(Ch. Rieussec)

① A → C → B → D
② B → C → D → A
③ C → D → A → B
④ D → B → C → A
⑤ B → A → C → D

38. 다음 중 와인을 보관하는 조건으로 적합하지 않은 것은?

① 다른 냄새가 나서는 안 된다.
② 온도는 13℃ 전후로 일정해야 한다.
③ 습도는 70% 정도가 좋다.
④ 진동이 없어야 한다.
⑤ 조명은 광도가 100~110 ft Candle 이상을 유지한다.

39. 다음 와인 중에서 스위트 와인이 아닌 것은?

① 바르사크(Barsac)
② 카디약(Cadillac)
③ 샤토 샬롱(Château-Chalon)
④ 몽바지야크(Monbazillac)
⑤ 루피야크(Loupiac)

40. 손님이 '피노(Fino)' 셰리와 비슷한 와인을 마시고 싶다고 할 때, 권할 수 있는 와인을 다음에서 고른다면?

① 샤토 캬농(Ch. Canon)
② 샤토 리외세크(Ch. Rieussec)
③ 샤토 그리예(Ch. Grillet)
④ 샤토 샬롱(Ch. Chalon)
⑤ 샤토 시마(Ch. Simard)

41. 손님이 레드와인을 시원하게 냉각시켜 마시고 싶다고 할 때, 권할 수 있는 와인을 다음에서 고른다면?

① 카오르(Cahors)
② 앙주 루즈(Anjou Rouge)
③ 코르나스(Cornas)
④ 마디렁(Madiran)
⑤ 코트 로티(Côte Rôtie)

42. - 46. 손님이 다음과 같은 와인을 희망할 경우 소믈리에는 어떤 와인을 선택해야 하는지 다음에서 고르시오.

42. 아주 드라이하면서 과일 향이 풍부한 화이트와인

43. 신맛이 있으면서 떫은맛이 약하고, 신선하며 가벼운 레드와인

44. 감칠맛이 있으며 바디가 강하고 중후한 무게를 느낄 수 있는 레드와인

45. 무게가 있으며 감칠맛이 있는 기품 있는 드라이 화이트와인

46. 단맛 있는 와인으로 디저트와 함께 마실 수 있는 와인

① 코르통 샤를마뉴(Corton-Charlemagne)
② 도멘 드 슈발리에(Domaine de Chevalier)
③ 소아베(Soave)
④ 셰나(Chenas)
⑤ 샤토 쉬드이로(Ch. Suduiraut)

**47. 오래 보관할 수 있는 와인은 여러 성분이 적합해야 하는데, 이런 와인이 가져야 할 조건이 아닌 것은?**

① 알코올 농도가 높아야 한다.
② pH가 높아야 한다.
③ 타닌 함량이 높아야 한다.
④ 산 함량이 높아야 한다.
⑤ 사과산보다는 주석산 함량이 높아야 한다.

**48. 다음 중 블루치즈가 아닌 것은?**

① 로크포르(Roquefort)
② 스틸톤(Stilton)
③ 고르곤졸라(Gorgonzola)
④ 블뢰 데 코스(Bleu des Causses)
⑤ 페코리노(Pecorino)

**49. 다음 중 우유를 응고시킨 것으로 치즈의 원료가 되는 물질은?**

① 커드(Curd)
② 유장(Whey)
③ 레닌(Rennin)
④ 유당(Lactose)
⑤ 레닛(Rennet)

**50. 프랑스에서 가장 많이 팔리는 치즈는?**

① 로크포르(Roquefort)
② 콩테(Comté)
③ 카망베르(Camembert)

④ 블뢰 데 코스(Bleu des Causses)

⑤ 브리 드 모(Brie de Meaux)

51. 흔히 '파마상'이라고 부르는 치즈의 정식 명칭은?

① 고르곤졸라(Gorgonzola)
② 파르미지아노 레지아노(Parmigiano Reggiano)
③ 프로볼로네 발파다나(Provolone valpadana)
④ 모차렐라 디 부팔라(Mozzarella di Bufala)
⑤ 페코리노 로마노(Pecorino Romano)

52. 프랑스에서(AOC 규정) 자신의 농장에서 기른 가축의 젖으로만 만든 치즈를 가리키는 용어는?

① 페르미에(Fermier)
② 아르티자날(Artisanal)
③ 코페라티브(Coopératives)
④ 앵데스트리엘(Industriel)
⑤ 프뤼티에르(Fruitières)

53. 프랑스에서 인기 좋은 '로크포르(Roquefort)' 치즈는 어떤 동물의 젖으로 만드는가?

① 젖소
② 염소
③ 양
④ 물소
⑤ 말

### 54. 와인과 음식의 조화에서 가장 기본적으로 고려해야 할 점은?

① 와인과 음식의 화학적인 성분과 조성
② 개인의 취향
③ 와인과 음식의 온도
④ 와인과 음식이 입 안에서 머무는 시간
⑤ 와인과 음식의 조직감

### 55. '아페리티프(Apéritif)'란?

① 식전에 식욕을 돋우기 위해 마시는 와인
② 식전의 날 요리로서 훈제 연어, 삶은 야채, 거위 간(Foie gras) 등의 요리
③ 식후에 디저트와 함께 마시는 와인
④ 생선과 육류 등 와인과 함께 마시면 환상의 조화를 이루는 요리
⑤ 입맛을 깨끗이 하기 위해 나오는 우유가 들어가지 않은 아이스크림

### 56. 손님이 '로크포르(Roquefort)' 치즈를 주문하였다. 이때 추천할 와인으로 다음 중 적합한 것은?

① 샤토 클리멍(Ch. Climens)
② 샤토 클리네(Ch. Clinet)
③ 샤블리(Chablis)
④ 포마르(Pommard)
⑤ 소아베(Soave)

### 57. '그린 치즈(Green cheese)'란 무엇을 말하는가?

① 배합사료를 먹이지 않고 풀만 먹인 소의 젖으로 만든 치즈

② 푸른곰팡이로 숙성시킨 치즈

③ 유기농 방식으로 기른 소의 젖으로 만든 치즈

④ 첨가물이 전혀 들어가지 않은 치즈

⑤ 바로 성형한 상태의 치즈로서 숙성이 안 된 치즈

58. 다음 중에서 버터에 구운 '에스카르고(Escargot)' 요리가 연상이 되는 프랑스 지방을 고른다면?

① 루아르(Loire)
② 프로방스(Provence)
③ 남서부 지방(Sud-Ouest)
④ 부르고뉴(Bourgogne)
⑤ 알자스(Alsace)

59. 다음 중 '생굴'과 가장 어울린다고 생각되는 와인은?

① 샤토 브란 캉트냐크(Ch. Brane-Cantenac)
② 샤토 쉬뒤이로(Château Suduiraut)
③ 도멘 드 슈발리에(Domaine de Chevalier)
④ 몽라셰(Montrachet)
⑤ 샤블리(Chablis)

60. 다음 중 '퐁듀(Fondue)'와 가장 어울리는 와인은?

① 스위스의 '펜당트(Fendant)'로 만든 와인
② 미국의 '진펀델(Zinfandel)'로 만든 와인
③ 스페인의 '템프라니요(Tempranillo)'로 만든 와인
④ 메도크의 '카베르네 소비뇽(Cabernet Sauvignon)'으로 만든 와인
⑤ 이탈리아의 아마로네(Amarone)

61. 다음 품종 중에서 '리치(Litchis)'나 '자몽(Grapefruits)' 향이 강한 것을 고른다면?

　① 리슬링(Riesling)
　② 게뷔르츠트라미너(Gewürztraminer)
　③ 슈냉 블랑(Chenin Blanc)
　④ 뮈스카(Muscat)
　⑤ 소비뇽 블랑(Sauvignon Blanc)


62. 다음 중에서 정찬의 가장 마지막 단계에서 마시는 것은?

　① 포트(Port)　　　　　② 마데이라(Madeira)
　③ 코냑(Cognac)　　　 ④ 셰리(Sherry)
　⑤ 소테른(Sauternes)


63. 다음 원산지명칭(AO)의 와인 중에서 '훈제 연어'와 가장 어울리지 않다고 생각되는 것은?

　① 푸이 퓌메(Pouilly Fumé)　　② 성세르(Sancerre)
　③ 코르나스(Cornas)　　　　　 ④ 캥시(Quincy)
　⑤ 생브리(St.-Bris)


64. 다음 원산지명칭(AO) 중에서 '드라이 화이트와인'을 고른다면?

　① 부즈롱(Bouzeron)　　② 루피아크(Loupiac)
　③ 라스토(Rasteau)　　　④ 바뉠스(Banyuls)
　⑤ 카디야크(Cadillac)

**65. 다음 중 프랑스 노르망디 지방에서 나오는 치즈는?**

① 로크포르(Roquefort)
② 콩테(Comté)
③ 카망베르(Camembert)
④ 묑스테/묑스테 제로메(Munster/Munster-Gérome)
⑤ 생넥테르(Saint-Nectaire)

# 11. 기타 주류 및 관련 법규

1. 맥주에서 흔히 말하는 '호프(Hof)'의 뜻은?

   ① 식물성 첨가제
   ② 마당 혹은 정원
   ③ 생맥주
   ④ 병맥주
   ⑤ 생맥주집

2. 다음 중에서 상쾌한 풍미의 담색 맥주로서 세계적으로 가장 많이 퍼진 맥주의 타입은?

   ① 필스너(Pilsner)
   ② 스타우트(Stout)
   ③ 에일(Ale)
   ④ 뮌헨(München)
   ⑤ 에일(Ale)

3. 우리나라 주세법에서 맥주를 만들 때 중요한 원료인 '맥아'는 얼마나 넣도록 규정하고 있나?

① 10% 이상　　　　　　　② 20% 이상
③ 50% 이상　　　　　　　④ 70% 이상
⑤ 90% 이상


4. 다음 맥주에 사용하는 '호프(Hop)'에 대한 설명 중 잘못된 것은?

① 맥주에 특유의 향기와 쓴맛을 준다.
② 맥아즙의 단백질을 침전시켜 제품을 맑게 만든다.
③ 잡균의 번식을 방지하여 저장성을 높여준다.
④ 주세법에 첨가비율을 10% 이상으로 규제하고 있다.
⑤ 호프는 암 그루, 수 그루가 따로 있는 삼과의 덩굴성 식물의 꽃이다.


5. '비열처리맥주'란 무엇을 말하는가?

① 맥아를 제조한 다음에 이를 가열하여 볶지 않고, 서늘한 곳에서 자연건조시킨 맥아를 사용하여 만든 맥주
② 맥아즙에 호프를 첨가한 다음에 끓이지 않고, 호프와 함께 저온에서 발효시켜 만든 맥주
③ 맥아 이외의 부원료를 가열하여 익히지 않고, 날 것으로 맥아와 함께 저온에서 발효시켜 만든 맥주
④ 완성된 맥주를 가열살균을 하지 않고, '정밀 여과기'를 통과시켜 미생물을 제거한 다음에 포장한 맥주
⑤ 맥주 제조과정 전반에 걸쳐 15℃이하로 온도를 유지시켜 신선함이 살아있는 맥주

6. 세계에서 맥주 생산량이 가장 많은 나라는?

① 중국　　　　　② 미국
③ 독일　　　　　④ 일본
⑤ 인도

7. 1인당 연간 맥주 소비량이 가장 많은 나라는?

① 독일　　　　　② 체코
③ 미국　　　　　④ 벨기에
⑤ 아일랜드

8. 다음 중 '스카치위스키(Scotch whisky)'에 대한 설명 중 잘못된 것은?

① 맥아의 당화효소에 의해서 당화되고, 알코올 농도는 94.8% 이하로 증류하여, 적어도 3년 동안 저장실의 나무통에서 숙성된 것이라야 한다.
② '블렌디드 위스키(Blended Whisky)'의 숙성기간은 각각 혼합된 위스키의 숙성기간을 평균하여 그 숙성기간을 표시한다.
③ 그레인위스키(Grain Whisky)는 옥수수나 밀 등 곡류를 맥아로 당화, 발효시킨 다음, 연속식 증류장치(Patent still)로 증류한다.
④ 몰트위스키(Malt Whisky)는 단식증류기(Pot still)로 두 번 증류한다.
⑤ 스카치위스키란 스코틀랜드에서 증류되고 숙성된 위스키만을 말한다.

9. '스카치위스키(Scotch whisky)'의 스모키(Smoky) 향은 어디서 유래된 것인가?

① 피트(Peat)　　　　　② 오크(Oak)
③ 맥아(Malt)　　　　　④ 단식증류기(Pot still)
⑤ 토양(Soil)

10. '스카치위스키(Scotch whisky)'의 4대 산지가 아닌 곳은?

   ① 하일랜드(High Land)  ② 로우랜드(Low Land)
   ③ 아일레이(Islay)  ④ 캠벨타운(Campbeltown)
   ⑤ 웨일스(Wales)


11. 다음 중 '그레인위스키(Grain Whisky)'에 대한 설명 중 잘못된 것은?

   ① 옥수수나 밀 등 곡류를 주원료로 사용한다.
   ② 맥아는 사용하지 않는다.
   ③ 연속식 증류장치(Patent still)로 증류한다.
   ④ 몰트위스키에 비해 풍미가 순하고 부드럽다.
   ⑤ 나무통에서 숙성시킨다.


12. 2011년 기준, 세계에서 가장 판매량이 많은 위스키는?

   ① 조니 워커(Johnnie Walker)  ② 커티 샥(CUTTY SARK)
   ③ 시바스 리갈(CHIVAS REGAL)  ④ 발렌타인(Ballantine's)
   ⑤ 제이 앤 비 (J & B)


13. 미국 '버본 위스키(Bourbon Whiskey)'의 주원료는?

   ① 보리  ② 밀
   ③ 옥수수  ④ 라이보리
   ⑤ 귀리


14. 다음 설명 중 잘못된 것은?

① 모든 코냑은 브랜디에 속한다.
② 모든 브랜디는 포도로 만든다.
③ 코냑지역에서 생산되는 브랜디만이 코냑이다.
④ 브랜디는 와인을 증류한 것이다.
⑤ 아르마냑은 포도로 만든다.


15. 코냑을 만드는 데 사용되는 주품종은?

① 생테밀리용(Saint-Emilion)
② 슈냉 블랑(Chenin Blanc)
③ 세미용(Semillon)
④ 소비뇽 블랑(Sauvignon Blanc)
⑤ 아르부아(Arbois)


16. 와인을 증류하여 브랜디를 만들 때 처음 나온 증류액을 다시 탱크로 되돌려 보내는 이유는?

① 알코올 농도가 너무 낮기 때문에
② 퓨젤오일이 섞여 나오기 때문에
③ 이중으로 가열하여 에너지를 절약하기 위해서
④ 숙성 중 증발하는 양을 감소시켜 수율을 증가시키기 위해서
⑤ 아세트알데히드, 메틸알코올 등이 섞여 나오기 때문에


17. 다음 중 코냑의 원산지명칭(AO)에 해당되지 않은 것은?

① 그랑드 샹파뉴(Grande Champagne)
② 샤랑트 마리탱(Charente Maritime)

③ 보르드리(Borderies)
④ 부아 오르디네르(Bois Ordinaires)
⑤ 프티트 샹파뉴(Petite Champagne)

**18. 코냑에 '핀 샹파뉴(Fine Champagne)'라고 표시된 문구가 뜻하는 것은?**

① 샴페인과 동일한 품종과 재배방법, 양조방법으로 만든 와인을 증류하여 만든 코냑이라는 뜻
② 샹파뉴 지방 와인 기술자들이 건너와서 조성한 포도밭에서 나온 포도로 만든 코냑이라는 뜻
③ 샹파뉴 지방과 동일한 테루아르를 나타내는 포도밭에서 나온 포도로 만든 코냑이란 뜻
④ 증류하기 전 기본 와인을 샹파뉴 지방에서 가져온 것으로 만든 코냑
⑤ '그랑드 샹파뉴(Grande Champagne)' 코냑과 '프티트 샹파뉴(Petite Champagne)' 코냑을 블렌딩한 것

**19. 코냑에 '핀 샹파뉴(Fine Champagne)'라고 표시되어 있는 경우, '그랑드 샹파뉴(Grande Champagne)'가 차지하는 비율은?**

① 50% 이상  ② 60% 이상
③ 70% 이상  ④ 80% 이상
⑤ 90% 이상

**20. 코냑 지방에서 와인을 증류하여 오크통에 넣을 때 원액의 알코올 농도는?**

① 약 40도  ② 약 50도
③ 약 60도  ④ 약 70도
⑤ 약 80도

21. 코냑 지방에서는 연속식 증류기를 사용하지 않고, 아직도 원시적인 단식증류기 '샤랑트 스틸(Charente Still)'을 사용하고 있는데 그 이유는?

① 향기성분이 그대로 흘러나와 훨씬 향미가 좋아지기 때문
② 한번만 증류하므로 연료비가 적게 들기 때문
③ 작업시간이 단축되기 때문
④ 숙취의 원인물질인 아세트알데히드 등 성분이 적게 나오기 때문
⑤ 운전이나 관리가 간편하기 때문

22. 코냑 상표에 'X.O'라고 표시가 되어 있으면 몇 년 이상 숙성시킨 것인가?

① 10년
② 30년
③ 50년
④ 100년
⑤ 정확히 알 수 없음

23. 다음 중 최초로 '코냑(Cognac)'이라는 명칭을 상품명으로 병에 표시한 업체는?

① 카뮈(CAMUS)
② 쿠르부아지에(COURVOISIER)
③ 마르텔(MARTELL)
④ 헤네시(Hennessy)
⑤ 레미 마르탱(REMY MARTIN)

24. 다음 중 '아르마냑(Armagnac)'의 원산지명칭(AO)이 아닌 것은?

① 바사르마냑(Bas-Armagnac)
② 오타르마냑(Haut-Armagnac)
③ 아르마냑 테나레즈(Armagnac-Ténarèze)

④ 블랑슈 다르마냑(Blanche d'Armagnac)
⑤ 샤보타르마냑(Chabot-Armagnac)

25. 다음 중 '아르마냑(Armagnac)'에 사용되는 품종이 아닌 것은?

① 위니 블랑(Ugni Blanc)
② 폴 블랑슈(Folle Blanche)
③ 콜롬바르(Colombard)
④ 세미용(Sémillon)
⑤ 바코(Baco 22A)

26. 다음 '칼바도스(Calvados)' 중에서 원료에 배를 30% 이상 넣어서 만든 것은?

① 칼바도스 페이 도주(Calvados Pays d'Auge)
② 칼바도스 동프롱테(Calvados Domfrontais)
③ 칼바도스(Calvados)
④ 오 드 비 드 시더(Eaux de vie cidre)
⑤ 칼바도스 페르미에(Calvados fermier)

27. 프랑스 '칼바도스(Calvados)'의 주원료는?

① 사과
② 체리
③ 오렌지
④ 자두
⑤ 포도

28. 이탈리아에서 와인 만들고 남은 포도찌꺼기로 만든 브랜디로 출발하여 유명해진 것은?

① 그라파(Grappa)
② 미스텔라(Mistella)

③ 리커로소(Liquoroso)　　④ 갈리아노(Galliano)
⑤ 트레비아노(Trebbiano)

29. '오 드 비 드 마르(Eaux-de-vie-de-marc)'라는 브랜디는 어떤 것인가?

① 와인 만들고 남은 포도찌꺼기를 이용하여 만든 브랜디
② 코냑이나 아르마냑을 제외한 프랑스 전역에서 나오는 브랜디
③ 고대 로마에서 만들었던 브랜디로서 현재는 명칭만 남아있는 것
④ 포도 이외의 과일로 만든 브랜디의 총칭
⑤ 모든 브랜디의 총칭

30. '테킬라(Tequila)'의 주원료는?

① 선인장　　　　② 용설란
③ 사탕수수　　　④ 파인애플
⑤ 코코넛

31. 다음 중 '주니퍼 베리(Juniper berry)'가 첨가된 술은?

① 진(Gin)　　　　② 보드카(Vodka)
③ 럼(Rum)　　　　④ 아쿠아비트(Aquavit)
⑤ 압상트(Absinthe)

32. '보드카(Vodka)'가 무색무취의 특성을 갖게 된 결정적인 이유는?

① 주원료가 곡류가 아니고 감자나 사탕무이기 때문
② 증류액을 목탄층에 통과시키기 때문

③ 희석시킬 때 증류수를 사용하기 때문
④ 증류액의 알코올 농도가 거의 100%이기 때문
⑤ 법랑으로 코팅된 탱크를 사용하기 때문

**33. 멕시코의 국내법에 의해 '테킬라(Tequila)'의 산지로 지정된 주(州)는?**

① 할리스코(Jalisco) 주　　② 이달고(Hidalgo) 주
③ 타바스코(Tabasco) 주　　④ 베라크루스(Veracruz) 주
⑤ 소노라(Sonora) 주

**34. '럼(Rum)'의 주원료는?**

① 선인장　　② 용설란
③ 당밀　　④ 보리
⑤ 파인애플

**35. 다음 중 '혼성주(Liqueur)'를 가장 바르게 설명한 것은?**

① 과일 중에 함유된 당분을 효모가 발효시켜 만든 술
② 곡류 중에 함유된 전분을 당화효소로 당화시킨 후 효모를 작용시켜 발효하여 만든 술
③ 물과 알코올의 끓는점의 차이를 이용하여 얻어낸 농도 짙은 술
④ 증류주 혹은 양조주에 식물의 뿌리나 열매 등을 첨가하여 만든 술
⑤ 과일주와 곡주를 혼합한 것

**36. 다음 리큐르 중에서 원료가 향초나 약초가 아닌 것을 첨가하여 만든 것은?**

① 베네딕틴(Bénédictine)　② 샤르트뢰즈(Chartreuse)
③ 큐라소(Curacao)　④ 아이리시 미스트(Irish Mist)
⑤ 안젤리카(Angelica)

37. 프랑스 수도원에서 개발한 리큐르의 일종으로 알프스 산중의 약초 130가지를 배합하여 만든 약용주는?

① 베네딕틴(Bénédictine)　② 안젤리카(Angelica)
③ 드람뷰(Drambuie)　④ 뒤보네(Dubonnet)
⑤ 샤르트뢰즈(Chartreuse)

38. 다음 중 프랑스 노르망디 지방에서 수도승이 개발하여 현재까지 생산되는 약용주는?

① 압상트(Absinthe)
② 베네딕틴(Bénédictine)
③ 샤르트뢰즈(Chartreuse)
④ 그랑 마르니에(Grand Marnier)
⑤ 드람뷰(Drambuie)

39. 다음 술 중에서 원료가 포도인 것은?

① 칼바도스(Calvados)　② 아르마냑(Armagnac)
③ 키어쉬바서(Kirschwasser)　④ 드람뷰(Drambuie)
⑤ 크렘 드 카시스(Crème de Cassis)

40. 소주가 우리나라에 들어온 시기는?

① 삼국시대 말　　　　　② 통일신라시대 말
③ 고려시대 말　　　　　④ 조선시대 말
⑤ 일제강점기 말

**41. 주류의 상표에 기재해야 할 필수 사항이 아닌 것은?**

① 제조자의 명칭 및 제조장의 위치
② 알코올 농도
③ 용량
④ 첨가물의 명칭
⑤ 출고가격

**42. 현행 주세법에서 분류한 주류에 해당되지 아니하는 것은?**

① 주정　　　　　　　　② 브랜디
③ 리큐르　　　　　　　④ 와인
⑤ 약주

**43. 다음 주류 중 주세가 가장 높은 것은?**

① 맥주　　　　　　　　② 청주
③ 과실주　　　　　　　④ 약주
⑤ 탁주

**44.** 외국에서 와인을 수입하였는데, 도착가(CIF)가 10,000 원이 되었다. 수입업자가 제세공과금을 모두 지불하고 나면 약 얼마나 되는가?

① 약 13,000원　　② 약 17,000원
③ 약 20,000원　　④ 약 24,000원
⑤ 약 30,000원

**45. 와인을 수입하는 경우 'CIF 가격'이라고 표시되어 있는 문구는 다음 중 무엇을 뜻하는가?**

① 운임보험료포함가격　　② 공장도가격
③ 해상운임포함가격　　④ 수출항본선인도가격
⑤ 운송비지급가격

**46. 주세법에서 '주류(술)'로 규정하는 주정도의 기준은?**

① 주정도 0.1도 이상의 음료
② 주정도 0.5도 이상의 음료
③ 주정도 1도 이상의 음료
④ 주정도 2도 이상의 음료
⑤ 주정도 4도 이상의 츰료

**47. 면세 대상 주류에 해당되지 않는 것은?**

① 우리나라에 주둔하는 외국 군대에 납품하는 것
② 약사법에 의한 의약품 제조에 사용하기 위한 의약품의 원료로 사용되는 것
③ 학원법에 의한 대학의 교육용으로 납품하는 것
④ 주세법 또는 식품위생법에 의하여 검사목적으로 사용되는 것
⑤ 외국으로 수출하는 것

48. 와인을 비롯한 주류를 가정용, 할인매장용 등으로 구분하여 표시하는 이유는?

① 무자료 거래를 방지하기 위해
② 19세 이하의 청소년에게 주류 판매를 금지하기 위해
③ 가정용 소비를 촉진시키기 위해
④ 국산과 수입품을 구분하기 위해
⑤ 각 주류의 소비성향을 파악하기 위해

49. 우리나라 농민이 소규모로(200 ㎘ 이하) 자기가 재배한 포도로 와인을 만들어서 면허를 득한 후 판매할 경우에 주세는?

① 5%   ② 15%
③ 30%   ④ 70%
⑤ 72%

50. 주류 수입 면허의 조건에 해당되지 않는 것은?

① 자본금 5,000만 원 이상   ② 일정 면적의 창고
③ 주류만 수입할 것   ④ 무역업 고유번호를 받은 자
⑤ 과거 수출실적

51. 우리나라 식품위생법에서 과실주의 아황산의 규정량은?

① 50ppm 이하   ② 100ppm 이하
③ 250ppm 이하   ④ 350ppm 이하
⑤ 500ppm 이하

**52. 주세법 제22조에 따른 주류의 종류별 세율이 잘못된 것은?**

① 맥주 – 72%
② 과실주 – 30%
③ 약주 · 청주 – 15%
④ 소주 · 위스키 · 브랜디 – 72%
⑤ 탁주 – 5%


**53. 다음 중 수입한 와인 병 뒤에 한글로 기재해야 할 필수사항이 아닌 것은?**

① 수입주류의 종류
② 수입업자의 명칭 및 전화번호
③ 원산국
④ 첨가물의 명칭
⑤ 품질유지기한


**54. '희석식소주'는 무엇을 희석한 것인가?**

① 증류식소주  ② 합성 알코올
③ 메틸알코올  ④ 주정
⑤ 의약용 알코올


**55. 다음 행위 중 식품위생법 상 '일반음식점'에서 허용되는 사항은?**

① 식사  ② 식사, 음주
③ 식사, 음주, 노래  ④ 식사, 음주, 노래, 춤
⑤ 식사, 음주, 노래, 춤, 유흥종사자 동반

56. 손에 화농성 상처가 있는 사람이 만든 식품을 먹고 식중독이 발생했다면, 다음 중 어느 균에 의해서 일어났을 가능성이 가장 많은가?

① 살모넬라 균
② 보툴리누스 균
③ 포도상 구균
④ 장염비브리오 균
⑤ 대장균

57. 수질오염의 지표가 되며 식품위생검사와 가장 밀접한 관계가 있는 균은?

① 대장균
② 젖산균
③ 초산균
④ 방선균
⑤ 콜레라균

58. 주세법에서 '밑술'이란 무엇을 말하는가?

① 효모를 배양·증식한 것으로서 당분이 포함되어 있는 물질을 알코올 발효시킬 수 있는 재료
② 주류의 원료가 되는 재료를 발효시킬 수 있는 수단을 재료에 사용한 때부터 주류를 제성(製成)하거나 증류(蒸溜)하기 직전까지의 상태에 있는 재료
③ 녹말이 포함된 재료와 그 밖의 재료를 섞은 것에 곰팡이류를 번식시킨 것
④ 효소로서 녹말이 포함된 재료를 당화(糖化)시킬 수 있는 것
⑤ 녹말이 포함된 재료에 곰팡이류를 번식시킨 것

59. 주세법에 나오는 '술덧'을 와인 양조용어로 표현하면?

① Yeast
② Must
③ Starter
④ Fermentation
⑤ Innoculation

60. 영업소에서 종사하는 사람이 정기 건강검진을 받아야 하는 법정기간은?

① 3개월마다　　② 6개월마다
③ 매년 1회　　④ 2년에 1회
⑤ 3년에 1회

61. 우리나라 주세법에서 '과실주'의 알코올 농도 기준은?

① 12% 이하　　② 15% 이하
③ 18% 이하　　④ 20% 이하
⑤ 25% 이하

# 12. 영문 시험

### 1. 다음은 무엇에 대한 설명인가?

A viticultural technique by which a scion, or budwood(the part of the vine that produces grapes), is attached to a rootstock.

① Phylloxera
② Pruning
③ Grafting
④ Cutting
⑤ Tissue culture

### 2. 다음은 ( )에 들어갈 포도 품종은?

While the period when the name ( ) became more prevalent over Petite Vidure is not certain, records indicate that the grape was a popular Bordeaux planting in the 18th century Médoc region. The first estates known to have actively grown the variety were Château Mouton and Château d'Armailhac in Pauillac.

① Cabernet Sauvignon
② Merlot
③ Cabernet Franc
④ Malbec
⑤ Petit Verdot

### 3. 다음은 무엇에 대한 설명인가?

A vine that has developed differently to other vines of the same variety due to a process of selection-either natural, as in the case of a vine adapting to local conditions, or artificial.

① Cross
② Hybrid
③ Form
④ Species
⑤ Clone

### 4. 다음은 무엇에 대한 설명인가?

An ancient earthenware container for wine or oil, usually with two handles and a pointed end.

① Amphora
② Barrel
③ Fiasco
④ Tartrate
⑤ Bottle

### 5. 다음은 무엇에 대한 설명인가?

A system of measuring and expressing alcoholic content, used for spirits rather than wine. According to that used in the United States, this is the double of alcohol content by volume.

① Brix
② Baumé
③ v/v%
④ g/g%
⑤ Proof

### 6. 다음 무엇에 대한 설명인가?

Grape juice or crushed grapes ready to be fermented into wine, or in the process of fermenting into wine.

① Must
② Free run juice
③ Pressing
④ Skin contact time
⑤ Press wine

**7. 다음 ( )에 들어갈 인물은?**

The Paris Wine Tasting of 1976 or the Judgment of Paris was a wine competition organized in Paris on 24 May 1976 by ( ), a British wine merchant, in which French judges carried out two blind tasting comparisons: one of top-quality Chardonnays and another of red wines.

① Aubert de Villaine
② Steven Spurrier
③ Jancis Robinson
④ Robert Parker
⑤ Leon Adams

**8. 다음에서 설명하는 와인은?**

In 1997, Château Mouton Rothschild teamed up with Concha y Toro of Chile to produce a quality Cabernet Sauvignon-based red wine in a new winery built in Chile's Maipo Valley.

① Almaviva
② Don Maximiano
③ Montes Alpha M
④ Casa Real
⑤ Viña Los Vascos

**9. 다음은 무엇에 대한 설명인가?**

But scientists point out that such a small area of the wine's in contact with air, that it couldn't possibly have any significant effect on the bottle full, so the whole exercise is in fact a complete waste of time.

① Decanting
② Breathing
③ Tasting
④ Bottle aging
⑤ Mouth aroma

10. 다음 문장의 ( )에 들어갈 샤토는?

The vineyard area of Chateau ( ) extends 102 hectares, located a short distance from the Gironde estuary, is among the largest in Bordeaux.

① Haut-Brion
② Ausone
③ Haut-Bailly
④ Cheval-Blanc
⑤ Talbot

11. 다음은 무엇에 대한 설명인가?

The process by which light energy is trapped by chorophyll, a green chemical in the leaves, and is converted into chemical energy in the form of glucose.

① Respiration
② Fermentation
③ Microclimate
④ Photosynthesis
⑤ Vinification

12. 다음은 무엇에 대한 설명인가?

A vine louse that spread from America to virtually every viticultural region in the world during the late 19th century, destroying many vines.

① Downy mildew
② Oidium
③ Gray mold
④ Grape leafhopper
⑤ Phylloxera

13. 다음은 무엇에 대한 설명인가?

A group of polyphenols, found in the skins of red grapes, (and many other fruits and flowers) that is mainly responsible for the colour of red wines.

① Anthocyanins
② Tannin

③ Chlorophyll
④ Carotenes
⑤ Riboflavin

### 14. 다음은 무엇에 대한 설명인가?

The addition of sugar to fresh grape juice in order to raise a wine's alcoholic potential.

① Acidification
② Chaptalization
③ Fining
④ Fortified
⑤ Blending

### 15. 다음은 무엇에 대한 설명인가?

A term for the flavor and aroma left in the mouth after the wine has been swallowed.

① After taste
② Complex taste
③ Mouth aroma
④ Tactile impressions
⑤ Mouth feel

### 16. 다음은 누가 한 말인가?

"Wine is the healthiest and most hygienic of Drinks."

① Louis Pasteur
② Alexander Fleming
③ Plato
④ Hippocrates
⑤ Emile Peynaud

### 17. 다음은 무엇에 대한 설명인가?

A term that is usually applied to the period during the vinification process when the fermenting juice is in contact with its skins.

① Crushing  ② Fining
③ Malolactic fermentation  ④ Racking
⑤ Maceration

18. 다음은 무엇에 대한 설명인가?

Description of a vin doux naturel stored in oak casks for at least two years, often with the barrels exposed to direct sunlight. This imparts a distinctive flavor that is popular in the Roussillon area of France.

① Rancio  ② Sweet wine
③ Fortified wine  ④ Vin de Liqueur
⑤ Solera

19. 다음은 어느 나라를 말하는가?

Baptised "Oenotria"(meaning the country of disciplined vines) by the Greek settlers of Antiquity, today this country is one of the greatest wine producing countries in the world.

① France  ② Italy
③ Spain  ④ Portugal
⑤ Greece

20. 다음은 무엇에 대한 설명인가?

The lower section of a grafted vine that serves to develop the root system.

① Rootstock  ② Scion
③ Cutting  ④ Pruning
⑤ Cork

21. 다음은 무엇에 대한 설명인가?

An aroma associated with wine produced from some *Vitis labrusca* cultivars.

① Fruity
② Stemmy
③ Foxy
④ Fresh
⑤ Clean

22. 다음은 무엇에 대한 설명인가?

Present in all wine, resulting from the oxidation of alcohol to acetic acid (the acid in vinegar).

① Tartaric acid
② Fixed acidity
③ Total acidity
④ Volatile acidity
⑤ Malic acid

23. 다음은 무엇에 대한 설명인가?

Portuguese for a wine warehouse or cellar, generally above ground.

① Bodega
② Cave
③ Colheita
④ Adega
⑤ Quinta

24. 다음은 무엇에 대한 설명인가?

The sensation that remains in the mouth after swallowing or-at a professional tasting-expectorating wine.

① Afertaste
② Threshold
③ Complex taste
④ Flavor
⑤ Touch

### 25. 다음은 무엇에 대한 설명인가?

A French word now used in a very general way to describe almost any alcoholic beverage consumed before a meal to whet the appetite.

① Hor-d'oeuvre     ② Entrée
③ Sorbet           ④ L'apéritif
⑤ Déssert

### 26. 다음은 무엇에 대한 설명인가?

A wine-taster's term applied to wine that make the mouth pucker, generally because of an excess of tannin.

① Foxy             ② Tired
③ Metallic         ④ Astringent
⑤ Tart

### 27. 다음은 무엇에 대한 설명인가?

A large barrel or cask, especially of the sort and size in which sherry is traditionally aged and shipped; it holds 500 liters.

① Pièce            ② Pipe
③ Butt             ④ Tonne
⑤ Barrique

### 28. 다음은 무엇에 대한 설명인가?

The solid parts of grapes-skins, pips, stems-that rise to the top of the must during red-wine fermentation, known in French as chapeau.

① Cap              ② Yeast

③ Pumping over
④ Skin Contact Time
⑤ Maceration

**29. 다음은 무엇에 대한 설명인가?**

A fee paid to a restaurant for the privilege of having one's own wine, purchased elsewhere, served there with a meal or for a party.

① Bouchon
② Carte de Vin
③ Breathing
④ Corkage
⑤ Host tasting

**30. 다음은 무엇에 대한 설명인가?**

The northern half of Burgundy(Bourgogne)'s Côte d'Or; arguably the greatest red wine district of France, perhaps of the world, its only rival on France being the Médoc district of Bordeaux.

① Côte de Nuits
② Côte de Beaune
③ Beaujolais
④ Morey-St-Denis
⑤ Corton

**31. 다음은 무엇에 대한 설명인가?**

French wine broker; they are local expert intermediaries between the numerous small growers who sell their wine in barrel and the shippers, who assemble many small lots of wine to be aged and bottled in their own cellars.

① Négociant
② Négociant-éleveur
③ Courtier
④ Coopérative
⑤ Confréries

## 32. 다음은 무엇에 대한 설명인가?

The whole science of wine production, from the harvest and vinification to bottling.

① Ecology
② Enology
③ Physiology
④ Viticulture
⑤ Ampelography

## 33. 다음은 무엇에 대한 설명인가?

A traditional method of clarifying wine whereby certain substances are added to the wine in barrel, vat, or tank and gradually settle to the bottom, carrying down suspended particles in the form of sediment, and leaving the wine clear.

① Chaptalization
② Acidification
③ Cap management
④ Racking
⑤ Fining

## 34. 다음은 무엇에 대한 설명인가?

One of the most universally known of all wine names, this German word simply means "milk of the blessed Mother."

① Liebfraumilch
② Moseltaler
③ Badisch-Rotgold
④ Weissherbst
⑤ Hochgewächs

## 35. 다음은 무엇에 대한 설명인가?

A fortified wine, usually sweet, produced around the city of that name, along the Mediterranean coast, in Spain's Andalusia region.

① Licoroso
② Generoso

③ Málaga
④ Setúbal
⑤ Palmela

### 36. 다음은 무엇에 대한 설명인가?

Honey wine, made by fermenting honey and water; known since ancient times, it was probably the first of the many wines described as "nectar of the gods."

① Mead
② Cider
③ Gold water
④ Drambuie
⑤ Liqueur

### 37. 다음은 무엇에 대한 설명인가?

The drawing off of clear toung wine from one vat, cask, or barrel to another, leaving the lees and sediment behind; its main purpose is to clarify the wine.

① Destemming
② Racking
③ Innoculation
④ Fining
⑤ Filtration

### 38. 다음은 무엇에 대한 설명인가?

French for "on the lees," a deposit which is a byproduct of fermentation made up primarily of dead yeast cells, and which affects the taste of wine by the process of autolysis.

① Fermentation bloquée
② Carte de Vin
③ Cuveé close
④ Sur lie
⑤ Vin de goutte

### 39. 다음은 무엇에 대한 설명인가?

A mold that forms on the grapes, known also as "noble rot," which is necessary to make Sauternes and the rich German wines Beerenauslese and Trockenbeerenauslese.

① Saccharomyces cerevisiae  ② Botrytis cinerea
③ Leuconostoc oenos  ④ Acetobacter rancens
⑤ Lactobacillus casei

### 40. 다음은 무엇에 대한 설명인가?

A natural compound and preservative that comes from the skins, stems, and pips of the grapes and also from the wood in which wine is aged.

① Anthocyanins  ② Tannin
③ Chlorophyll  ④ Sulfite
⑤ Tartaric acid

### 41. 다음은 무엇에 대한 설명인가?

The acid component of vinegar. The product of oxidation of ethanol by the action of Acetobacter in the presence of oxygen.

① Lactic acid  ② Acetic acid
③ Succinic acid  ④ Citric acid
⑤ Pyruvic acid

### 42. 다음은 무엇에 대한 설명인가?

Sparkling wine production process in which the secondary fermentation takes place under pressure in a sealed tank.

① Charmat Process  ② Rural method

③ Transfer Process  ④ Méthode Champenoise
⑤ Classic Method

**43. 다음은 무엇에 대한 설명인가?**

The supply of water to the vine by mean of artificial canals, flooding, overhead sprays or drip systems on individual vines.

① Viticulture  ② Cutting
③ Breeding  ④ Organic culture
⑤ Irrigation

**44. 다음은 무엇에 대한 설명인가?**

Barley which has undergone the process of soaking, germination and kilning to convert the starch present in the original grain into fermentable sugar.

① Hop  ② Enzyme
③ Yeast  ④ Malt
⑤ Diastase

**45. 다음은 무엇에 대한 설명인가?**

Unfermented grape juice, destined to become wine.

① Must  ② Marc
③ Lees  ④ Cap
⑤ Batch

**46. 다음은 무엇에 대한 설명인가?**

Removal of unwanted parts of the vine, mostly wood that is on year old or less, in order to regulate the yield and control the shape.

① Cutting  ② Tying-up
③ Pruning  ④ Green harvest
⑤ Trimming

47. 다음은 무엇에 대한 설명인가?

Rack consisting of two hinged boards through which holes have been bored to hold the necks of sparkling wine bottles during remuage.

① Press  ② Punt
③ Pupitre  ④ Filter
⑤ Cellar

48. 다음은 무엇에 대한 설명인가?

System of fractional blending used in the production of sherry, wherein older wine is refreshed by the addition of younger wine.

① Flor  ② Butt
③ Lagar  ④ Solera
⑤ Estufa

49. 다음은 무엇에 대한 설명인가?

The pulpy mass of grape skins and pips left the fermented grapes have been pressed; known in English as pomace

① Lie  ② Marc
③ Raisin  ④ Moût
⑤ Levures

## 50. 다음은 무엇에 대한 설명인가?

Spanish for a wine warehouse or storage area, usually above ground; also a winery.

① Bodega  ② Cave
③ Colheita  ④ Adega
⑤ Quinta

# 정답표

### 1. 와인의 개요

| 1 | 2 | 3 | 4 | 5 | 6 | 7 | 8 | 9 | 10 | 11 | 12 | 13 | 14 | 15 | 16 | 17 | 18 | 19 | 20 |
|---|---|---|---|---|---|---|---|---|----|----|----|----|----|----|----|----|----|----|----|
| ⑤ | ① | ① | ④ | ④ | ③ | ② | ① | ⑤ | ② | ④ | ④ | ② | ② | ⑤ | ③ | ③ | ② | ③ | ① |

| 21 | 22 | 23 | 24 | 25 | 26 | 27 | 28 | 29 | 30 | 31 | 32 | 33 | 34 | 35 | 36 | 37 | 38 | 39 | 40 |
|----|----|----|----|----|----|----|----|----|----|----|----|----|----|----|----|----|----|----|----|
| ② | ③ | ① | ④ | ④ | ⑤ | ⑤ | ② | ② | ① | ③ | ⑤ | ② | ② | ⑤ | ② | ② | ① | ④ | ② |

| 41 | 42 | 43 | 44 | 45 | 46 | 47 | 48 | 49 | 50 | 51 | 52 | 53 | 54 | 55 |
|----|----|----|----|----|----|----|----|----|----|----|----|----|----|----|
| ⑤ | ④ | ② | ① | ③ | ② | ② | ⑤ | ⑤ | ① | ② | ② | ⑤ | ② | ⑤ |

### 2. 포도 재배

| 1 | 2 | 3 | 4 | 5 | 6 | 7 | 8 | 9 | 10 | 11 | 12 | 13 | 14 | 15 | 16 | 17 | 18 | 19 | 20 |
|---|---|---|---|---|---|---|---|---|----|----|----|----|----|----|----|----|----|----|----|
| ⑤ | ② | ① | ② | ④ | ② | ① | ③ | ④ | ① | ④ | ⑤ | ② | ② | ⑤ | ③ | ④ | ③ | ④ | ⑤ |

| 21 | 22 | 23 | 24 | 25 | 26 | 27 | 28 | 29 | 30 | 31 | 32 | 33 | 34 | 35 | 36 | 37 | 38 | 39 | 40 |
|----|----|----|----|----|----|----|----|----|----|----|----|----|----|----|----|----|----|----|----|
| ① | ④ | ① | ③ | ⑤ | ① | ① | ① | ② | ① | ③ | ① | ② | ① | ② | ⑤ | ③ | ⑤ | ④ | ⑤ |

| 41 | 42 | 43 | 44 | 45 | 46 | 47 | 48 | 49 | 50 | 51 | 52 |
|----|----|----|----|----|----|----|----|----|----|----|----|
| ④ | ⑤ | ① | ① | ④ | ③ | ① | ① | ② | ① | ④ | ④ |

### 3. 와인 양조

| 1 | 2 | 3 | 4 | 5 | 6 | 7 | 8 | 9 | 10 | 11 | 12 | 13 | 14 | 15 | 16 | 17 | 18 | 19 | 20 |
|---|---|---|---|---|---|---|---|---|----|----|----|----|----|----|----|----|----|----|----|
| ③ | ② | ⑤ | ④ | ⑤ | ③ | ① | ① | ③ | ④ | ③ | ② | ④ | ② | ① | ② | ⑤ | ④ | ④ | ① |

| 21 | 22 | 23 | 24 | 25 | 26 | 27 | 28 | 29 | 30 | 31 | 32 | 33 | 34 | 35 | 36 | 37 | 38 | 39 | 40 |
|----|----|----|----|----|----|----|----|----|----|----|----|----|----|----|----|----|----|----|----|
| ③ | ④ | ⑤ | ① | ① | ⑤ | ③ | ⑤ | ③ | ④ | ④ | ① | ⑤ | ③ | ① | ③ | ② | ④ | ③ | ① |

| 41 | 42 | 43 | 44 | 45 | 46 | 47 | 48 | 49 | 50 | 51 | 52 | 53 | 54 | 55 |
|----|----|----|----|----|----|----|----|----|----|----|----|----|----|----|
| ② | ③ | ⑤ | ⑤ | ⑤ | ④ | ④ | ① | ② | ① | ① | ⑤ | ② | ⑤ | ③ |

### 4. 프랑스 와인(Ⅰ)

| 1 | 2 | 3 | 4 | 5 | 6 | 7 | 8 | 9 | 10 | 11 | 12 | 13 | 14 | 15 | 16 | 17 | 18 | 19 | 20 |
|---|---|---|---|---|---|---|---|---|----|----|----|----|----|----|----|----|----|----|----|
| ③ | ① | ③ | ① | ① | ② | ⑤ | ③ | ③ | ① | ⑤ | ⑤ | ③ | ① | ⑤ | ② | ⑤ | ⑤ | ② | ④ |

| 21 | 22 | 23 | 24 | 25 | 26 | 27 | 28 | 29 | 30 | 31 | 32 | 33 | 34 | 35 | 36 | 37 | 38 | 39 | 40 |
|----|----|----|----|----|----|----|----|----|----|----|----|----|----|----|----|----|----|----|----|
| ① | ① | ④ | ② | ③ | ③ | ② | ① | ① | ⑤ | ④ | ① | ③ | ④ | ① | ① | ⑤ | ① | ⑤ | ② |

| 41 | 42 | 43 | 44 | 45 | 46 | 47 | 48 | 49 | 50 | 51 | 52 | 53 | 54 | 55 | 56 | 57 | 58 | 59 | 60 |
|----|----|----|----|----|----|----|----|----|----|----|----|----|----|----|----|----|----|----|----|
| ③ | ⑤ | ⑤ | ④ | ⑤ | ④ | ② | ② | ⑤ | ② | ⑤ | ④ | ① | ④ | ① | ④ | ② | ② | ④ | ② |

| 61 | 62 | 63 | 64 | 65 | 66 | 67 | 68 | 69 | 70 | 71 | 72 | 73 | 74 | 75 | 76 | 77 | 78 | 79 | 80 |
|----|----|----|----|----|----|----|----|----|----|----|----|----|----|----|----|----|----|----|----|
| ⑤ | ① | ⑤ | ① | ④ | ① | ⑤ | ④ | ⑤ | ③ | ④ | ① | ④ | ⑤ | ③ | ① | ① | ④ | ② | ② |

| 81 | 82 | 83 | 84 | 85 | 86 | 87 | 88 | 89 | 90 | 91 | 92 | 93 | 94 | 95 | 96 |
|----|----|----|----|----|----|----|----|----|----|----|----|----|----|----|----|
| ① | ① | ① | ② | ④ | ⑤ | ③ | ② | ③ | ③ | ② | ② | ② | ⑤ | ③ | ① |

## 5. 프랑스 와인(II)

| 1 | 2 | 3 | 4 | 5 | 6 | 7 | 8 | 9 | 10 | 11 | 12 | 13 | 14 | 15 | 16 | 17 | 18 | 19 | 20 |
|---|---|---|---|---|---|---|---|---|---|---|---|---|---|---|---|---|---|---|---|
| ① | ① | ⑤ | ① | ② | ② | ① | ② | ② | ④ | ② | ② | ④ | ④ | ⑤ | ⑤ | ① | ② | ⑤ | ⑤ |
| 21 | 22 | 23 | 24 | 25 | 26 | 27 | 28 | 29 | 30 | 31 | 32 | 33 | 34 | 35 | 36 | 37 | 38 | 39 | 40 |
| ② | ① | ② | ② | ③ | ③ | ⑤ | ① | ② | ① | ④ | ⑤ | ③ | ② | ⑤ | ① | ④ | ② | ④ | ⑤ |
| 41 | 42 | 43 | 44 | 45 | 46 | 47 | 48 | 49 | 50 | 51 | 52 | 53 | 54 | 55 | 56 | 57 | 58 | 59 | 60 |
| ③ | ④ | ① | ④ | ⑤ | ④ | ③ | ③ | ① | ⑤ | ④ | ② | ② | ④ | ⑤ | ① | ② | ② | ② | ⑤ |
| 61 | 62 | 63 | 64 | 65 | 66 | 67 | 68 | 69 | 70 | 71 | 72 | 73 | 74 | 75 | 76 | 77 | 78 | 79 | 80 |
| ③ | ① | ③ | ③ | ⑤ | ① | ② | ② | ⑤ | ④ | ⑤ | ② | ② | ④ | ⑤ | ③ | ③ | ④ | ⑤ | ⑤ |
| 81 | 82 | 83 | 84 | 85 | 86 | 87 | 88 | 89 | 90 | 91 | 92 | 93 | 94 | 95 | 96 | 97 | 98 | 99 | 100 |
| ① | ③ | ④ | ③ | ⑤ | ③ | ③ | ④ | ⑤ | ② | ③ | ④ | ① | ⑤ | ② | ① | ① | ⑤ | ③ | ④ |
| 101 | 102 | | | | | | | | | | | | | | | | | | |
| ③ | ② | | | | | | | | | | | | | | | | | | |

## 6. 이탈리아 와인

| 1 | 2 | 3 | 4 | 5 | 6 | 7 | 8 | 9 | 10 | 11 | 12 | 13 | 14 | 15 | 16 | 17 | 18 | 19 | 20 |
|---|---|---|---|---|---|---|---|---|---|---|---|---|---|---|---|---|---|---|---|
| ⑤ | ② | ① | ① | ⑤ | ② | ① | ① | ② | ① | ⑤ | ① | ① | ④ | ⑤ | ③ | ① | ② | ⑤ | ④ |
| 21 | 22 | 23 | 24 | 25 | 26 | 27 | 28 | 29 | 30 | 31 | 32 | 33 | 34 | 35 | 36 | 37 | 38 | 39 | 40 |
| ② | ② | ④ | ② | ⑤ | ④ | ③ | ④ | ③ | ⑤ | ① | ⑤ | ① | ⑤ | ③ | ④ | ② | ① | ① | ① |
| 41 | 42 | 43 | 44 | 45 | 46 | 47 | 48 | 49 | 50 | 51 | 52 | 53 | 54 | 55 | 56 | | | | |
| ① | ③ | ① | ② | ① | ② | ⑤ | ④ | ② | ④ | ⑤ | ④ | ② | ④ | ② | ② | | | | |

## 7. 스페인, 포르투갈 와인

| 1 | 2 | 3 | 4 | 5 | 6 | 7 | 8 | 9 | 10 | 11 | 12 | 13 | 14 | 15 | 16 | 17 | 18 | 19 | 20 |
|---|---|---|---|---|---|---|---|---|---|---|---|---|---|---|---|---|---|---|---|
| ⑤ | ② | ⑤ | ③ | ① | ② | ④ | ② | ① | ⑤ | ④ | ④ | ① | ② | ③ | ⑤ | ② | ④ | ① | ⑤ |
| 21 | 22 | 23 | 24 | 25 | 26 | 27 | 28 | 29 | 30 | 31 | 32 | 33 | 34 | 35 | 36 | 37 | 38 | 39 | 40 |
| ① | ① | ① | ⑤ | ④ | ⑤ | ④ | ④ | ② | ④ | ③ | ② | ② | ④ | ② | ⑤ | ③ | ④ | ⑤ | ② |
| 41 | 42 | 43 | 44 | 45 | 46 | 47 | 48 | 49 | 50 | 51 | | | | | | | | | |
| ① | ④ | ④ | ① | ② | ⑤ | ② | ③ | ③ | ① | ⑤ | | | | | | | | | |

## 8. 기타 유럽 와인

| 1 | 2 | 3 | 4 | 5 | 6 | 7 | 8 | 9 | 10 | 11 | 12 | 13 | 14 | 15 | 16 | 17 | 18 | 19 | 20 |
|---|---|---|---|---|---|---|---|---|---|---|---|---|---|---|---|---|---|---|---|
| ② | ⑤ | ① | ① | ② | ① | ④ | ① | ③ | ① | ⑤ | ④ | ① | ④ | ⑤ | ① | ② | ④ | ① | ⑤ |
| 21 | 22 | 23 | 24 | 25 | 26 | 27 | 28 | 29 | 30 | 31 | 32 | 33 | 34 | 35 | 36 | 37 | 38 | 39 | 40 |
| ① | ② | ④ | ② | ⑤ | ① | ④ | ③ | ③ | ⑤ | ① | ④ | ① | ③ | ⑤ | ② | ① | ① | ③ | ① |
| 41 | 42 | 43 | 44 | 45 | 46 | 47 | 48 | | | | | | | | | | | | |
| ⑤ | ④ | ① | ① | ⑤ | ① | ① | ② | | | | | | | | | | | | |

## 9. 신세계 와인

| 1 | 2 | 3 | 4 | 5 | 6 | 7 | 8 | 9 | 10 | 11 | 12 | 13 | 14 | 15 | 16 | 17 | 18 | 19 | 20 |
|---|---|---|---|---|---|---|---|---|----|----|----|----|----|----|----|----|----|----|----|
| ① | ④ | ③ | ③ | ① | ⑤ | ② | ① | ④ | ⑤ | ④ | ③ | ④ | ③ | ⑤ | ① | ② | ① | ① | ① |
| 21 | 22 | 23 | 24 | 25 | 26 | 27 | 28 | 29 | 30 | 31 | 32 | 33 | 34 | 35 | 36 | 37 | 38 | 39 | 40 |
| ⑤ | ① | ① | ④ | ⑤ | ④ | ① | ② | ② | ② | ① | ⑤ | ① | ① | ⑤ | ④ | ① | ④ | ② | ① |
| 41 | 42 | 43 | 44 | 45 | 46 | 47 | 48 | 49 | 50 | 51 | 52 | 53 | 54 | 55 | 56 | 57 | 58 | 59 | 60 |
| ⑤ | ① | ③ | ④ | ① | ① | ③ | ③ | ② | ⑤ | ① | ③ | ② | ⑤ | ④ | ② | ③ | ① | ① | ④ |
| 61 | 62 | 63 | 64 | 65 | 66 | 67 | 68 | 69 | 70 | 71 | 72 | 73 | 74 | | | | | | |
| ⑤ | ② | ① | ① | ⑤ | ① | ③ | ② | ① | ④ | ⑤ | ③ | ① | ④ | | | | | | |

## 10. 와인 관능검사 및 서비스

| 1 | 2 | 3 | 4 | 5 | 6 | 7 | 8 | 9 | 10 | 11 | 12 | 13 | 14 | 15 | 16 | 17 | 18 | 19 | 20 |
|---|---|---|---|---|---|---|---|---|----|----|----|----|----|----|----|----|----|----|----|
| ⑤ | ③ | ③ | ④ | ⑤ | ① | ④ | ① | ⑤ | ① | ③ | ② | ④ | ⑤ | ⑤ | ① | ① | ③ | ② | ④ |
| 21 | 22 | 23 | 24 | 25 | 26 | 27 | 28 | 29 | 30 | 31 | 32 | 33 | 34 | 35 | 36 | 37 | 38 | 39 | 40 |
| ② | ② | ① | ① | ① | ④ | ⑤ | ② | ④ | ① | ④ | ② | ③ | ① | ② | ② | ① | ⑤ | ③ | ④ |
| 41 | 42 | 43 | 44 | 45 | 46 | 47 | 48 | 49 | 50 | 51 | 52 | 53 | 54 | 55 | 56 | 57 | 58 | 59 | 60 |
| ② | ③ | ④ | ② | ① | ⑤ | ② | ⑤ | ① | ② | ② | ① | ③ | ② | ① | ① | ⑤ | ④ | ⑤ | ① |
| 61 | 62 | 63 | 64 | 65 | | | | | | | | | | | | | | | |
| ② | ③ | ③ | ① | ③ | | | | | | | | | | | | | | | |

## 11. 기타 주류 및 관련 법규

| 1 | 2 | 3 | 4 | 5 | 6 | 7 | 8 | 9 | 10 | 11 | 12 | 13 | 14 | 15 | 16 | 17 | 18 | 19 | 20 |
|---|---|---|---|---|---|---|---|---|----|----|----|----|----|----|----|----|----|----|----|
| ② | ① | ① | ④ | ④ | ① | ② | ② | ① | ⑤ | ② | ① | ③ | ② | ① | ⑤ | ② | ⑤ | ① | ④ |
| 21 | 22 | 23 | 24 | 25 | 26 | 27 | 28 | 29 | 30 | 31 | 32 | 33 | 34 | 35 | 36 | 37 | 38 | 39 | 40 |
| ① | ⑤ | ④ | ⑤ | ④ | ② | ① | ① | ① | ② | ① | ② | ① | ③ | ④ | ③ | ⑤ | ② | ② | ③ |
| 41 | 42 | 43 | 44 | 45 | 46 | 47 | 48 | 49 | 50 | 51 | 52 | 53 | 54 | 55 | 56 | 57 | 58 | 59 | 60 |
| ⑤ | ④ | ① | ② | ① | ③ | ③ | ① | ② | ⑤ | ④ | ③ | ⑤ | ④ | ② | ② | ① | ① | ② | ③ |
| 61 | | | | | | | | | | | | | | | | | | | |
| ⑤ | | | | | | | | | | | | | | | | | | | |

## 12. 영문 시험

| 1 | 2 | 3 | 4 | 5 | 6 | 7 | 8 | 9 | 10 | 11 | 12 | 13 | 14 | 15 | 16 | 17 | 18 | 19 | 20 |
|---|---|---|---|---|---|---|---|---|----|----|----|----|----|----|----|----|----|----|----|
| ③ | ① | ⑤ | ① | ⑤ | ① | ② | ① | ② | ⑤ | ④ | ⑤ | ① | ② | ① | ① | ⑤ | ① | ② | ① |
| 21 | 22 | 23 | 24 | 25 | 26 | 27 | 28 | 29 | 30 | 31 | 32 | 33 | 34 | 35 | 36 | 37 | 38 | 39 | 40 |
| ③ | ④ | ④ | ① | ④ | ④ | ③ | ① | ④ | ① | ③ | ② | ⑤ | ① | ③ | ① | ② | ④ | ② | ② |
| 41 | 42 | 43 | 44 | 45 | 46 | 47 | 48 | 49 | 50 | | | | | | | | | | |
| ② | ① | ⑤ | ④ | ① | ③ | ③ | ④ | ② | ① | | | | | | | | | | |

# wine 종합문제집
## 와인능력검정대비

**용어해설 및 자료**

# 1. 용어 해설

A-horizon(호라이전) : 표층토. 경운을 받는 부분. A-층.

Abboccato(아보카토) : 이탈리아어. 약간 달콤한.

Abfüllung(압퓔룽) : [독일] 주병.

Abocado(아보카도) : [스페인] 약간 달콤한.

Acetaldehyde(아세트알데히드) : 발효 때 생성되는 물질로서 자극적인 냄새가 있으며, 와인이 산화될 때 많이 생성되어 셰리 냄새를 풍김.

Acid(에시드) : 산(酸). 신맛을 내며, 와인을 오래 보관하는데 기여함.

Acidification(에시디피케이션) : 산도가 약한 머스트에 산을 첨가하는 일.

Adega(아데가) : [포르투갈] 와인을 저장하는 곳으로 주로 지상에 있음.

Aeration(에어레이션) : 와인을 공기와 접촉시키는 일.

Aeolian soil(이오울리언 소일) : 풍적토. 모래나 미세한 입자가 바람에 의해 운반되어 퇴적된 토양으로 사구(砂丘, Sand dune), 풍적황토(Loess), 화산회토(Volcanic ash soil) 등이 있음.

Aerobic(에어로빅) : 호기성. 생육하는데 공기가 필요한(미생물).

After taste(에프터 테이스트) : 와인을 마시고 난 다음에도 입 안에 남아있는 향미.

Aguardente(아과르덴테) : [포르투갈] 와인을 증류하여 얻은 알코올로 강화와인에 사용됨.

Agrafe(아그라프) : [프랑스] 샴페인 발효 시 임시로 사용하는 마개. 주로 왕관 마개가 쓰임.

Air capacity(에어 커패서티) : 용기량(容氣量). 토양 100cc 중 공기의 용적.

Air permeability(에어 퍼미어빌리티) : 통기성(通氣性).

Albariza(알바리사) : [스페인] 규조토가 퇴적된 백색 토양으로 스페인 남부 셰리가 나오는 지역에 분포.

Algae(엘지) : 조류(藻類).

Alluvial deposit(얼루비얼 디파짓) : 하성 충적토(河成 沖積土). 암석의 풍화물이 중력, 수력, 빙하력 등에 의해 다른 곳에 이동하여 퇴적된 운적토(transported soil) 중에서 하수(河水)에 의해서 퇴적된 토양. = Fluvial deposit

Alluvial horizon(얼루비얼 호라이전) : 층리의 집합체로 된 토층, 혹은 第4紀新層. = Alluvium(沖積土)

Alluvial soil(얼루비얼 소일) : 충적토. 모든 기후 조건에서 생성될 수 있으며, 토양 단면은 층상을 이루고 있으나 거의 발달되지

못하고 있음. 우리나라 논토양의 대부분.
**Amabile**(아마빌레) : [이탈리아] '아보카토'보다 더 달콤할 때 쓰는 표현.
**Amaro**(아마로) : [이탈리아] 쓴맛을 표현하는 용어로 이탈리아에서는 긍정적인 의미로 쓰임.
**Amelioration**(어밀리어레이션) : 포도즙의 당도와 산도를 조절하기 위하여 설탕이나 물 등을 첨가하는 일.
**Amino acid**(아미노 에시드) : 아미노산. 단백질이 분해하여 생기는 물질.
**Ammonification**(엄모니피케이션) : 암모니아화작용.
**Ampelography**(앰펠로그라피) : 포도의 분류를 연구하는 학문.
**Amphora**(앰퍼러) : 고대 그리스, 로마에서 와인이나 기름을 넣던 토기로 두 개의 손잡이가 있음.
**Anaerobic**(언에어로빅) : 혐기성. 생육하는 데 공기가 필요하지 않은(미생물).
**Andesite**(앤디자이트) : 안산암(安山巖).
**Anejo**(아네호) : [스페인] 오래된. 공식적인 용어는 아님.
**Angelica**(앤젤리커) : 요즈음은 보기 힘든 미국의 강화와인.
**Annata**(아나타) : [이탈리아] 수확 혹은 빈티지.
**Anthocyanin**(안토시아닌) : 붉은 색소의 일종. 적포도의 주요 색소.
**Apéritif**(아페리티프) : [프랑스] 식전주.
**Apatite**(애퍼타이트) : 인회석(燐灰石).
**Apre**(아프르) : [프랑스] 타닌 함량이 많아서 거칠게 느껴지는.

**Aqueous deposit**(에이퀴어스 디파짓) : 수적토(水積土). 물의 힘으로 형성된 토양.
**Aqueous rock**(에이퀴어스 록) : 퇴적암. = Sedimentary rock.
**Arena**(아레나) : [스페인] 모래. 셰리 나오는 지역의 '알바리사'보다 더 거친 토양.
**Arenaceous soil**(에러네이셔스 소일) : 사토.
**Argillaceous soil**(아르절레이셔스 소일) : 충적토를 총칭하여 이르는 말로 점토질을 뜻함.
**Argillite**(아르절라이트) : 점판암.
**Arome**(아롬) : [프랑스] 향.
**Arrope**(아로페) : [스페인] 셰리의 색깔과 당도를 높이기 위해 첨가하는 농축 포도주스.
**Asciutto**(아쉬토) : [이탈리아] 드라이.
**Assemblage**(아상블라주) : [프랑스] 나무통에 들어있는 와인끼리 섞는 것, 즉 블렌딩, 주로 프랑스 보르도와 샹파뉴 지방에서 사용하는 용어.
**Astringent**(어스트린젠트) : 수렴성의, 와인 따위의 떫은.
**Autoclave**(오토클라베) : [이탈리아] 아스티 등 스파클링와인 만드는 방식 = Charmat Process.
**Autolysis**(오톨리시스) : 자가분해. 와인이 이스트 찌꺼기 위에 있을 때 이스트가 분해되어 특정한 향을 부여하는 현상.
**Azienda Agricola**(아치엔다 아그리콜라) : [이탈리아] 자기 포도밭에서 포도를 재배하고 와인을 만들었을 때 이렇게 표시. Az. Ag. 약자로 표시하기도 함.

Azienda Vinicola(아치엔다 비니콜라) : [이탈리아] 와이너리.

Azienda Vitivinicola(아치엔다 비티비니콜라) : [이탈리아] 포도를 재배하고 와인을 만드는 회사.

B-horizon(호라이전) : 하층토(sub soil). 표층토보다 점토 함량이 많고 빛깔이 선명한 층. B-층.

Bagaceira(바가세이하) : [포르투갈] 포도 찌꺼기로 만든 브랜디.

Barrique(바리크) : [프랑스] 보르도의 225ℓ 나무통.

Basalt(버솔트) : 현무암.

Base exchange(베이스 익스체인지) : 염기치환 = Cation exchange(양이온 치환).

Bastard soil(베스터드 소일) : 모래와 점토로 이루어진 토양의 보르도 식 명칭.

Baumé(보메) : [프랑스] 프랑스 당도 단위. 당분이 발효되어 생성되는 알코올 농도와 거의 비슷한 수치가 됨.

Bed rock(베드 록) : 기암(基岩) 또는 기층이라 하고. D층이라고도 함. = Substratum

Bentonite(벤토나이트) : 가벼운 점토의 일종으로 와인을 맑게 만드는데 쓰임.

Berg(베르크) : [독일] 언덕, 산.

Bianco(비안코) : [이탈리아] 흰색의.

Binning(비닝) : 와인을 숙성시키기 위해 병을 눕혀서 보관하는 것.

Bird's-eye rot(버드스 아이 롯) : 새눈무늬병. 포도의 잎에 나타나 퍼지면서 잎을 오그라들게 만듦.

Bishop(비숍) : '멀드 와인(Mulled wine)'의 일종으로, 포트와인에 오렌지 조각, 향신료, 설탕 등을 넣어 가열시킨 것.

Blanco(블랑코) : [스페인] 흰 = White.

Blau(블라우) : [독일] 파란색이지만 포도를 묘사할 때는 붉은색.

Blocky(블록키) : 괴상(塊狀).

Blush wine(블러쉬 와인) : 캘리포니아의 달콤하고 신선한 핑크와인.

Bodega(보데가) : [스페인] 와인을 저장하는 곳으로 주로 지상에 있음. 양조장의 뜻도 됨.

Bog lime(벅 라임) : 이회암(泥灰巖).

Bog soil(벅 소일) : 소택지토.

Bordeaux mixture(보르도 믹스처) : 보르도액, 농약의 한 종류.

Botte(보테) : [이탈리아] 나무통.

Bottiglia(보틸랴) : [이탈리아] 병.

Bottle aging(보틀 에이징) : 병 숙성. 고급 레드와인에 적용되는 개념.

Bottle sickness(보틀 시크니스) : 잘못된 주병으로 와인에 공기가 들어가 와인의 생동감이 없어지는 현상. 공기가 들어가지 않아도 일시적으로 이런 현상이 일어날 수 있음.

Bottling(보틀링) : 주병. 술이나 음료 등을 병에 넣는 작업.

Bouchon(부숑) : [프랑스] 코르크.

Boulbènes(불벤) : 아주 고운 규산질 토양으로 쉽게 다져지기 때문에 경작하기 불편한 토양의 보르도식 명칭. 이 다져진 토양은 주로 앙트르 되 메르(Entre-Deux-Mers) 고원의 일부를 형성함.

Boulder(보울더) : 256 ㎜ 이상 되는 돌.

Bouteille(부테이유) : [프랑스] 와인 병.
Branco(브랑쿠) : [포르투갈] 흰색(의) = White.
Brix(브릭스) : 미국, 일본, 한국에서 사용하는 당도 단위. 10% 설탕물이면 10Brix.
Bruto(브루투) : [포르투갈] 드라이 스파클링와인.
Burg(부르크) : [독일] 성(城).
Bulk Process(벌크 프로세스) : = Charmat Process.
Bulk wine(벌크 와인) : 병에 들어있지 않은 와인이란 뜻으로 대용량의 용기로 거래되는 와인.
Butt(부트) : [스페인] 스페인 셰리의 500ℓ 용량의 나무통.
C-horizon(호라이전) : 화학적인 풍화는 받았으나 물리적인 풍화가 낮은 부분. C-층. 이 부분은 母巖(D층)과 연결되어 있음.
Calcareous clay(캘케어리어스 클레이) : 석회질 점토. 점토 특유의 산도를 중화시키는 탄산칼슘으로 된 충적토. 이 토양의 낮은 온도 때문에 포도의 숙성이 늦어지며 산도가 높아짐.
Calcareous soil(캘케어리어스 소일) : 석회질 토양. 탄산칼슘과 탄산마그네슘의 축적으로 이루어진 모든 토양을 말함. 석회질 토양은 차갑고 보수력이 좋음. 석회질 점토는 예외지만 이 토양은 뿌리를 깊게 뻗을 수 있도록 해주기 때문에 배수가 좋아짐.
Calcification(캘서피케이션) : 석회화작용. 우량이 적은 건조-반건조 기후에서 진행되는 토양 생성작용으로서 우기에 녹기 쉬운 염화물, 황산염의 대부분은 유실되고 칼슘, 마그네슘은 탄산염으로 집적되는 작용. 석회화 작용에 의해서 이루어진 토양은 석회로 포화된 부식과 무기질 토양이므로 매우 비옥함.
Cantina(칸티나) : [이탈리아] 와인셀러 혹은 와이너리.
Cantina Sociale(칸티나 소시알레) : [이탈리아] 와인 생산자 조합.
Canopy(캐노피) : 포도나무에서 잎과 줄기가 차지하는 부분.
Cap(캡) : 레드와인 발효 시 위로 떠오르는 껍질 층.
Capillary water(캐펄레리 워터) : 모관수(毛管水). 표면장력에 의해 흡수 유지되는 물로서 흡습수(吸濕水) 윗부분에 있음. 식물에 이용되는 유효수분.
Capsule(캡슐) : 포장된 와인 병의 윗부분 즉 코르크와 병구를 둘러싼 장식.
Carafe(커레프, 카라프) : 와인 서빙용 유리병. 보통 값싼 와인 서빙에 사용.
Carbonaceous soil(카버네이셔스 소일) : 탄소질 토양. 혐기적인 상태에서 식물체가 부식되어 이루어진 토양으로 이탄(Peat), 갈탄(Lignite), 무연탄(Anthracite) 등이 있음.
Carbonated(카보네이티드) : 탄산가스가 들어있는.
Carte de Vin(카르트 드 뱅) : [프랑스] 와인 리스트.
Casa Vinicola(카사 비니콜라) : [이탈리아] 와인 회사. 주로 포도를 구입하여 와인을 만듦.
Cascina(카시나) : [이탈리아] 농장 혹은 포

도밭(북부 이탈리아).
Cask(캐스크) : 나무통, 크기에 따라 여러 종류가 있음. 'Barrel'과 같은 뜻이지만, Cask는 이동성이 없는 나무통을 지칭하는 경우에 사용됨.
Casta(카스타) : [포르투갈] 포도 품종.
Castello(카스텔로) : [이탈리아] 성(城). 프랑스 샤토에 해당되는 말.
Cation exchange(캐타이온 익스체인지) : 양이온 치환 = Base exchange(염기 치환).
Caudalie(코달리) : [프랑스] 와인을 삼키거나 뱉은 다음에 입안에서 향이 남아있는 시간을 측정하는 단위로서 1 코달리는 1 초에 해당됨.
Cava(카바) : [스페인] 와인을 저장하는 곳이지만, 샴페인 방식으로 만든 스파클링와인을 말함.
Cave(캬브) : [프랑스] 와인을 제조, 저장하는 곳, 보통 지하에 설치되어 있음.
Caves(카베스) : [포르투갈] 셀러. 와인 양조장 혹은 회사.
Cellar(셀러) : 와인을 저장하는 곳이란 뜻이지만, 요즈음은 와인 파는 곳, 와인 전용 냉장고 등도 이렇게 부름.
Cellar master(셀러 마스터) : 와인제조 책임자.
Centrifuge(센트리퓌지) : 원심분리. 원심력을 이용하여 중량이 큰 물질을 분리하는 조작.
Cepa(세파) : [스페인] 포도품종, [포르투갈] 포도나무.
Cépage(세파주) : [프랑스] 포도품종.
Chai(섀) : [프랑스] 주병하기 전 와인을 저장하는 곳으로 주로 지상에 있어서 'Cave'와 구별된다. 주로 보르도 지방에서 사용하는 용어.
Chalk(초크) : 백악질 토양. 석회암의 한 종류로서 백악질 토양은 부드럽고 시원하며 다공성 백색토로서 뿌리를 깊게 뻗도록 만들어 배수를 좋게 해주며 동시에 보수력도 갖추고 있음.
Chambrer(샹브레) : [프랑스] 와인을 마시기 전에, 저장실에서 와인을 마시는 장소로 가져와서 실내온도와 동일한 온도를 유지하도록 실내에 방치시키는 일. 주로 레드와인에 적용되는 용어.
Chandelle(샹델) : [프랑스] 디캔팅용 초.
Charnu(샤르뉘) : [프랑스] 풀 바디드 (와인).
Charpenté(샬팡테) : [프랑스] 균형 잡힌 (와인).
Chernozem(체르노점) : 흑토, 흑색 석회질 토양이라고도 함..
Chestnut soil(체스넛 소일) : 율색토.
Chiaretto(키아레토) : [이탈리아] 가벼운 레드나 로제와인.
cl(센티 리터) : $\ell$ 의 1/100. 1cl = 10㎖
Clairet(클레레) : [프랑스] 영어의 "Claret"에서 나온 말로 보르도의 가벼운 레드와인을 뜻함.
Claret(클레릿) : 프랑스 보르도 지방의 레드와인을 영어를 사용하는 나라에서 지칭하는 말.
Classico(클라시코) : [이탈리아] DOC 지역의 중심으로 예전부터 있었던 명산지.
Clavelin(클라블랭) : [프랑스] 쥐라 지방의

샤토 샬롱에서 사용하는 620㎖ 병.
**Clay**(클레이) : 점토. 입자가 가는 충적토로서 유연하고 가소성을 가지고 있으며 특히 보수력이 좋지만 비교적 물성이 차고 산성이며 배수가 불량함. 점토가 많으면 포도 뿌리가 질식하지만, 소량 섞여 있으면 이점이 있음. 입자 크기는 1/256㎜ 이하.
**Clayey-loam**(클레이이 로움) : 점토질 부식토. 기름진 토양이긴 하지만 물이 많아져 경작이 어려움.
**Clay mineral**(클레이 미너럴) : 점토광물. 2차 광물로서 입경이 0.002㎜ 이하인 작은 입자이므로 활성 표면적이 큼.
**Clay weathering**(클레이 웨더링) : 점토풍화(粘土風化).
**Climat**(클리마) : [프랑스] 기후, 풍토라는 뜻이지만, 부르고뉴에서는 특정 포도밭을 뜻함.
**Clone**(클론) : 동일한 유전적 특성을 가진 집단으로 같은 품종에서 여러 가지 클론으로 나뉠 수 있음.
**Clos**(클로) : [프랑스] 부르고뉴 지방의 '담으로 둘러싸인 포도밭'에서 나온 말로 요즈음은 고급 포도원을 뜻함.
**Coarse sand**(콜스 샌드) : 조사(粗沙). 2.0-0.2㎜.
**Cobble**(코블) : 64-256㎜ 사이의 돌.
**Colheita**(콜라이타) : [포르투갈] 빈티지(수확년도), 수확.
**Collage**(콜라주) : [프랑스] 정제. 와인에 계란 흰자 등을 넣어 맑게 만드는 일. = Finning.
**Colluvial deposit**(콜루비얼 디파짓) : 붕적토(崩積土). 풍화물이 경사를 따라 미끄러져 중력에 의해 생긴 토양. = Scree
**Combined water**(컴바인드 워터) : 화합수(化合水).
**Commune**(코뮌) : [프랑스] 시, 읍, 면 등을 뜻하지만, 원산지 명칭도 됨.
**Complex**(콤플렉스) : 복합성, 고급 와인의 향을 묘사할 때 사용하는 용어.
**Cooperage**(쿠퍼리지) : 와인을 담는 나무 통 혹은 그것을 만드는 일.
**Cooperativa**(코페라티바) : [이탈리아] 협동조합.
**Coopérative**(코어페라티브) : [프랑스] 협동조합.
**Corkage**(코르키지) : 레스토랑 등에서 손님이 가져온 와인을 마실 경우, 마개를 따주고 받는 요금.
**Cosecha**(코세차) : [스페인] 수확 및 수확년도.
**Côte**(코트) : [프랑스] 원래는 '언덕진 포도밭' 뜻이지만 와인 관련 포도원을 뜻함.
**Coteau**(코토) : [프랑스] 작은 언덕. 포도밭.
**Coulant**(쿨랑) : [프랑스] 알코올과 타닌 함량이 낮은 가벼운 와인.
**Coupé**(쿠페) : [프랑스] 섞거나 희석시키는 (것).
**Courtier**(쿠르티에) : [프랑스] 브로커로서 소규모 업자의 와인을 통 단위로 구입하여 네고시앙에게 중개하는 업자.
**Cradle**(크래들) : 오래 숙성시킨 고급 와인을 담는 바구니.
**Crasse de fer**(크라스 드 페르) : [프랑스]

프랑스 보르도의 리부네(Libournais) 지방에 있는 철분이 많은 반층(고결층). = Machefer

**Criadera(크리아데라)** : [스페인] 셰리의 솔레라 시스템에서 쌓아놓은 나무통의 단을 뜻하는 용어.

**Criado y embotellado por(크리아도 이 엠보테야도 포르)** : [스페인] 포도 재배한 곳에서 주병한.

**Crianza(크리안사)** : [스페인] 숙성시킨.

**Cross(크로스)** : 같은 종을 교잡시켜 만든 잡종.

**Cru(크뤼)** : [프랑스] 특정 포도밭 혹은 거기서 생산되는 와인.

**Crumb structure(크럼 스트럭쳐)** : 분상구조(粉狀構造). 입경이 0.5mm 이하로 된 구조.

**Crush(크러쉬)** : 캘리포니아에서 사용하는 용어로서 포도의 파쇄를 말하지만, 포도 수확을 뜻하기도 함.

**Crust(크러스트)** : 침전물, 특히 빈티지 포트의 병 속 침전물을 지칭함.

**Cutting(커팅)** : 꺾꽂이나 접붙이기를 하기 위해 자른 순.

**Cuvaison(퀴베종)** : [프랑스] 레드와인 발효 시 색깔과 타닌 등을 우려내기 위해 껍질과 주스를 함께 발효시키는 조작.

**Cuvée(퀴베)** : [프랑스] 와인을 발효 혹은 블렌딩하는 탱크라는 뜻이지만, 일정한 질을 가진 한 단위의 와인을 말함.

**Cuveé close(퀴베 클로스)** : [프랑스] '샤르마 프로세스(Charmat process)'에서 발포성 와인을 2차 발효시키기 전에 블렌딩 해놓은 와인.

**Débourbage(데부르바주)** : [프랑스] 화이트 와인 제조 시, 압착하여 나온 주스를 정치시켜서 찌꺼기를 가라앉히는 작업.

**Décanteur(데캉퇴르)** : [프랑스] 디캔터.

**Decomposition(디캄퍼지션)** : 분해. 해체.

**Degree-Days(디그리 데이스)** : 적산온도. = Heat Summation.

**Dégustation(데귀스타시옹)** : [프랑스] 테이스팅.

**Demi, Demie(드미)** : [프랑스] 절반의(Half).

**Denitrification(디나이트러피케이션)** : (박테리아에 의한) 탈 질소 작용.

**Deposit(디파짓)** : 퇴적물.

**Dépôt(데포)** : [프랑스] 와인의 침전물.

**Destemmer(디스테머)** : 포도송이에서 가지를 제거하는 기계.

**Developed soil(디벨럽프드 소일)** : 성숙토양. 모재가 토양으로 되어 처해있는 환경과 평형에 달한 토양. = Mature soil.

**Disintegration(디스인티그레이션)** : 붕괴. 분열.

**Doce(도세)** : [포르투갈] 단맛(의) = Sweet.

**Dolce(돌체)** : [이탈리아] 아주 단.

**Domaine(도맨)** : [프랑스] 소유지, 영지의 뜻. 주로 부르고뉴 지방의 와인 제조업체를 가리키는 용어.

**Domäne(도메네)** : [독일] = Domaine.

**Doux(두)** : [프랑스] 스위트.

**Downy mildew(다우니 밀듀)** : 노균병. 주로 잎에서 발생하나 새 순이나 과실에도 나타나 잎을 낙엽으로 만들고, 포도 알은 갈

변하거나 떨어짐.
**Dry**(드라이) : 달지 않고 건조한.
**Dulce**(둘세) : [스페인] 스위트.
**Edelfäule**(에델포일레) : [독일] 보트리티스 곰팡이.
**Edikett**(에디케트) : [독일] 상표.
**Effervescent**(에페르베성) : [프랑스] 거품을 내는 (스파클링와인).
**Égrappage**(에그라파주) : [프랑스] 포도송이에서 가지를 제거하는 일.
**Elaborado por**(엘라보라도 포르) : [스페인] Produced by.
**Élevage**(엘레바주) : [프랑스] 발효에서 주병까지 와인제조의 전반을 뜻하는 용어. 원래는 목축, 사육의 뜻.
**Eleveur**(엘르뵈르) : [프랑스] 사육하는 사람이란 뜻이지만, 영 와인을 구입하여 숙성, 주병하는 사람을 말함.
**Embotellado por**(엠보테야도 포르) : [스페인] Bottled by.
**Engarrafado na origem**(앵그라파도 나 오리헴) : [포르투갈] 포도를 재배한 곳에서 주병한. = Estate bottled.
**Enologist**(이놀러지스트) : 와인을 제조를 연구하는 사람. 프랑스어로는 Oenologiste.
**Enology**(이놀러지) : 와인 양조학. 프랑스어로는 Oenologie.
**Enoteca**(에노테카) : [이탈리아] 와인을 전시하고 구매할 수 있는 장소로서 유명산지에 화려하게 꾸며 놓은 곳이 많음.
**Erzeugerabfüllung**(에르초이거압퓔룽) : [독일] 생산자가 주병한.
**Eruptive rock**(이럽티브 록) : 분출암. =

Volcanic rock(화산암).
**Espumante**(에스푸만트) : → Vinho Espumante.
**Espumoso**(에스푸모소) : [스페인, 포르투갈] 스파클링와인. 샴페인 방식은 카바(Cava).
**Estate-bottled**(에스테이트 보틀드) : 와인이 만들어진 곳에서 주병한.
**Ester**(에스터) : 에스테르. 와인의 향을 형성하는 주성분.
**Estufa**(에스투파) : [포르투갈] 스페인어 원래는 '난로'를 뜻하는 것이지만, 와인과 관련해서는 마데이라를 가열하는 곳을 뜻함.
**Etichetta**(에티케타) : [이탈리아] 상표.
**Etiquette**(에티케트) : [프랑스] 상표.
**Fandetritus**(팬디트라이터스) : 선상퇴토(扇狀堆土) : 비로 말미암아 경사가 심한 골짜기에서 평지나 하천으로 밀려 내려와 부채꼴로 형성된 토양.
**Fas**(파스) : [독일] 나무통.
**Fattoria**(파토리아) : [이탈리아] 토스카나 지방에서 사용하는 용어로 농장 혹은 포도밭.
**Ferruginous clay**(퍼루저너스 클레이) : 철분이 풍부한 점토.
**Fermentation**(퍼멘테이션) : 발효.
**Fertility erosion**(퍼틸러티 이로우전) : 비옥도 침식. 유수에 의해 침식될 때 가용성 염류나 토양 유기물이 같이 씻겨 내려가는 현상.
**Fiasco**(피아스코) : [이탈리아] 플라스크. 와인에서는 짚으로 둘러싼 키안티 병.
**Fibrous peat**(파이브러스 피트) : 섬유질 이

탄. 왕골류, 선태류, 갈대류, 부들류 등의 혼합물이 모체가 된 이탄.

**Filtration**(필트레이션)/**Filtering**(필터링) : 여과.

**Fine sand**(파인 샌드) : 세사(細沙). 0.2-0.02㎜.

**Fine soil**(파인 소일) : 세토(細土). 입경 2㎜ 이하의 입자.

**Finesse**(피네스) : 균형 잡힌 와인을 표현하는 용어로 솜씨라는 뜻.

**Fining**(파이닝) : 청징. 와인이나 주스에 첨가제 등을 넣어서 맑게 함.

**Finish**(피니쉬) : = After taste.

**Flasche**(플라슈) : [독일] 병.

**Flint**(플린트) : 열을 흡수하여 반사하는 규산질 암석.

**Flood plain**(플러드 플레인) : 홍함지(洪涵地). 홍수 때문에 하천이 거듭 범람되었을 때 퇴적하여 생성되는 토양.

**Fluvial deposit**(플루비얼 디파짓) : = Alluvial deposit.

**Fluvial erosion**(플루비얼 이로우전) : 하수침식(河水浸蝕).

**Foulage**(풀라주) : [프랑스] 포도송이를 터뜨리는 작업.

**Frizzante**(프리찬테) : [이탈리아] 약 발포성인.

**Frost weathering**(프로스트 웨더링) : 빙결풍화작용. 암석의 틈새에 물이 들어가 빙결될 때 용적의 증가로 인한 압력으로 암석이 붕괴되는 작용.

**Fructose**(프럭토스) : 과당. 과실의 당분을 형성하고 있는 당분의 일종.

**Für Diabetiker Geeignet**(퓌르 디아베티커 게아이흐네트) : [독일] 당뇨병 환자용 와인.

**Galestro**(갈레스트로) : [이탈리아] 토스카나의 암석 이름으로서 이 지방 최고의 포도밭에서 주로 발견되는 편암으로 된 토양.

**Gallo Nero**(갈로 네로) : [이탈리아] 검은 수탉. 키안티 클라시코에 붙는 마크.

**Garrafa**(가하파) : [포르투갈] 병.

**Garrafeira**(가하페이하) : [포르투갈] 고급 와인이란 뜻으로 각 지역 사무소의 인증을 받은 것.

**Generoso**(헤네로스) : [스페인] 특정지역(Condado de Huelva, Jerez, Montilla-Moriles, Manzanilla)에서 나오는 알코올 농도 15 % 이상의 강화 와인.

**Glacial deposit**(글레이셜 디파짓) : 빙하토(氷河土). 빙하에 의해 운반, 퇴적된 토양.

**Glacial Moraine**(글레이셜 모레인) : 빙퇴석. 빙하작용에 의해 퇴적된 것.

**Gleization**(글레이제이션) : 배수가 불량한 곳에서 머물고 있는 물로 말미암아 산소공급이 불충분하여 환원이 일어나 토층이 담청색-녹청색을 띠는 현상.

**Glucose**(글루코스) : 포도당, 포도의 당분을 형성하고 있는 당분의 일종, 녹말이 분해되면 포도당이 됨.

**Glycerol**(글리세롤), **Glcerine**(글리세린) : 와인의 중요성분. 무색의 끈적끈적한 단맛 있는 액체. 지방이 분해될 때 지방산과 함께 생성됨.

**Goût**(구) : [프랑스] 맛.

**Gradazione Alcoolica**(그라다치오네 알콜리

카) : [이탈리아] 알코올 용량 %.
**Grafting**(그래프팅) : 접붙이기.
**Granite**(그래닛) : 화강암. 심성암 중 가장 분포가 넓고 우리나라의 암석의 2/3를 차지하고, 쉽게 더워지며 열을 간직함. 보졸레의 신맛이 강한 가메 포도에는 가장 좋은 토양임.
**Granular**(그래뉼러) : 입상(粒狀). 과립. 둥근 형의 입단.
**Gravel**(그래벌) : 자갈. 여러 가지 크기의 규산질 자갈을 일컫는 광범위한 용어. 이 토양은 푸석 푸석하며 입자로 구성되어 통기성이 좋고 배수가 잘 되며, 또 산성이면서 척박하여 뿌리가 영양분을 찾아 깊게 뻗기 때문에 석회질 하층토 위에 있는 자갈층에서 생산된 와인은 점층 하층토에 있는 것에 비해 산도가 높음. 학계에서는 크기가 2-4mm 사이인 것을 말함.
**Gravitational water**(그래버테이션 워터) : 중력수. 토양의 모관수에 포화 이상의 수분이 가해지면 중력에 의해서 아래로 모이는 물로서 지하수 혹은 자유수라고도 함. = Ground water.
**Greffage**(그레파주) : [프랑스] = Grafting.
**Ground water**(그라운드 워터) : 지하수. = Gravitational water.
**Gutsabfüllung**(구츠압퓔룽) : [독일] 포도재배한 곳에서 주병한.
**Gypsiferous marl**(집시퍼러스 마를) : 이회토(marl)로 된 토양이 케페(Keuper, 삼첩기 상층의 단층으로 알자스 지방)나 무셀카크(Muschelkalk, 삼첩기 중간에 있는 단층으로 알자스 지방)의 석고토양에 퍼진 것으로 이것은 토양의 열보유력과 용수 순환능력을 개선함.
**Gypsum**(집섬) : 석고. 흡수성이 강하고, 바닷물이 증발하여 형성된 수화된 황산칼슘($CaSO_4$).
**Hard-pan**(하드 팬) : 반층 혹은 고결층. 적절한 깊이에 상층토보다 하층토에 점토가 많으면 점토 고결층이 형성됨. 고결층은 물이나 뿌리가 투과하지 못하기 때문에 지표면 가까이 있으면 좋지 않고, 깊은 곳에 있으면 지하 수층에 쉽게 도달할 수 있게 해줌. 보르도 일부에는 사질 아이언 팬(Iron-pan)이라는 것이 있음.
**Head space**(헤드 스페이스) : 나무통이나 병에 술을 채우고 남는 공간 = Ullage
**Heads**(헤드스) : 초류(初溜), 단식증류 시, 처음 나오는 증류액, 불순물이 섞여있어서 버리거나 재증류함(프랑스어 têtes).
**Heat Summation**(히트 서메이션) : = Degree-days.
**Herdade**(에르다데) : [포르투갈] 포도밭, 농장.
**Hock**(호크) : 독일의 라인와인을 영어를 사용하는 나라에서 지칭하는 말. "Hochheim"에서 유래되었음.
**Hogshead**(혹스헤드) : 나무통. 용량은 여러 가지가 있음.
**Humus**(휴머스) : 부식(腐植). 박테리아 등 미생물이 들어있는 유기물로서 토양을 기름지게 만듦.
**Hygroscopic water**(하이그러스카픽 워터) : 흡습수(吸濕水). 상대 습도에 따라 토양에 흡착되는 수분. 식물에 이용되지는 못함.

Imbottigliato(임보틸랴토) : [이탈리아] 주병.
Iron-pan(아이언 팬) : 사질로 된 철이 풍부한 반층.
Jahrgang(야어강) : [독일] 빈티지.
Keller(켈러) : [독일] 와인 저장실. =Cellar.
Keuper(케페) : [프랑스] 알자스 와인을 말할 때 자주 쓰이는 용어로 케페는 삼첩기 상층의 단층 이름이며 마를(Marl, 색깔이 다양하고 소금기 있는 회백토나 석고 같은 회백토) 혹은 석회석을 말함.
Kimmeridgian soil(키머리지언 소일) : 회색의 석회석. 영국 돌셋(Dorset)에 있는 키머리지(Kimmeridge) 마을의 이름. 석회질 점토를 가진 이 석회석을 키머리지언 클레이(Kimmeridgian clay)라고도 함.
Kosher Wine(코셔 와인) : 유태교 랍비의 감독으로 엄격하게 만드는 와인으로 동물성 첨가제를 넣을 수 없음. 여러 가지가 있지만, 스위트 레드와인이 많음.
Lactic acid(랙틱 에시드) : 젖산, 유산, 포도 내에 있는 유기산의 일종.
Lagar(라가) : [스페인] 포르투갈어. 포도를 발로 밟아서 으깰 때 쓰이는 돌로 만든 용기.
Lage(라게) : [독일] 단일 포도밭.
Lágrima(라그리마) : [스페인] 눈물. 프리런 주스로 만든 와인.
Landsliding(랜드슬라이딩) : 산사태.
Larmes(라름) : [프랑스] = Leg.
Leaf spot(리프 스폿) : 갈색무늬병. 포도 잎에 갈색으로 퍼지면서 잎마름 증상을 나타냄.

Lees(리스) : 와인 발효 시 생성되는 찌꺼기. 프랑스어로는 Lie(리).
Leg(레그) : 글라스에서 와인을 흔들었을 때 글라스 내부에 눈물같이 흘러내리는 현상으로 알코올 농도가 높을수록 많이 형성됨. = Tear.
Léger(레제) : [프랑스] 가볍고 상쾌한 와인이나 알코올 함량이 낮은 (와인).
Lese(레제) : [독일] 수확.
Levures(르뷔르) : [프랑스] 효모.
Licoroso(리코로소) : [스페인, 포르투갈] 알코올 농도 15 % 이상인 강화와인.
Lignite(리그나이트) : 갈탄. 독일의 '갈색석탄', 샹파뉴의 '검은 황금'이라고 하는 것으로 석탄과 이탄의 중간 형태. 성질이 따뜻하고 비옥하여 샹파뉴에서는 천연 비료로 사용됨.
Lie(리) : [프랑스] = Lees.
Lime(라임) : 석회, 특히 생석회(CaO).
Lime stone(라임 스톤) : 석회석. 퇴적암의 일종으로 탄산염으로 된 것. 와인 산지에서 석회석은 백색, 회색, 담황색이 가장 많고, 강도와 보수력이 다양하고 알칼리성임.
Liquoreux(리코뢰) : [프랑스] 아주 단, 보트리티스 포도에서 얻는 단맛.
Liquoroso(리쿼로소) : → Vino Liquoroso.
Liteau(리토) : [프랑스] 서비스용 하얀 천.
Loam(로움) : 옥토. 성질이 따뜻하고 부스러지기 쉬운 것으로 점토, 모래, 미사(Silt)의 비율이 비슷하여 대량생산하는 평범한 와인에 완벽한 토양이며, 고급 와인에는 너무 기름지다고 할 수 있음.
Loess(뢰스, 레스, 러스) : 풍적 황토. 미시

시피 강 유역, 라인 강 유역, 중국 북부 등지가 유명함. 즉 점토가 바람에 날려 와서 쌓인 것. 주로 미사(silt)로 이루어졌으며, 석회질이지만 풍화되면서 칼슘이 없어짐. 비교적 빨리 더워지며 보수력이 좋음.

Maceration(매서레이션) : 침지.

Macération(마세라시옹) : [프랑스] = Maceration.

Machefer(마셰퍼) : = Crasse de fer.

Maderization(마데라이제이션) : 화이트 와인이 보관상 문제로 갈변되는 현상. 마데이라의 갈색와인에서 유래된 용어.

Maître de chai(메트르 드 쉐) : [프랑스] 와인 양조 책임자.

Malic acid(맬릭 에시드) : 사과산. 포도 내에 있는 유기산의 일종.

Marc(마르) : [프랑스] 포도 등을 압착하여 주스나 와인을 얻어내고 남은 찌꺼기.

Marl(마를) : 이회토. 점토와 탄화된 석회로 된 토양으로 알칼리성이며 인산과 염소를 함유한 것이 많음. 성질이 차고, 포도의 성숙을 늦추고 산도를 더해 줌.

Marlstone(마를스톤) : 점토질 석회석으로 마를(Marl)과 동일한 효과를 나타냄.

Mash(매시) : 당화시키기 전 더운물을 넣은 맥아와 곡류의 혼합물.

Mature soil(머츄어 소일) : 성숙토양. = Developed soil

May wine(메이 와인) : 독일에서 유래된 허브를 첨가한 달콤하고 신선한 화이트와인으로 차게 해서 와인에 딸기를 띄워서 마심.

Metaphoric rock(메터포릭 록) : 변성암.

Metodo Classico(메토도 클라시코) : [이탈리아] 샴페인 방식.

Método Tradicional(메토도 트라디시오날) : [스페인] 샴페인 방식.

Metodo Tradizionale(메토도 트라디치오날레) : [이탈리아] 샴페인 방식.

Micas(마이커스) : 운모류(雲母類). 화성암과 변성암의 주요 성분으로 가장 많은 것이 백운모와 흑운모이며, 최종 풍화생성물은 점토임. 이것의 칼륨과 마그네슘은 식물양분의 중요한 급원이 됨.

Microfilter(마이크로 필터) : 정밀여과기. 일반세균까지 여과되므로 무균여과기라고 함.

Mildew(밀드유) : 포도의 노균병. = Downy mildew.

Millésime(밀레짐) : [프랑스] 빈티지.

Mis en bouteille au château(미 정 부테이유 오 샤토) : [프랑스어] 샤토에서 주병한.

Mistella(미스텔라) : [스페인, 포르투갈] 포트, 셰리 등에서 사용하는 용어로, 알코올을 넣어서 발효를 중지시킨 포도즙.

Mistelle(미스텔) : [프랑스] 알코올을 넣어서 발효를 중지시킨 포도즙.

ml: 밀리리터. $\ell$ 의 1/1,000. $1m\ell$ = 1cc = $1cm^3$

Moelleux(무알뢰) : [프랑스] 온화하고 부드러운(와인).

Moor(무어) : 이탄지(泥炭地).

Moraine(모레인) : 빙퇴석.

Mosto(모스토) : [이태리, 스페인, 포르투갈] = Must.

Mother Rock(마더 록) : 모암(母巖).

Moût(무) : [프랑스] = Must.

Mudstone(머드스톤) : 이암. 점토와 유사한 퇴적암이지만 가소성이 없음.

Mulch(멀치) : 토양 표면에 짚, 건초 등으로 직접 피복하는 것.

Mulled wine(멀드 와인) : 레드와인에 설탕, 레몬 껍질, 향신료 등을 넣어 가열시킨 것.

Muschelkalk(무셀카크) : 알자스 와인을 말할 때 자주 쓰이는 용어로 무셀카크는 삼첩기 중간에 있는 단층의 명칭. 사암(Sandstone)에서 이회토(Marl), 백운암(Dolomite), 석회석(Limestone)까지 이름.

Must(머스트) : 발효시키기 전 청포도 주스나 으깬 적포도. 알코올 발효가 일어나기 전의 상태를 총칭하는 말.

Mutage(뮈타주) : [프랑스] 발효를 중단시키는 조작으로 아황산을 첨가하거나 무균 여과를 하거나 고농도 알코올을 첨가하는 방법 등을 사용.

Muté(뮈테) : [프랑스] 발효시키지 않은 포도주스. 살균하여 낮은 온도에서 보관해두고 블렌딩 용도로 사용함.

Natural wine(내츄럴 와인) : 강화와인에 반대되는 개념, 발효시켜서 그대로 만든 와인

Négociant(네고시앙) : [프랑스] 와인상인이나 중간 제조업자. 와인을 구입하여 숙성, 블렌딩한 후 주병하여 자기 이름으로 판매함.

Negus(니거스) : 영국 음료로서 포트와인에 레몬, 설탕, 향신료, 더운물 등을 넣어 따뜻하게 마시는 음료.

Nero(네로) : [이탈리아] 검은색 혹은 검붉은 색.

Nitrification(나이트러피케이션) : 질산화작용.

Novello(노벨로) : → Vino Novello.

Nuevo(누에보) : [스페인] 햇 와인.

Oechsle(웩슬레) : [독일] 당도 단위.

Oenologiste(외놀로지스트) : = Enologist.

Oenology(외놀로지) : = Enology.

Oenothèque(외노테크) : [프랑스] 와인을 모아서 진열해 놓는 곳.

Oidium(오이디움) : 흰가루병. 포도 잎과 과실에 곰팡이가 발생하여 잎을 낙엽으로 만들고, 포도알은 떨어지거나 돌포도가 됨.

Oolite(오어라이트) : 어란상암(魚卵狀巖). 석회석의 일종으로 영국 쥐라계의 상층.

Ouillage(우이야주) : [프랑스] = Topping.

Oxalic acid(옥살릭 에시드) : 수산. 유기산의 일종.

Oxidation(옥시데이션) : 산화. 와인의 경우는 공기와 과다접촉하면 변질되지만, 나무통에서는 서서히 산화되면서 숙성됨.

Oxydation(옥시다시옹) : [프랑스] = Oxidation.

Palus(팔뤼) : [프랑스] 아주 기름진 충적토로서 중급의 힘 좋고 색깔 좋은 와인을 만듦.

Panier(파니에) : [프랑스] 와인 바스켓.

Paraffin(파라핀) : 콜타르에서 얻어낸 백색 투명의 결정체. 양초의 원료.

Parent material(패런트 머티리얼) : 모재(母材).

Particle size(파티클 사이즈) : 토양입자의 크기.

Pasada(파사다) : [스페인] 잘 숙성된 셰리

를 묘사할 때 사용하는 용어.

**Passito**(파시토) : [이탈리아] 그늘에서 몇 주 동안 말린 포도로 만든 (스위트)와인.

**Pasteurization**(파스퇴라이제이션) : 저온살균. 파스퇴르가 고안한 살균방법.

**Pastoso**(파스토소) : [이탈리아] 미디엄 드라이.

**Peat soil**(피트 소일) : 이탄토(泥炭土).

**Pebble**(페블) : 4-64㎜ 크기의 자갈.

**Percolation**(퍼컬레이션) : 투수(透水). 토양 하부로 물이 침투하는 현상.

**Perlite**(펄라이트) : 가늘고 가볍고 윤기 있는 화산토. 규조토와 비슷한 성질을 가지고 있음.

**pH**(페하) : 용액 속에 녹아있는 수소이온 농도를 지수로 표현한 단위. 중성은 pH 7, pH 7보다 숫자가 크면 알칼리성, pH 7보다 숫자가 작으면 산성.

**Pièce**(피에스) : [프랑스] 228ℓ 용량의 나무통. 부르고뉴 지방에서 사용되는 용어.

**Pipe**(파이프) : 552.5ℓ의 큰 오크통으로 포르투갈에서 사용하는 용어.

**Plastering**(플라스터링) : 산도가 낮은 머스트에 석고(황산칼슘) 등을 넣어 산도를 높이는 일.

**Plutonic rock**(플루토닉 록) : 심성암(深成巖).

**Podere**(포데레) : [이탈리아] 농장 혹은 포도밭.

**Podzol**(포드졸) : 유기물이 많은 흑갈색 토양.

**Poggio**(포지오) : [이탈리아] 작은 언덕.

**Pomace**(퍼미스) : 포도 등을 압착하고 주스나 와인을 얻어내고 남은 찌꺼기.

**Porto**(포르토) : 미국에서 포르투갈의 포트 와인을 캘리포니아 것과 구별하기 위해서, 미국으로 수출되는 모든 포르투갈 포트에 붙이는 이름.

**Potable spirit**(포터블 스피릿) : 단식증류 시 중간단계에서 나오는 증류액. 위스키나 브랜디를 만들 수 있는 증류액(프랑스어 Coeur).

**Powdery mildew**(파우더리 밀듀) : = Oidium.

**Prädikat**(프레디카트) : [독일] 특별히 뛰어난.

**Precipitated salt**(프리시피테이티드 솔트) : 퇴적염. 암석이 강한 압력에서 산성이나 알칼리성을 띤 물이 해저에서 여러 가지 암석을 용해하여 용액 상태로 가지고 있다가 깊지 않은 곳에 도달하거나, 물이 빠지거나, 증발할 경우 압력이 감소되어 암석이 더 이상 용액상태를 지니지 못하고 몇 센티미터나 몇 천 미터의 깊이에서 퇴적된 것.

**Primary mineral**(프라이머리 미너럴) : 1차 광물 즉 마그마가 냉각되어 생성된 광물.

**Produttore**(프로두토레) : [이탈리아] 생산자.

**Pruning**(프루닝) : 전정. 가지치기.

**Pudding stone**(푸딩 스톤) : 역암. 크고 열 보유성이 좋은 자갈 류.

**Punt**(펀트) : 와인 병 바닥의 움푹 들어 간 부분. = Push up.

**Pupitre**(퓌피트르) : [프랑스] 샴페인 제조 시 2차 발효가 끝난 뒤 병을 거꾸로 세워서 돌리면 침전물이 병구로 갈 수 있게 만든 선반.
**Quartz(쿼츠)** : 석영. 사암의 주성분으로 석영은 풍화작용에 저항이 강하기 때문에 다른 광물이 분해 된 후에도 그대로 남아있어 모래의 주성분이라고 할 수 있음. 페블(Pebble)보다 더 크면 열을 저장하고 반사시켜 와인의 알코올 함량이 높아짐.
**Quartz-trachyte(쿼츠 트레카이트)** : 석영 조면암.
**Queues(쾨)** : [프랑스] → Tails
**Quinta(킨타)** : [포르투갈] 포도밭이란 뜻이지만, 양조시설을 갖춘 곳으로 샤토와 유사한 개념.
**Racking(랙킹)** : 따라내기. 과즙이나 와인을 정치시켜 찌꺼기를 가라앉힌 다음 맑은 상등액만 따라내는 작업.
**Rancio(랑시오)** : [프랑스] 산화 혹은 갈변시킨 와인. 색깔이 진하고 알코올 함량이 높은 스페인의 카탈로니아 지방의 와인도 뜻함. '오래 묵은', '케케묵은'의 뜻.
**Recioto(레초토)** : [이탈리아] 그늘에서 말린 포도로 만든 스위트 와인을 베네토 지방에서 일컫는 말.
**Récolte(레콜뜨)** : [프랑스] 수확 혹은 수확물의 뜻.
**Red earth(레드 얼스)** : = Terra rossa.
**Rendzina(렌드지나)** : 석회암에 의해서 이루어진 테라 로사(Terra rossa)나 연질의 석회암 또는 이회암 등이 냉온대 습윤 지방에서 풍화 분해 되어 석회로 포화된 부식이 많은 토양.
**Residual Sugar(레지듀얼 슈거)** : 잔당. 알코올 발효가 끝나고 남아있는 당분.
**Reserva(레세르바, 헤세르바)** : [스페인, 포르투갈] 일정 숙성기간을 만족시킨 고급 와인.
**Ripe rot(라이프 롯)** : 포도의 탄저병. 어린 과실에 반점으로 나타나 점점 커지면서 과실이 떨어짐.
**Riseva(리제르바)** : [이탈리아] 최저숙성기간을 초과하는 규정을 만족시킨 와인.
**River terrace(리버 테러스)** : 하안단구(河岸段丘).
**Roble(로블레)** : [스페인] 오크
**Römer(뢰머)** : [독일] 독일의 전통적인 와인글라스. 손잡이가 길고 녹색임.
**Rootstock(루트스톡)** : 접붙이기에 쓰이는 대목.
**Rosado(로사도, 호사도)** : [스페인, 포르투갈]. 로제
**Rosato(로사토)** : [이탈리아] 로제.
**Rosso(로소)** : [이탈리아] 붉은.
**Rotwein(로트바인)** : [독일] 레드와인.
**Rouge(루주)** : [프랑스] 붉은.
**Run off(런 오프)** : 유실. 토양이 물기와 함께 흘러내리는 현상.
**Saline soil(셀라인 소일)** : 염류토양.
**Salinization(셀라니제이션)** : 염류화작용. 건조기후에서 염류가 물과 섞여 있다가 표층에 올라와 물은 증발하고 염류만 남아서 알칼리 토양을 이루는 작용.
**Sand(샌드)** : 모래. 바위의 풍화작용 산물. 물기가 거의 없고 따뜻하고 공기가 잘 통하고 배수가 좋아 필록세라가 살 수 없음. 입자 크기는 1/16-2mm 사이.

Sand dune(샌드 듄) : 사구(砂丘). 모래로 된 곳에 바람의 방향이 일정할 때 형성, 사구는 내륙으로 점차 이동해서 이동사구를 형성하고 농경지를 휩쓸 때도 있으므로 방풍림이 필요함.

Sandstone(샌드스톤) : 사암(砂巖). 모래나 여러 가지 광물이 압력에 의해 만들어진 퇴적암. 즉 모래가 점토, 규산, 산화철, 석회 등의 응결제에 의해 고결된 것.

Sandy loam(샌디 로움) : 따뜻하고 배수가 잘 되는 모래가 많은 옥토로 경운하기 좋고 조생종 포도에 적합함.

Sangria(상그리아) : 스페인의 와인펀치로서 레드와인에 레몬, 오렌지, 설탕, 소다수 등을 넣어서 여름에 마시는 음료.

Schist(쉬스트) : 편암.

Schloss(쉴로스) : [독일] 성.

Scree(스크리) : = Colluvial deposit(崩積土).

Sec(섹) : [프랑스] 단맛이 없고 건조한.

Secco(세코) : [이탈리아] 드라이.

Seco(세코) : [스페인, 포르투갈] 드라이.

Secondary mineral(세컨더리 미너럴) : 2차 광물 즉 1차 광물이 변성이나 풍화작용으로 변질 또는 새로 생성된 광물.

Sèdimant(세디망) : [프랑스] 와인 침전물.

Sedentary deposits(세던터리 디파짓) : 정적토(定積土). 모재가 풍화된 그 자리에서 퇴적된 것으로 암석의 조각이 많고 하층일수록 미분해 물질이 많음.

Sediment(세디먼트) : 와인 침전물.

Sedimentary peat(세더멘터리 피트) : 침적이탄. 수련, 수초류, 금어조, 화분 등의 혼합물이 모체가 된 이탄.

Sedimentary rock(세더멘터리 록) : 퇴적암. 성층암 또는 침전암이라고도 하며 무게로는 암석권의 5%이지만, 면적으로는 지구표면의 3/4를 차지함. = Aqueous rock.

Shale(셰일) : 혈암.

Shingle(슁걸) : 물의 작용에 의해서 이루어진 자갈로서 페블(Pebble)과 그래벌(Gravel) 사이의 크기.

Silica(실리커) : 규산, $SiO_2$.

Silicate mineral(실러케이트 마너럴) : 규산염광물.

Silica sheet(실리커 쉬트) : 규산판.

Siliceous soil(실리셔스 소일) : 규산질 토양. 보르도 토양의 절반은 규산질 토양. 열보유력은 좋지만 보수력은 약함.

Silt(실트) : 미사(微砂). 보수력이 좋고 모래보다는 기름지지만, 물성이 차고 배수가 나쁨. 1/256-1/16㎜

Slate(슬레이트) : 점판암. 점토, 사암, 혈암 등이 강한 압력에서 판상으로 형성된 것으로 빨리 더워지고 열을 잘 간직하며 서늘한 지역에서 고급 와인이 나오는 지역이 됨. 모젤이 유명함.

Soda(소우더) : 소다, $Na_2O$.

Soil class(소일 클래스) : 토성(土性), 기계적 조성(조사, 세사, 미사, 점토)에 의한 토양의 분류.

Soil colloid(소일 콜로이드) : 토양교질. 토양입자 중에서 교질입자로 취급할 수 있는 입경의 미세입자들.

Soil conditioner(소일 컨디셔너) : 토양 개량제.

Soil profile(소일 프로파일) : 토양단면.
Soil texture(소일 텍스쳐) : 토성.
Sour mash(사워 매시) : 당화액을 발효시킬 때 소량의 순수 배양효모를 사용하면서 전 단계 발효액을 1/3정도 넣어서 발효시키는 방법(위스키).
Spumante(스푸만테) : [이탈리아] 스파클링와인.
Starch(스타치) : 녹말. 분해 되면 포도당이 됨.
Steige(스테이그) : 편암의 한 종류로서 알자스 앙들로(Andlau)의 북쪽에서 발견되는 토양. 앙들로(Andlau)의 화강암이 변성된 것으로 단단하고 판상임. 그랑 크뤼(Grand Cru)인 카스텔버그(Grand Cru Kastelberg)의 상층 화강암 모래가 혼합되어 검고 돌같은 토양이 됨.
Still wine(스틸 와인) : 발포성 와인에 반대되는 개념. 발포성이 없는 보통와인.
Stravecchio(스트라베키오) : [이탈리아] 아주 오래된.
Stuck wine(스턱 와인) : 발효 도중에 온도 상승 등으로 발효가 멈춘 와인.
Sub soil(서브 소일) : 하층토.
Substratum(서브스트레이텀) : 기층(基層). 모암층. D층. = Bed rock.
Superior(수페리오르) : [포르투갈] 알코올 함량이 규정보다 1% 더 높은 고급 와인.
Superiore(수페리오레) : [이탈리아] 법률에 정해진 알코올 농도를 초과하면서 각 규격에 맞는 것. 현재는 법적 구속력이 없음.
Sur lie(쉬르 리) : [프랑스] 발효탱크에서 바로 주병되는 와인에 쓰이는 용어. 즉, 발효가 끝나고 가라앉은 찌꺼기 위에서 숙성시킨 와인으로 이들은 특수한 향을 얻게 됨. 뮈스카데(Muscadet)와 샴페인에서 많이 사용함.
Surface soil(서페이스 소일) : 표층토.
Sweet mash(스위트 매시) : 당화액에 순수 배양한 효모만을 사용하여 발효시키는 방법(위스키).
Table wine(테이블 와인) : 식탁용 와인 혹은 고급와인이 아닌 값싼 와인을 가리키는 말로도 사용됨.
Tablier(타블리에) : [프랑스] 소믈리에가 사용하는 앞치마.
Tails(테일스) : 후류(後溜), 단식증류 시 마지막 단계에서 나오는 증류액. 불순물이 섞여 있어서 버리거나 재증류함(프랑스어 Queues).
Tartrate(타르트레이트) : 주석. 주석산과 칼슘이나 칼륨이 결합하여 생긴 결정체.
Tartaric acid(타르타릭 에시드) : 주석산. 포도에만 있는 유기산의 일종.
Tastevin(타스트뱅) : [프랑스] 소믈리에가 사용하는 은으로 만든 컵.
Tear(티어) : = Leg.
Temperature weathering(템퍼러쳐 웨더링) : 온열풍화. 표면과 내부의 온도 차이에 의해 암석이 붕괴되는 작용.
Tenuta(테누타) : [이탈리아] 소유지 혹은 영지의 뜻으로 포도밭.
Terra rossa(테라 로사) : 적색 점토와 같은 퇴적 토양으로 탄산이 석회석에서 추출된 후 가라앉은 퇴적암. = Red earth.
Têtes(테트) : [프랑스] → Heads

Tinto(틴토) : [스페인, 포르투갈] 붉은(색).
Tire-bouchon(티르 부숑) : [프랑스] 코르크스크루.
Topping(토핑) : 나무통에서 숙성 중인 와인은 그 양이 조금씩 감소하기 때문에, 정기적으로 빈 공간을 동일한 와인으로 가득 채워주는 작업.
Transported soil(트랜스포티드 소일) : 운적토(運積土). 붕적토, 선상퇴토, 수적토, 빙하토, 풍적토 등이 있음.
Traube(트라우베) : [독일] 포도.
Treading(트리딩) : 스페인이나 포르투갈에서 포도를 밟아서 으깨는 작업.
Trie(트리) : [프랑스] 선별, 선택의 뜻으로 잘 익은 포도만 골라서 수확하는 일. 보트리티스 곰팡이가 낀 포도의 수확은 이렇게 함.
Trocken(트로켄) : [독일] 드라이.
Trois étoiles(투아 에투알 = Three star) : [프랑스] 코냑 등 브랜디의 숙성기간을 표시하는 부호.
Tufa(튜퍼) : 화산암이 바람으로 운반된 토양으로, 루아르의 쇼크튀파(Chalktufa)가 대표.
Ullage(얼리쥐) : = Head space.
Uva(우바) : [이탈리아] 포도.
Variety(버라이어티) : 품종.
Vat(벳) : 와인이나 일반주류의 발효 및 저장용 단위탱크.
Vecchio(베키오) : [이탈리아] 오래 된.
Velho(벨료) : [포르투갈] 오래 된. 레드와인은 3년, 화이트와인은 2년 이상 숙성시킨 오래된 것.

Vendange(방당주) : [프랑스] 포도수확. 수확년도의 뜻은 아님.
Vendemmia(벤뎀미아) : [이탈리아] 수확, 수확년도.
Vendimia(벤디미아) : [스페인] 수확, 수확년도.
Véraison(베레종) : [프랑스] 포도가 익어서 알맹이의 색깔이 변하는 것.
Verre(베르) : [프랑스] 글라스.
Viejo(비에호) : [스페인] 오래된.
Vieux(비유) : [프랑스] 오래 된. 여성형은 Vieille(비에이유).
Vigna(비냐) : [이탈리아] 포도밭. = Vigneto.
Vignaiolo(비냐올로) : [이탈리아] 포도재배자. = Viticoltore
Vigne(비뉴) : [프랑스] 포도나무.
Vigneron(비뉴롱) : [프랑스] 포도를 재배하는 사람.
Vignoble(비뇨블) : [프랑스] 포도밭.
Villa(빌라) : [이탈리아] 장원. 영지.
Vin(뱅) : [프랑스] 와인.
Vin Blanc(뱅 블랑) : [프랑스] 화이트와인.
Vin de garde(뱅 드 가르드) : [프랑스] 오래될수록 좋아지는 와인.
Vin de goutte(뱅 드 구트) : [프랑스] 자연적으로 유출된 머스트(must)로 만든 와인.
Vin de press(뱅 드 프레스) : [프랑스] 압착하여 나온 머스트(must)로 만든 와인.
Vin gris(뱅 그리) : [프랑스] 적포도를 살짝 압착시켜서 나온 주스로 만든 약한 핑크빛 와인.
Vin liquoreux(뱅 리코뢰) : [프랑스] 보통

보트리티스 곰팡이 영향을 받은 포도로 만든 달콤하고 시럽과 같은 화이트와인.
Viña(비냐) : [스페인] 포도밭.
Viné(비네) : [프랑스] 와인이나 머스트에 알코올을 붓는 즉 강화의 뜻.
Vine(바인) : 포도나무.
Vineyard(빈야드) : 포도밭.
Vinha(비냐) : [포르투갈] 포도밭.
Vinho(비뉴) : [포르투갈] 와인.
Vinho de Consumo(비뉴 드 콩수모) : [포르투갈] 테이블 와인.
Vinho Espumante(비뉴 에스푸만트) : [포르투갈] 샴페인 방식의 스파클링와인.
Vinho Espumoso(비뉴 에스푸모소) : [포르투갈] 인위적으로 만든 스파클링와인.
Viniculture(비니컬쳐, 비니킬티르) : 포도재배. = Viticulture.
Vinification(비니피케이션, 비니피카시옹) : 와인양조.
Vino(비노) : [이탈리아, 스페인] 와인.
Vino Bianco(비노 비안코) : [이탈리아] 화이트와인.
Vino Corriente(비노 코리엔테) : [스페인] 테이블 와인.
Vino da Arrosto(비노 다 아로스토) : [이탈리아] 가열한 와인이란 뜻이지만, 색깔이 진한 풀 바디 와인을 말함.
Vino da Pasto(비노 다 파스토) : [이탈리아] 평범한 와인.
Vino Liquoroso(비노 리쿼로소) : [이탈리아] 강화 와인.
Vino Novello(비노 노벨로 = Vino Giovane) : [이탈리아] 햇 와인으로 보졸레 누보와 같은 개념의 와인. 11월 6일부터 판매. 산조베제, 네비올로, 바르베라, 돌체토로 만듦.
Vino Rosato(비노 로사토) : [이탈리아] 로제.
Vino Rosso(비노 로소) : [이탈리아] 레드와인.
Vin(o) Santo(비노 산토) : [이탈리아] 영어로 'Holy wine'이란 뜻으로 미사에 쓰던 것. 이 와인은 말바시아, 트레비아노를 사용해서 만드는데, 포도를 나무에 오래 매달아 놓거나 건조시켜서 건포도와 같이 쭈글쭈글해진 다음에 압착하여 통에 가득 채우지 않고 밀봉시켜서 발효, 숙성시킨 것. 보통 통에 넣어서 2년에서 6년 이상 두는데 만드는 사람에 따라서 다양한 타입이 나옴.
Vintage(빈티지) : 포도수확, 수확년도.
Vite(비테) : [이탈리아] 포도나무.
Viticulteur(비티킬퇴르) : [프랑스] 포도재배자.
Viticulture(비티컬쳐) : 포도재배 = Viniculture.
Vitigno(비티뇨) : [이탈리아] 포도품종.
Volatile acidity(볼러타일 에시디티) : 휘발산도. 주로 초산 맛이 나타나는 정도를 말함.
Volcanic ash soil(볼캐닉 애쉬 소일) : 화산회토(火山灰土). 화산 폭발물이 퇴적한 것이며 분상(粉狀)이고 규산질이 많음.
Volcanic rock(볼캐닉 록) : 화산암. 지표면에서 마그마가 냉각된 암석으로 공포(空胞)가 많음. = Eruptive rock.
Volcanic soil(볼캐닉 소일) : 화산토. 용암

으로 이루어진 암석과 토양의 90%는 현무암. 바람에 운반된 화산토는 용융된 방울 형태로 나와 공기 중에서 냉각되어 땅으로 떨어져 입자가 되거나(Pumice), 폭발력에 의해 고체상이나 분쇄상으로 날리면서 됨.

**Volcanogenous deposit**(볼캐이노제노스 디파짓) : 화산성토(火山成土). 화산의 폭발물이 퇴적된 것. 분상(粉狀)이고 규산질이 많음. 우리나라 제주도 토양에 많음.

**Wash**(워시) : 효모가 첨가되어 발효가 시작되거나 끝난 상태의 발효액(맥주, 위스키에서 사용되는 용어).

**Water erosion**(워터 이로우전) : 수식(水蝕).

**Weathering**(웨더링) : 풍화작용.

**Wein**(바인) : [독일] 와인.

**Weinberg**(바인베르크) : [독일] 포도밭.

**Weingut**(바인구트) : [독일] 포도밭 혹은 제조회사.

**Weinkellerei**(바인켈러라이) : [독일] 와인 만드는 곳.

**Weisswein**(바이스바인) : [독일] 화이트와인.

**Winzer**(빈처) : [독일] 포도재배자.

**Wild yeast**(와일드 이스트) : 야생효모, 포도껍질에 묻어있거나 흙, 공기 중에 분포되어 있음.

**Wind erosion**(윈드 이로우전) : 풍식(風蝕). 바람의 힘으로 암석이 깎이는 현상.

**Wine maker**(와인 메이커) : 와인을 제조하는 사람.

**Winery**(와이너리) : 와인을 제조하는 곳.

**Wort**(워트) : 맥아즙. 당화가 완료된 곡물 원료.

## 2. 프랑스 와인 용어

### 포도재배 용어

* Accolage(아콜라주) = Palissage
* Bourgeonnement(부르존망, Bud burst) : 발아
* Bouture(부티르, Cutting) : 삽목(꺾꽂이)
* Buttage(뷔타주, Earthing up) : 서리 방지를 위해 포도나무 아래쪽을 흙으로 북돋아 주는 일
* Debuttage(드뷔타주) : 뷔타주 했던 흙을 걷어 내는 작업
* Ébrancher(에브랑셰) 가지 제거
* Ébourgeonnage(에부르조나주, Disbudding) : 적아, 필요 없는 눈을 따주는 작업
* Égrappage(에그라파주, Destemming) : 제경
* Greffage(그레파주, Grafting) : 접목
* Greffon(그레퐁, Scion) : 접순, 접붙이는 순
* Marcottage(마르코타주, Layering plantation) : 휘묻이
* Nouaison(누에송, Berry setting) : 착립, 꽃이 피고 난 뒤에 열매가 맺는 현상
* Palissage(팔리사주, Tying-up) : 유인, 봄부터 생육이 왕성한 가지를 방치하게 되면 서로 엉키어 관리가 곤란해지고, 새 가지가 늘어져 열매어미가지에서 떨어지기 쉬우므로 철선에 묶어주는 작업
* Porte-Greffe(포르터 그레프, Rootstock) : 대목, 접붙이기 아래쪽 포도나무로서 주로 미국 종 포도를 사용함.
* Raisin(레쟁, Grape) : 포도
* Rognage(로냐주, Topping & Trimming) : 적심, 순지르기. 개화 전에 세력이 왕성한 새 가지의 순을 질러 생장을 억제시켜 양분을 꽃송이로 이행시켜 착립률을 높이는 방법
* Taille(타이, Pruning) : 전정. 겨울철에 작년에 나왔던 가지를 몇 개 남기고 제거하는 작업

* Treille(트레이, Trellised vine) : 포도덩굴 시렁. 시렁에 덩굴을 올린 포도나무
* Vendange(방당주) : 수확
* Vendange en vert(방당주 엉 베르, Green harvest) : 적방. 필요 없는 포도송이를 익기 전에 제거하는 작업

## 와인 양조 용어

* Assemblage(아상블라주, Blending) : 발효가 끝난 와인을 오크통에 넣기 전에 섞는 것. 샴페인의 경우는 여러 가지 와인을 섞어서 2차 발효 준비를 하는 작업
* Bâtonnage(바토나주) : 고급 화이트와인 양조에 사용되는 방법으로 통에 있는 와인과 가라앉은 이스트 찌꺼기를 혼합하는 작업
* Collage(콜라주, Fining) : 청징
* Débourbage(데부르바주) : 주로 화이트와인 양조에 쓰이는 용어로서 머스트를 가라앉혀 찌꺼기를 제거하는 일
* Élevage(엘르바주, Ageing) : 숙성
* Fermentation bloquée(페르망타시옹 블로케, Stuck fermentation) : 발효 정지
* Foulage(풀라주, Crushing) : 파쇄
* Levurage(러뷔라주, Yeast addition) : 알코올 발효를 일으키기 위하여 순수 배양한 이스트나 드라이 이스트를 미리 소량의 머스트에 혼합하여 활성 상태로 만든 다음에 머스트에 투입하는 것
* Moût(뮈, Must) : 머스트
* Ouillage(우이야주, Topping) : 오크통 숙성 중 증발한 양을 보충하는 일
* Pigeage (피자주) : 펀칭
* Pressurage(프레쉬라주, Pressing) : 압착
* Remontage(르몽타주, Pumping over) : 레드와인 발효 시 탱크 하부에서 발효 중인 과즙을 펌프로 탱크 상부에 있는 껍질 층을 골고루 적셔주는 작업
* Saignée(세니에) : 적포도로 레드와인 방식으로 발효를 시키다가 2-3일 만에 색깔을 살짝 우려내어 로제를 만드는 방법
* Soutirage(수티라주, Racking) : 따라내기
* Sulfitage(쉴피타주, Sulphiting) : 아황산 처리

## 와인 서비스 용어

* Bouteille(부테이유) : 와인 병
* Bouchon(부숑) : 코르크마개
* Panier(파니에) : 와인 바스켓
* Décanteur(데캉퇴르) : 디켄터
* Dégustation(데귀스타시옹) : 테이스팅
* Carte de Vin(카르트 드 뱅) : 와인 리스트
* Etiquette(에티케트) : 상표
* Millésime(밀레짐) : 빈티지
* Liteau(리토) : 서비스용 하얀 천
* Verre(베르) : 글라스
* Tire-bouchon(티르 부숑) : 코르크스크루
* Chandelle(샹델) : 디켄팅용 초
* Tastevin(타스트뱅) : 테이스팅용 은제 그릇
* Tablier(타블리에) : 소믈리에가 사용하는 앞치마
* Capsule(캅슐) : 캡슐
* Cave(캬브) : 와인전용 냉장고
* Sèdimant(세디망) : 와인 침전물

## 나라별 와인용어 정리

| 영어 | 프랑스 | 독일 | 이탈리아 | 스페인 | 포르투갈 |
|---|---|---|---|---|---|
| Wine | Vin(뱅) | Wein(바인) | Vino(비노) | Vino(비노) | Vinho(비뉴) |
| Red | Rouge(루주) | Rot(로트) | Rosso(로소) | Tinto(틴토) | Tinto(틴토) |
| White | Blanc(블랑) | Weiss(바이스) | Bianco(비안코) | Blanco(블랑코) | Branco(브랑쿠) |
| Pink | Rosé(로제) | Rosa(로사) | Rosato(로사토) | Rosado(로사도) | Rosado(호사두) |
| Dry | Sec(섹) | Trocken(트로켄) | Secco(세코) | Seco(세코) | Seco(세쿠) |
| Sweet | Doux(두) | Süss(쥐스) | Dolce(돌체) | Dulce(둘세) | Doce(도세) |

## 3. 변경사항

| EU 분류 | 프랑스 | 독일 | 이탈리아 | 스페인 |
|---|---|---|---|---|
| Vin de Table | Vin de Table → Vin de France | Tafelwein → Deutscher Wein | Vino da Tavola → Vino | Vino de Mesa |
| | Vin de Pays → IGP | Landwein | IGT → IGP | Vino de la Tierra Viñedos de España |
| VQPRD | AOC → AOP | QbA | DOC, DOCG → DOP | VCIG |
| | | | | DO |
| | | Prädikatswein | | DOCa |
| | | | | VP |

✽ VQPRD: Vins de Qualité Produits dans une Région Déterminée(지정재배지역의 고급와인)

### 프랑스

새로운 AOP 제도는 2006년부터 검토하여 2012년부터 전면 시행하며, 현재 4단계로 되어있는 품질체계를 3단계로 축소
* Vin de Table → Vin de France
* Vin de Pays → IGP(Indication Géographique Protégée ), Vin de Pays 병용
* VDQS → AOP나 IGP로 합류
* AOC → AOP(Appellation d'Origine Protégée), AOC 병용
* INAO(Institut National des Appellations d'Origine, 국립원산지명칭 위원회) : 2007년부터 명칭이 Institut National des Appellations d'Origine et de la Qualité(국립원산지명칭 및 품질위원회)로 변경되었고, 약칭은 INAO를 그대로 사용. 신생 INAO는 지리적 표시제 보호, 전통적 특산물 보증, 유기농산물 등에 대한 공적인 품질보증 마크를 가지고 농산물을 관리.

## 독일

* 타펠바인(Tafelwein) → 도이처 바인(Deutscher Wein)
* 크발리테츠바인 미트 프레디카트(QmP, Qualitätswein mit Prädikat)는 2007년부터 프래디카츠바인(Prädikatswein)으로 변경
* 모젤자르루버(Mosel-Saar-Ruwer)는 모젤(Mosel)로 변경

## 이탈리아

* DOC, DOCG → DOP(Denominazione d'Origine Protetta)
* IGT(Indicazione Geografica Tipica) → IGP
* 비노 다 타볼라(Vino da Tavola) → Vino

## 스페인

* Vino de Mesa(비노 데 메사, VdM) : 지리적 명칭이 없는 여러 지역의 블렌딩 와인으로 지역, 포도품종, 빈티지를 표시하지 않는다. 품질 규정을 벗어난 우수한 와인도 여기에 포함된다. 참고로, Viñedos de Espana(비녜도스 데 에스파냐)는 2006년 값싼 수입 와인과 구별하기 위해서 새로 만든 테이블 와인으로, 스페인에서 생산되는 포도로만 만든 블렌딩 와인이다.
* Vino de la Tierra(비노 델라 티에라, VdlT) : 프랑스 뱅 드 페이(Vins de Pays)와 유사한 것으로 '안달루시아', '카탈루냐' 등 지방자치지역과 같이 넓은 범위의 지명이 붙고, 와인의 특성을 표시할 수 있다.
* Vino de Calidad con Indicacion Geografica(비노 데 칼리다드 콘 인디카시온 헤오그라피카, VCIG, 지역명칭 고급와인) : 2003년 신설된 것으로 VdlT 중 많은 것이 합류될 예정이며, 여기서 5년 이상되면 Do로 승격할 수 있다.
* Denominación de Origen(데노미나시온 데 오리헨, DO, 원산지 명칭 와인) : 고급 와인 생산지역으로 60여개의 명칭이 지정되어 있다. 이 와인은 지정된 지역에서 허가된 품종을 사용하여 엄격한 기준으로 제조되며, 상표에는 원산지 명칭과 'Denominación de Origen'이란 문구가 표시된다. 예외로서, 카바(Cava)는 8개 지역에서 생산된다. 2005년 스페인 포도밭의 약 2/3가 이 범주에 포함되었다.

* Denominación de Origen Calificada(데노미나시온 데 오리헨, DOCa/DOQ, 특정 원산지 명칭 와인) : DO 와인으로서 필요한 규정에 적합한 것으로, DO 와인으로 적어도 10년 동안 인정된 것이라야 한다. 1991년 '라 리오하(La Rioja)', 2003년 '프리오라토(Priorato)'까지 두 곳만 DOCa로 지정되어 있다.
* Denominación de Pagos(데노미나시온 데 파고, DO de Pago, 단일 포도밭 와인) : 이 와인은 특별한 미기후(Microclimate)와 뛰어난 와인을 생산한 실적이 있거나, DOC 구역 안에 위치한 단일 포도밭에 지정된다. 2012년 현재 지정된 13개 파고는 다음과 같다.
* Dominio de Valdepusa (Marquis de Griñón) : Castilla-La Mancha, 2003년 지정
* Finca Élez (Manuel Manzaneque) : Castilla-La Mancha, 2003년 지정
* Guijoso: Castilla-La Mancha, 2004년 지정
* Dehesa del Carrizal: Castilia-La Mancha, 2006년 지정
* Arínzano: Navarra, 2007년 지정
* Prado de Irache: Navarra, 2008년 지정
* Otazu: Navarra 2008년 지정
* Campo de la Guardia: Castilla-La Mancha, 2009년 지정
* Pago Florentino: Castilla-La Mancha, 2009년 지정
* Casa del Blanco: Castilla-La Mancha, 2010년 지정
* Pago Aylés: Cariñena 2010년 지정
* Pago de Los Balagueses: Utiel-Requina 2011년 지정
* Chozas Carrascal: Utiel-Requina 2012년 지정

### 포르투갈

* DOC(Denominaçao de Origem Controlada, 드노미나사웅 드 오리젱 콘트롤라다)/DOP(Denominação de Origem Protegida, 드노미나사웅 드 오리젱 프로테지다) : 원산지 명칭 통제(보호)와인으로 프랑스 AOC(AOP)와 동일한 개념이다. 2013년 현재 26개 지역이 지정되어 있다.
* IPR(Indicação de Proveniência Regulamentada, 인디카사웅 드 프로브니앵시아 헤굴라멘타) : DOP 와인이 되기 위한 준비단계의 것으로 2013년 현재 4개 지역이 지정되어 있다.
* IGP(Indicação Geográfica Protegida, 인디카사웅 제오그라피카 프로테지다)/비뉴스 헤지오날(Vinhos Regional) : 프랑스의 뱅 드 페이(Vins de Pays)에 해당되는 등급으로 명시

된 지역의 포도를 85 % 이상 사용해야 한다. 2013년 현재 11개 지방이 지정되어 있다.
* 비뉴(Vinhos) : 일반 테이블 와인으로 프랑스 뱅 드 타블(Vin de Table)에 해당된다.

## 크뤼 부르주아(Cru Bourgeois) 등급

2003년 부르주아 샤토를 선정할 때, 심사위원 중에 '크뤼 부르주아'로 승격된 샤토의 소유자가 여러 명 포함되어 있어서, 하향 조정된 샤토들이 심사위원 자체의 공정성에 의문을 제기하여 2007년 2월 27일 보르도행정재판소에서 2003년에 결정된 '크뤼 부르주아'와 그것을 승인한 법령을 무효화하는 판정을 내렸다. 그리고 2007년 6월 29일 공정거래위원회는 지롱드와인생산자연맹에 대해서 새로운 등급이 제정될 때까지 병에 '크뤼 부르주아'라는 문구를 기재하지 못하도록 했다. 이에 크뤼 부르주아 연합은 2011년 9월 20일 새로운 등급체계를 발표하였다. 총 246개 샤토가 세부 등급 없이 리스트에 올라가고 2008 빈티지부터 적용하기로 하였다. 그러나 샤스 스플린(Château Chasse Spleen), 레 조름 드 페즈(Château Les Ormes de Pez), 드 페즈(Château de Pez), 포탕사크(Château Potensac), 푸조(Château Poujeaux), 시랑(Château Siran) 등 6개의 샤토는 기존 크뤼 부르주아 엑셉시오넬(9개)에서 독립하여 '레 엑셉시오넬(Les Exceptionnels)'이란 그룹을 만들었다.

## 생테밀리용(Saint-Emilon) 와인의 등급

2006년 9월에 수정한 생테밀리용 샤토의 등급에서 13개의 샤토가 그랑 크뤼 클라세(Grands Crus Classè, 46개)에서 제외되었는데, 이에 불만을 가지고 4개의 샤토가 소송을 제기하여, 1996년 등급의 효력을 2011년까지 연장하는 한편, 2006년 등급에 오른 샤토의 등급도 유효한 것으로 타협이 되었다. 결국 2012년 9월 다음과 같이 변경되었다.

* 프르미에르 그랑 크뤼 클라세(Premièrs Grands Crus Classès, 15개 → 18개)
* 그랑 크뤼 클라세(Grands Crus Classè, 46개 → 64개)
* 그랑 크뤼(Grands Crus)

### *Premiers Grands Crus Classés(18개)*

A급
* Ch. Angélus(앙젤루스) 2012년 승급
* Ch. Ausone(오존)
* Ch. Cheval Blanc(슈발 블랑)
* Ch. Pavie(파비) 2012년 승급

B급
* Ch. Beauséjour(보세주르)/Beauséjour-Duffau-Lagarrosse(보세주르 뒤포 라갸로스)
* Ch. Beau-Séjour-Bécot(보세주르 베코)
* Ch. Bélair-Monange(벨레르 모낭주) → Ch. Magdelaine(마그들랜) & Ch. Belair(벨레르)
* Ch. Canon(카농)
* Ch. Canon la Gaffelière(카농 라 가플리에르) - 2012년 승급
* Ch. Figeac(피자크)
* Clos Fourtet(클로 푸르테)
* Ch. la Gaffelière(라 가플리에르)
* Ch. Larcis Ducasse(라르시스 뒤카스) - 2012년 승급
* La Mondotte(라 몽도트) - 2012년 승급
* Ch. Pavie Macquin(파비 마캥)
* Ch. Troplong Mondot(트롤롱 몽도)
* Ch. Trottevieille(트롯트비에이)
* Ch. Valandraud(발랑드로) - 2012년 승급


## 포르투갈 와인 산지

① 비뉴 베르드(Vinho Verde)/미뉴(Minho) 지방

* Vinho Verde(비뉴 베르드) DOC
세부지역: Monção(몸사웅), Lima(리마), Cávado(카바두), Ave(아브), Basto(바스투), Sousa(소우사), Amarante(아마한트), Paiva(파이바), Baião(바이앙) 등 9개

② 트라스우스몬트스(Trás-os-Montes) 지방

* Trás-os-Montes(트라스우스몬트스) DOC
세부지역: Chaves(샤브스), Valpaços(발파슈스), Planalto Mirandês(플라날투 미란데슈)

③ 포르투(Porto) & 도우로(Douro) 지방
* Port(포르투) DOC
* Douro(도우로) DOC

④ 타부라 베호자(Távora-Varosa) 지방
* Távora-Varosa(타부라 베호자) DOC

⑤ 바이하다(Bairrada) 지방
* Bairrada(바이하다) DOC

⑥ 다웅(Dão) & 래포잉스(Lafões) 지방
* Dão(다웅) DOC
* Lafões(래포잉스) IPR

⑦ 베이라 인트리오르(Beira Interior) 지방
* Beira Interior(베이라 인트리오르) DOC
세부지역: 카스텔로 호드리고(Castelo Rodrigo), 코바 다 베이하(Cova da Beira), 핀엘(Pinhel).

⑧ 리스보아(Lisboa) 지방
* Alenquer(알렝케) DOC
* Arruda(아루다) DOC
* Bucelas(부셀라스) DOC
* Carcavelos(카르카벨로스) DOC
* Colares(콜라르스) DOC
* Encostas d'Aire(잉코스타스 다이레) DOC
* Lourinhã(로리냥) DOC
* Óbidos(오비두스) DOC
* Torres Vedras(토레스 베드라스) DOC

⑨ 테주(Tejo) 지방
* Tejo(테주) DOC
세부지역: Tomar(토마르), Santarém(산타랭), Chamusca(샤무스카), Cartaxo(카르타소), Almeirim(알마이랭), Coruche(코우세).

⑩ 페닌술라 드 세투발(Península de Setúbal) 지방
* Setúbal(세투발) DOC
* Palmela(팔멜라) DOC

⑪ 알렌테주(Alentejo) 지방
* Alentejo(알렌테주) DOC
세부지역: Portalegre(포르탈르그에) Borba(보르바), Évora(에보하), Redondo(헤돈두), Reguengos(헤구엔구스) Granja-Amareleja(그한자아마헬레자), Vidigueira(비디게이하), Moura(모우하).

⑫ 알가르베(Algarve) 지방
* Lagos(라고스) DOC
* Portimão(폴티마웅) DOC
* Lagoa(라고아) DOC
* Tavira(타비라) DOC

⑬ 마데이라(Madeira) 섬
* Madeira(마데이라) DOC

⑭ 아소헤즈(Azores) 섬
* Biscoitos(비스코이토스) IPR
* Pico(피코) IPR
* Graciosa(그라시오자) IPR

## 남아프리카 공화국 와인산지

① 브리드 리버 밸리 지방(Breede River Valley Region)
* 브리드클루프 지역(Breedekloof District)
  소속 지구(Ward) : 호디니(Goudini), 슬랭호크(Slanghoek)
* 로버트손 지역(Robertson District)
  소속 지구(Ward) : 아그터클리푸그테(Agterkliphoogte), 부스만스리피에르(Boesman-

srivier), 보니베일(Bonnievale), 에일란디아(Eilandia), 훕스리피에르(Hoopsrivier), 클라스푸그스(Klaasvoogds), 레 샤슈어(Le Chasseur), 맥그레고(McGregor), 빈크리피에르(Vinkrivier)
* 부스타 지역(Worcester District)
  소속 지구(Ward) : 헥스리버 밸리(Hex River Valley), 누이(Nuy), 슈케르페뉴벨(Scherpenheuvel)

②케이프 사우스 코스트 지방(Cape South Coast Region)
* 캐이프 아굴라스 지역(Cape Agulhas District)
  소속 지구(Ward) : 엘림(Elim)
* 엘진 지역(Elgin District)
* 오버베르그 지역(Overberg District)
  소속 지구(Ward) : 엘렌드스클루프(Elandskloof), 그레이톤(Greyton), 클레인 리버(Klein River), 스리워터(Threewater)
* 플레텐베르그 베이 지역(Plettenberg Bay District)
* 스벨렌담 지역(Swellendam District)
  소속 지구(Ward) : 버펠약스(Buffeljags), 말가스(Malgas), 스토름스블레이(Stormsvlei)
* 워커 베이 지역(Walker Bay District)
* 기타 지구(Ward) : 허벌츠데일(Herbertsdale), 내피어(Napier), 스틸바이 이스트(Stilbaai East)

③ 코스탈 지방(Coastal Region)
* 케이프 포인트 지역(Cape Point District)
* 달링 지역(Darling District)
  소속 지구(Ward) : 그뢰네클루프(Groenekloof)
* 프란스호크 지역(Franschhoek District)
* 팔 지역(Paarl District)
  소속 지구(Ward) : 시몬스베르그 팔(Simonsberg-Paarl), 푸어 파르더베르그(Voor Paardeberg)
* 스텔렌보쉬 지역(Stellenbosch District)
  소속 지구(Ward) : 시몬스베르그 스텔렌보쉬(Simonsberg-Stellenbosch), 존커스호크 밸리(Jonkershoek Valley), 파퍼하이베르그(Papegaaiberg), 보틀래리(Bottelary), 더본 밸리(Devon Valley), 방후크(Banghoek) 폴카드라이 힐스(Polkdraai Hills).
* 스와르트랜드 지역(Swartland District)

소속 지구(Ward) : 맘스버리(Malmesbury), 리비에크베어그(Riebeekberg)
* 툴바그 지역(Tulbagh District)
* 티제르베어그 지역(Tygerberg District)
　　소속 지구(Ward) : 더반빌(Durbanville), 필라델피아(Philadelphia)
* 웰링턴 지역(Wellington District)
* 기타 지구(Ward)
　　콘스탄시아 지구(Constantia Ward)

④ 클레인 카루 지방(Klein Karoo Region)
* 칼리츠드롭 지역(Calitzdorp District)
* 랜저베어그 가르시아 지역(Langeberg-Garcia District) : 최근에 지정
* 기타 지구(Ward) : 몬타퀴(Montagu), 오테니콰(Outeniqua), 트라도우(Tradouw), 트라도우 하일랜드(Tradouw Highlands), 아퍼 랑클루프(Upper Langkloof)

⑤ 올리펀츠 리버 지방(Olifants River Region)
* 시트러스달 마운틴 지역(Citrusdal Mountain District)
　　소속 지구(Ward) : 피케니어스클루프(Piekenierskloof)
* 시트러스달 밸리 지역(Citrusdal Valley District)
* 루츠빌 밸리 지역(Lutzville Valley District)
　　소속 지구(Ward) : 쿠컨아프(Koekenaap)
* 기타 지구(Ward)
　　스프뤼트드리프트(Spruitdrift), 프레덴달(Vredendal), 밤부스 베이(Bamboes Bay.

# 4. 브랜디

### 코냑(Cognac)의 원산지명칭(AO)

* 그랑드 샹파뉴(Grande Champagne) AOC : 묵직하고 강렬한 맛.
* 프티트 샹파뉴(Petite Champagne) AOC : 가볍고 은은한 맛
  ※ 핀 샹파뉴(Fine Champagne) : 그랑드 샹파뉴와 프티트 샹파뉴의 블렌딩(그랑드 샹파뉴의 것을 50 % 이상 사용), 일명 '그랑드 핀 샹파뉴(Grande Fine Champagne)'
* 보르더리(Borderies) AOC
* 팡 부아(Fins Bois) AOC
* 봉 부아(Bons Bois) AOC
* 부아 오르디네르(Bois Ordinaires) AOC

### 아르마냑(Armagnac)의 원산지명칭(AO)

* 바 아르마냑(Bas-Armagnac) AOC : 가장 고급품 생산
* 테나레즈(Armagnac-Ténarèze) AOC
* 오 아르마냑(Haut-Armagnac) AOC
* 블랑슈 다르마냑(Blanche d'Armagnac) AO C : 숙성시키지 않은 화이트 브랜디

### 칼바도스(Calvados)의 원산지명칭(AO)

* 칼바도스 페이 도주(Calvados Pays d'Auge) AOC : 코냑과 동일한 방법으로 단식으로 두 번 증류
* 칼바도스 동프롱테(Calvados Domfrontais) AOC : 사과주에 30 % 이상의 배 와인을 혼합하여 증류
* 칼바도스(Calvados) AOC

# 5. 2012년 우리나라주류 생산 현황

### 2012년 주류 출고 수량

단위 : ㎘, %

| 구분 | | 2012년 | | | 2011년 |
|---|---|---|---|---|---|
| | | 출고량 | 전년대비 | 점유비 | |
| 증류주 | 희석식소주 | 1,308,622 | 104.8 | 40.3 | 1,248,363 |
| | 증류식소주 | 163 | 116.4 | 0.0 | 140 |
| | 일반증류주 | 4,108 | 121.4 | 0.1 | 3,384 |
| | 리큐르 | 628 | 91.5 | 0.0 | 686 |
| | 위스키 | 2,390 | 71.2 | 0.1 | 3,355 |
| | 브랜디 | 102 | 136.0 | 0.0 | 75 |
| 발효주 | 맥주 | 1,887,486 | 102.1 | 58.2 | 1,849,023 |
| | 청주 | 22,489 | 96.2 | 0.7 | 23,367 |
| | 과실주 | 12,540 | 83.1 | 0.4 | 15,099 |
| | 기타주류 | 5,166 | 116.2 | 0.2 | 4,446 |
| 합 계 | | 3,243,694 | 103.0 | 100.0 | 3,147,938 |

※ 자료 : 한국주류산업협회(비회원사 제외, 면세포함)

### 2012년 주류 매출액

단위 : 백만원, %

| 구분 | | 2012년 | | | 2011년 |
|---|---|---|---|---|---|
| | | 매출액 | 전년대비 | 점유비 | |
| 증류주 | 희석식소주 | 3,133,320 | 104.8 | 41.4 | 2,989,724 |
| | 증류식소주 | 1,963 | 84.1 | 0.0 | 2,334 |
| | 일반증류주 | 11,133 | 126.3 | 0.1 | 8,813 |
| | 리큐르 | 2,643 | 94.8 | 0.0 | 2,788 |
| | 위스키 | 100,667 | 73.8 | 1.3 | 136,439 |
| | 브랜디 | 3,997 | 136.7 | 0.1 | 2,924 |
| 발효주 | 맥주 | 4,113,708 | 105.1 | 54.3 | 3,914,557 |
| | 청주 | 103,461 | 96.5 | 1.4 | 107,165 |
| | 과실주 | 87,364 | 78.1 | 1.2 | 111,810 |
| | 기타주류 | 16,247 | 122.3 | 0.2 | 13,284 |
| 합 계 | | 7,574,503 | 103.9 | 100.0 | 7,289,838 |

## 6. 2012년 우리나라 주류 수입 현황

단위: 톤, 천불

| 구분 | 2012년 ||||||  2011년 ||
|---|---|---|---|---|---|---|---|---|
|  | 중량 | 점유율 | 전년대비 | 수입액 | 점유율 | 전년대비 | 중량 | 수입액 |
| 수입주류계 | 145,012 | 100.0 | 115.6 | 491,590 | 100.0 | 104.5 | 125,409 | 470,204 |
| 맥주 | 74,750 | 51.5 | 126.7 | 73,591 | 15.0 | 125.9 | 58,993 | 58,445 |
| 포도주 (원액포함) | 28,084 | 19.4 | 108.0 | 147,260 | 30.0 | 111.5 | 26,004 | 132,079 |
| 포도주 (유사포도주) | 287 | 0.2 | 205.0 | 628 | 0.1 | 185.8 | 140 | 338 |
| 과실발효주 (사과술 등) | 506 | 0.3 | 104.1 | 1,198 | 0.2 | 164.1 | 486 | 730 |
| 청주 | 3,781 | 2.6 | 106.4 | 16,657 | 3.4 | 109.1 | 3,555 | 15,261 |
| 기타발효주 (와인쿨러 등) | 1,558 | 1.1 | 129.6 | 3,540 | 0.7 | 133.5 | 1,202 | 2,651 |
| 위스키 | 19,543 | 13.5 | 91.2 | 205,934 | 41.9 | 91.4 | 21,433 | 225,430 |
| 꼬냑 | 146 | 0.1 | 43.7 | 3,832 | 0.8 | 51.9 | 334 | 7,383 |
| 기타포도주 | 350 | 0.2 | 84.1 | 1,480 | 0.3 | 72.5 | 416 | 2,042 |
| 럼 | 815 | 0.6 | 134.0 | 1,741 | 0.4 | 121.6 | 608 | 1,432 |
| 진 | 330 | 0.2 | 97.9 | 1,333 | 0.3 | 126.7 | 337 | 1,052 |
| 보드카 | 1,823 | 1.3 | 152.3 | 6,559 | 1.3 | 156.0 | 1,197 | 4,205 |
| 기타리큐르 (오가피 등) | 6,584 | 4.5 | 153.0 | 18,911 | 3.8 | 168.7 | 4,303 | 11,213 |
| 브랜디 | 83 | 0.1 | 109.2 | 552 | 0.1 | 111.7 | 76 | 494 |
| 소주 | 115 | 0.1 | 109.5 | 621 | 0.1 | 121.5 | 105 | 511 |
| 고량주 | 4,783 | 3.3 | 96.5 | 3,309 | 0.7 | 109.3 | 4,956 | 3,027 |
| 데킬라 | 688 | 0.5 | 117.4 | 3,099 | 0.6 | 121.4 | 586 | 2,553 |
| 기타증류주 | 785 | 0.5 | 115.8 | 1,334 | 0.3 | 98.4 | 678 | 1,356 |
| 기타곡물 발효주 | 1 | 0.0 | - | 11 | 0.0 | - | - | 2 |

※ 자료: 관세청

## 7. 세계 와인생산량

**WORLD WINE PRODUCTION BY COUNTRY**
**2007 - 2010 AND % CHANGE 2010/2007**
**(LITERS 000)**

| COUNTRY | 2007 | 2008 | 2009 | 2010 | % OF TOTAL LITERS 2010 | % CHANGE 2010/2007 |
|---|---|---|---|---|---|---|
| WORLD TOTAL | 27,226,321 | 25,920,669 | 26,389,840 | 26,384,872 | 100.00% | (3.09%) |
| FRANCE | 5,212,700 | 4,567,200 | 4,265,400 | 4,626,900 | 16.17% | (11.24%) |
| ITALY | 4,963,100 | 4,251,400 | 4,624,500 | 4,580,000 | 17.53% | (7.72%) |
| SPAIN | 3,829,000 | 3,640,800 | 3,591,300 | 3,609,700 | 13.61% | (5.73%) |
| UNITED STATES [2] | 2,510,844 | 2,431,518 | 2,785,423 | 2,653,187 | 10.56% | 5.67% |
| ARGENTINA | 1,504,600 | 1,470,000 | 1,213,000 | 1,625,000 | 4.60% | 8.00% |
| AUSTRALIA | 955,000 | 1,237,000 | 1,171,000 | 1,073,000 | 4.44% | 12.36% |
| GERMANY | 900,000 | 1,036,300 | 1,008,900 | 932,000 | 3.82% | 3.58% |
| SOUTH AFRICA | 851,600 | 763,300 | 999,000 | 922,000 | 3.79% | 8.27% |
| CHILE | 828,000 | 869,000 | 1,009,000 | 884,000 | 3.82% | 6.76% |
| PORTUGAL | 754,200 | 607,300 | 562,000 | 587,200 | 2.13% | (22.14%) |
| RUSSIA | 600,000 | 600,000 | 550,000 | 540,000 | 2.08% | (10.00%) |
| ROMANIA | 501,500 | 528,680 | 536,920 | 495,740 | 2.03% | (1.15%) |
| CHINA [3] | 390,000 | 400,000 | 413,000 | 425,000 | 1.57% | 8.97% |
| MOLDOVA | 374,400 | 397,900 | 400,000 | 410,000 | 1.52% | 9.51% |
| GREECE | 387,430 | 341,380 | 386,910 | 336,560 | 1.47% | (13.13%) |
| HUNGARY | 314,430 | 322,170 | 344,880 | 334,370 | 1.31% | 6.34% |
| BRAZIL | 240,000 | 240,000 | 272,000 | 245,000 | 1.03% | 2.08% |
| AUSTRIA | 221,340 | 257,810 | 294,340 | 231,370 | 1.12% | 4.53% |
| UKRAINE | 210,000 | 210,000 | 220,000 | 200,000 | 0.83% | (4.76%) |
| NEW ZEALAND | 147,600 | 205,200 | 205,000 | 190,000 | 0.78% | 28.73% |
| BULGARIA | 175,700 | 179,600 | 161,700 | 142,500 | 0.61% | (18.84%) |
| CROATIA | 136,537 | 127,800 | 127,800 | 127,800 | 0.48% | (6.40%) |
| SWITZERLAND | 103,900 | 107,500 | 111,000 | 127,000 | 0.42% | 22.23% |
| URUGUAY | 100,000 | 100,000 | 110,000 | 112,000 | 0.42% | 12.00% |
| MEXICO | 100,000 | 100,000 | 95,000 | 98,000 | 0.36% | (2.00%) |
| JAPAN | 90,000 | 90,000 | 88,000 | 85,000 | 0.33% | (5.56%) |
| MACEDONIA | 90,000 | 90,000 | 85,000 | 85,000 | 0.32% | (5.56%) |
| GEORGIA | 90,000 | 90,000 | 85,000 | 80,000 | 0.32% | (11.11%) |
| SLOVENIA | 73,840 | 85,780 | 74,000 | 74,000 | 0.28% | 0.22% |
| ALGERIA | 80,000 | 80,000 | 75,000 | 70,000 | 0.28% | (12.50%) |
| CANADA | 50,000 | 50,000 | 52,000 | 56,000 | 0.20% | 12.00% |
| CZECH REPUBLIC | 43,400 | 43,400 | 54,030 | 54,500 | 0.32% | 25.58% |
| PERU | 60,000 | 60,000 | 55,000 | 52,000 | 0.21% | (13.33%) |
| SLOVAKIA | 32,810 | 35,761 | 43,302 | 34,633 | 0.16% | 5.56% |
| MOROCCO | 35,000 | 35,000 | 32,000 | 30,000 | 0.12% | (14.29%) |
| TUNISIA | 30,000 | 30,000 | 28,000 | 26,000 | 0.11% | (13.33%) |
| UZBEKISTAN | 25,000 | 25,000 | 25,000 | 25,000 | 0.09% | 0.00% |
| KAZAKHSTAN | 20,000 | 20,000 | 20,000 | 20,000 | 0.08% | 0.00% |
| TURKMENISTAN | 20,000 | 20,000 | 18,000 | 18,000 | 0.07% | (10.00%) |
| ALBANIA | 17,000 | 17,000 | 17,000 | 17,000 | 0.06% | 0.00% |
| LEBANON | 15,000 | 15,000 | 15,000 | 15,000 | 0.06% | 0.00% |
| CYPRUS | 18,300 | 16,900 | 14,675 | 14,652 | 0.06% | (19.93%) |
| TURKEY | 14,000 | 14,000 | 14,000 | 14,000 | 0.05% | 0.00% |
| LUXEMBOURG | 13,000 | 14,200 | 13,000 | 13,500 | 0.05% | 3.85% |
| BELARUS | 12,500 | 12,500 | 11,000 | 10,000 | 0.04% | (20.00%) |
| EU OTHER [4] | 10,000 | 10,000 | 10,000 | 9,000 | 0.04% | (10.00%) |
| MADAGASCAR | 9,000 | 9,000 | 9,000 | 9,000 | 0.03% | 0.00% |
| BOLIVIA | 7,000 | 7,000 | 7,000 | 7,000 | 0.03% | 0.00% |
| LITHUANIA | 7,000 | 7,000 | 7,000 | 7,000 | 0.03% | 0.00% |
| LATVIA | 6,200 | 6,680 | 6,050 | 6,050 | 0.02% | (2.42%) |
| ISRAEL | 6,500 | 5,500 | 6,000 | 6,000 | 0.02% | (7.69%) |

## 8. 각국의 1인당 와인 소비량

**PER CAPITA WINE CONSUMPTION BY COUNTRY - RANKED BY PER CAPITA CONSUMPTION**
**2007 - 2010 AND % CHANGE 2010/2007**
**LITERS PER CAPITA**

| COUNTRY | POPULATION 2009 | 2007 | 2008 | 2009 | 2010 | %CHANGE 2010/2007 |
|---|---|---|---|---|---|---|
| Vatican City State | 932,000 | 53.93 | 66.67 | 70.22 | 54.78 | 1.6% |
| Norfolk Island | 1,828 | 59.12 | 57.44 | 48.58 | 54.50 | (7.8%) |
| LUXEMBOURG | 491,775 | 53.28 | 56.94 | 52.87 | 52.46 | (1.5%) |
| FRANCE | 64,420,073 | 47.11 | 46.15 | 45.49 | 45.70 | (3.0%) |
| ITALY | 58,126,212 | 40.75 | 45.02 | 42.32 | 42.15 | 3.4% |
| PORTUGAL | 10,707,924 | 42.25 | 42.68 | 42.17 | 41.81 | (1.0%) |
| SWITZERLAND | 7,604,467 | 38.40 | 38.28 | 37.94 | 38.20 | (0.5%) |
| Turks & Caicos Islands | 22,942 | 30.47 | 36.05 | 32.23 | 37.88 | 24.3% |
| SLOVENIA | 2,005,692 | 39.59 | 39.84 | 36.89 | 36.40 | (8.1%) |
| DENMARK | 5,500,510 | 27.60 | 33.45 | 34.36 | 35.09 | 27.1% |
| Andorra | 83,888 | 44.07 | 43.95 | 38.65 | 33.84 | (23.2%) |
| AUSTRIA | 8,210,281 | 32.64 | 29.35 | 29.23 | 29.23 | (10.4%) |
| GREECE | 10,737,428 | 29.98 | 31.69 | 28.21 | 27.52 | (8.2%) |
| BELGIUM | 10,414,336 | 28.14 | 25.70 | 27.35 | 27.30 | (3.0%) |
| CROATIA | 4,489,409 | 26.80 | 27.73 | 26.73 | 26.28 | (1.9%) |
| SPAIN | 40,525,002 | 33.04 | 30.03 | 27.81 | 26.16 | (20.8%) |
| URUGUAY | 3,494,382 | 24.90 | 25.18 | 25.61 | 25.61 | 2.9% |
| AUSTRALIA | 21,262,641 | 22.73 | 22.65 | 24.46 | 24.93 | 9.6% |
| GERMANY | 82,329,758 | 24.46 | 24.46 | 24.60 | 24.54 | 0.3% |
| ARGENTINA | 40,913,584 | 27.29 | 26.10 | 25.29 | 23.74 | (13.0%) |
| HUNGARY | 9,905,596 | 32.70 | 25.27 | 23.62 | 23.32 | (28.7%) |
| ROMANIA | 22,215,421 | 23.60 | 24.60 | 22.94 | 22.94 | (2.8%) |
| SWEDEN | 9,059,651 | 17.97 | 19.80 | 22.19 | 22.08 | 22.9% |
| NEW ZEALAND | 4,213,418 | 21.79 | 20.74 | 22.00 | 21.86 | 0.3% |
| Cayman Islands | 49,035 | 34.32 | 34.21 | 33.53 | 21.78 | (36.5%) |
| UNITED KINGDOM | 61,113,205 | 20.04 | 20.38 | 20.75 | 21.60 | 7.8% |
| St. Pierre & Miquelon | 7,063 | 21.55 | 25.79 | 25.89 | 21.26 | (1.3%) |
| NETHERLANDS | 16,715,999 | 16.14 | 18.20 | 20.70 | 20.76 | 28.6% |
| MALTA | 405,165 | 21.47 | 19.99 | 20.49 | 20.49 | (4.6%) |
| Equatorial Guinea | 633,441 | 18.14 | 21.62 | 19.24 | 20.10 | 10.8% |
| CZECH REPUBLIC | 10,211,904 | 17.04 | 17.09 | 18.61 | 19.39 | 13.8% |
| CHILE | 16,601,707 | 17.95 | 14.09 | 15.69 | 18.78 | 4.6% |
| Christmas Island | 1,400 | 16.24 | 187.92 | 13.49 | 17.70 | 8.9% |
| Bermuda | 67,837 | 26.52 | 20.66 | 21.07 | 17.61 | (33.6%) |
| Gibraltar | 28,796 | 14.36 | 17.09 | 18.47 | 17.56 | 22.3% |
| IRELAND | 4,203,200 | 18.41 | 14.01 | 16.27 | 16.89 | (8.3%) |
| Cook Islands | 11,870 | 15.72 | 13.31 | 12.87 | 15.78 | 0.4% |
| Seychelles | 87,476 | 7.53 | 9.26 | 11.97 | 15.68 | 108.3% |
| Melila | 73,400 | 13.73 | 13.90 | 15.83 | 14.77 | 7.6% |
| NORWAY | 4,660,539 | 14.36 | 14.64 | 15.27 | 14.74 | 2.7% |
| Sao Tome & Principe | 212,679 | 12.62 | 11.47 | 11.18 | 13.23 | 4.8% |
| CYPRUS | 1,084,748 | 13.37 | 13.83 | 13.37 | 12.91 | (3.4%) |
| Aruba | 103,065 | 10.49 | 13.49 | 12.95 | 12.85 | 22.4% |
| Netherlands Antilles | 227,049 | 9.43 | 10.55 | 12.53 | 12.32 | 30.6% |
| New Caledonia | 227,436 | 22.10 | 24.16 | 20.97 | 11.98 | (45.8%) |
| SLOVAKIA | 5,463,046 | 11.24 | 10.45 | 11.88 | 11.88 | 5.7% |
| FINLAND | 5,250,275 | 10.65 | 10.57 | 11.37 | 11.54 | 8.4% |
| BULGARIA | 7,204,687 | 11.96 | 11.80 | 11.10 | 11.10 | (7.2%) |
| CANADA | 33,487,208 | 10.69 | 10.49 | 10.00 | 10.03 | (6.1%) |
| ESTONIA | 1,299,371 | 7.70 | 9.85 | 10.00 | 10.00 | 30.0% |
| Virgin Islands (U.S.) | 24,491 | 13.27 | 17.11 | 8.69 | 9.63 | (27.4%) |

# 참고문헌

*김준철 : 와인 앤 스피릿(양주상식). 노문사.(2005)
*김준철 : 와인. 백산출판사.(2012)
*이광연 외 : 앞으로의 포도재배. 대한교과서주식회사.(1986)
*이철호, 채수규, 이지근, 고경희, 손혜숙: 식품평가 및 품질관리론. 유림문화사.(1999)
*社團法人 日本ソムリエ協會: ソムリエ.ワインアドバイザ.ワインエキスパート教本本編. 飛鳥出版.(2018)
*世界名酒事典. 講談社.(2012)
*Alexis Bespalof f: Encyclopedia of Wine. Morrow.(1988)
*Emile Peynaud : Knowing and Making Wine. Wiley Interscience Publication.(1984)
*Karen MacNel l: Wine Bible. Workman Publishing New York.(2001)
*Kazuko Masui and Tomoko Yamada: French Cheese. Dorling Kindersley.(1996)
*Kevin Zraly: Complete Wine Course. Sterling Publishing Company, Inc.(2006)
*Leon D. Adams: The Commonsense Book of Wine. McGraw-Hill Book Company.(1986)
*Marian W. Baldt, Ph.D: The University Wine Course. The Wine Appreciation Guide.(1997)

# wine 종합문제집
## 와인능력검정대비

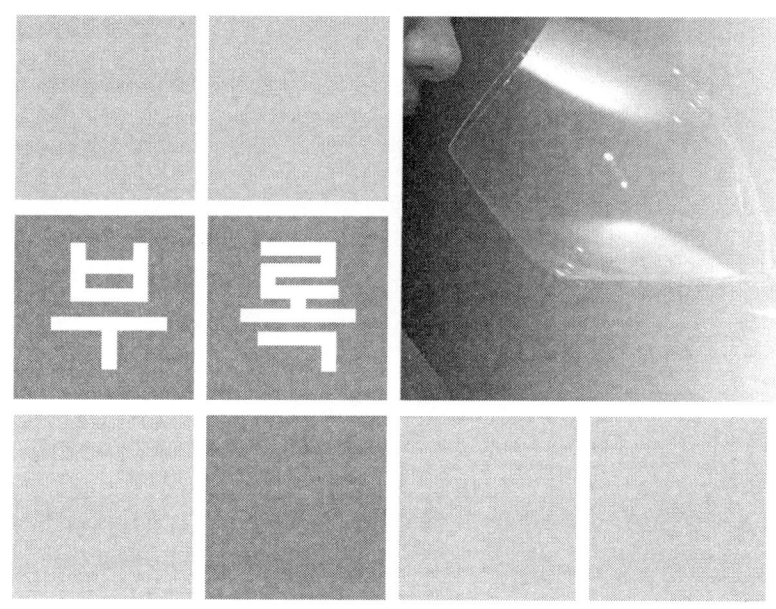

# 부록

# 주세법

[시행 2013.4.5] [법률 제11718호, 2013.4.5, 일부개정]
기획재정부(환경에너지세제과) 044-215-4252

### 제1장 총칙 〈개정 2009.12.31〉

**제1조(과세대상)** 주류에 대하여는 이 법에 따라 주세를 부과한다.

[전문개정 2009.12.31]

**제2조(납세의무자)** 다음 각 호의 어느 하나에 해당하는 자는 이 법에 따라 주세를 납부할 의무가 있다.

1. 주류를 제조하여 제조장으로부터 출고(出庫)하는 자
2. 주류를 수입하는 경우 「관세법」에 따라 관세를 납부할 의무가 있는 자

[전문개정 2009.12.31]

**제3조(정의)** 이 법에서 사용하는 용어의 뜻은 다음과 같다. 〈개정 2010.12.27, 2013.4.5〉

1. "주류"란 다음 각 목의 것을 말한다.

   가. 주정(酒精)[희석하여 음료로 할 수 있는 에틸알코올을 말하며, 불순물이 포함되어 있어서 직접 음료로 할 수는 없으나 정제하면 음료로 할 수 있는

조주정(粗酒精)을 포함한다.]

　나. 알코올분 1도 이상의 음료[용해(鎔解)하여 음료로 할 수 있는 가루 상태인 것을 포함하되, 「약사법」에 따른 의약품으로서 알코올분이 6도 미만인 것과 국세청장이 제5조의2에 따른 주류판정심의위원회의 심의를 거쳐 주류가 아닌 것으로 결정한 것은 제외한다.]

1의2. "전통주"란 다음 각 목의 어느 하나에 해당하는 주류를 말한다.

　가. 「문화재보호법」 제24조에 따라 지정된 주류부문의 중요무형문화재 보유자 및 같은 법 제70조에 따라 지정된 주류부문의 시·도지정문화재 보유자가 제조하는 주류

　나. 「식품산업진흥법」 제14조에 따라 지정된 주류부문의 식품명인이 제조하는 주류

　다. 「농어업·농어촌 및 식품산업 기본법」 제3조제3호에 따른 농어업경영체 및 같은 조 제4호에 따른 생산자단체가 직접 생산하거나 주류제조장 소재지 관할 특별자치시·특별자치도 또는 시·군·구(자치구를 말한다. 이하 같다) 및 그 인접 특별자치시 또는 시·군·구에서 생산된 농산물을 주된 원료로 하여 제조하는 주류 중 농림축산식품부장관의 제조면허 추천을 받은 주류

2. "주류의 규격"이란 주류를 구분하는 다음 각 목의 기준을 말한다.

　가. 주류의 제조에 사용되는 원료의 사용량
　나. 주류에 첨가할 수 있는 재료의 종류 및 비율
　다. 주류의 알코올분 및 불휘발분(不揮發分)의 함량
　라. 주류를 나무통에 넣어 저장하는 기간
　마. 주류의 여과 방법
　바. 그 밖의 주류 구분 기준

3. "알코올분"이란 전체용량에 포함되어 있는 에틸알코올(섭씨 15도에서 0.7947의 비중을 가진 것을 말한다)을 말한다.

4. "불휘발분"이란 전체용량에 포함되어 있는 휘발되지 아니하는 성분을 말한다.

5. "주조연도"란 매년 1월 1일부터 12월 31일까지의 기간을 말한다.
6. "밑술"이란 효모를 배양·증식한 것으로서 당분이 포함되어 있는 물질을 알코올 발효시킬 수 있는 재료를 말한다.
7. "술덧"이란 주류의 원료가 되는 재료를 발효시킬 수 있는 수단을 재료에 사용한 때부터 주류를 제성(製成)하거나 증류(蒸溜)하기 직전까지의 상태에 있는 재료를 말한다.
8. "국(麴)"이란 다음 각 목의 것을 말한다.
  가. 녹말이 포함된 재료에 곰팡이류를 번식시킨 것
  나. 녹말이 포함된 재료와 그 밖의 재료를 섞은 것에 곰팡이류를 번식시킨 것
  다. 효소로서 녹말이 포함된 재료를 당화(糖化)시킬 수 있는 것
9. "직매장"이란 주류의 제조자가 자기의 사업과 관련하여 제조 또는 취득한 주류를 직접 판매하기 위하여 판매시설을 갖춘 장소를 말한다.
10. "포탈"이란 부정한 방법으로 조세의 납부를 회피하거나 조세를 환급 또는 공제받는 것을 말한다.

[전문개정 2009.12.31]

**제4조(주류의 종류)** ① 주류의 종류는 다음과 같다. 〈개정 2013.4.5〉
  1. 주정
  2. 발효주류
    가. 탁주
    나. 약주
    다. 청주
    라. 맥주
    마. 과실주
  3. 증류주류
    가. 소주
    나. 위스키
    다. 브랜디
    라. 일반 증류주

마. 리큐르

4. 기타 주류

② 제1항에 따른 주류의 종류별 세부 내용은 별표와 같다.

[전문개정 2009.12.31]

**제5조(주류의 규격 등)** ① 알코올분의 도수는 섭씨 15도에서 전체용량 100분(分) 중에 포함되어 있는 알코올분의 용량으로 한다. 〈개정 2010.12.27〉

② 불휘발분의 도수는 섭씨 15도에서 전체용량 100세제곱센티미터 중에 포함되어 있는 불휘발분의 그램 수로 한다. 〈개정 2010.12.27〉

③ 주류에는 「식품위생법」이나 그 밖에 대통령령으로 정하는 위생 관계 법령에 위반되는 유해한 성분이 포함되어서는 아니 된다.

④ 주류의 규격에 필요한 사항은 대통령령으로 정한다.

[전문개정 2009.12.31]

**제5조의2(주류판정심의위원회)** ① 알코올분 1도 이상을 함유하는 건강기능식품 등이 주류에 해당하는 지에 관하여 심의하기 위하여 국세청장 소속으로 주류판정심의위원회(이하 "위원회"라 한다)를 둔다.

② 위원회는 위원장 1명을 포함하여 12명 이내의 위원으로 구성한다.

③ 위원회의 위원은 다음 각 호의 사람으로 구성한다.

1. 의약품, 식품 등 관련 분야 전문가 중에서 국세청장이 위촉하는 사람

2. 대통령령으로 정하는 관계 중앙행정기관 소속 공무원으로서 해당 중앙행정기관의 장의 추천을 받아 국세청장이 임명하는 사람

④ 제1항부터 제3항까지에서 규정한 사항 외에 위원회의 구성·운영 등에 필요한 사항은 대통령령으로 정한다.

[본조신설 2009.12.31]

## 제2장 주류의 제조 및 판매 〈개정 2009.12.31〉

### 제1절 주류 제조면허 및 주류 판매업면허 〈개정 2009.12.31〉

**제6조(주류 제조면허)** ① 주류를 제조하려는 자는 제4조에 따른 주류의 종류별로 주류 제조장마다 대통령령으로 정하는 시설기준과 그 밖의 요건을 갖추어 관할 세무서장의 면허를 받아야 한다. 같은 주류 제조장에서 제조하는 주류를 추가하려는 경우에도 또한 같다.

② 제1항에 따른 주류의 제조에 관한 면허(이하 "주류 제조면허"라 한다)를 받은 자가 제조면허를 받은 주류를 제조하기 위하여 주류 제조장에서 주류를 물로 희석하거나 제조면허를 받은 주류에 첨가할 수 있는 재료를 섞는 것은 제조로 보지 아니한다. 다만, 별표 제3호가목5)부터 9)까지의 경우에는 제조로 본다. 〈개정 2013.4.5〉

③ 주류 제조면허를 받은 자는 관할 세무서장의 허가를 받아 해당 주류를 용기에 넣는 제조장(이하 "용기주입제조장"이라 한다)을 따로 설치할 수 있다. 이 경우 그 주류를 용기에 넣는 행위는 주류 제조로 보고, 용기주입제조장은 주류 제조장으로 본다.

④ 관할 세무서장은 대통령령으로 정하는 주류 제조면허를 받은 자 2명 이상이 공동으로 주류를 제조하게 하는 것이 주세 보전(保全)을 위하여 필요하다고 인정되면 그 면허를 취소하고 새로 공동면허(共同免許)를 할 수 있다. 이 경우 주세 보전상 그 공동면허를 존속시킬 필요가 없다고 인정될 때에는 관할 세무서장은 대통령령으로 정하는 바에 따라 그 공동면허를 취소하고 공동면허를 받았던 자의 신청을 받아 종전의 주류 제조면허를 할 수 있다.

⑤ 관할 세무서장은 주류 제조면허를 받은 자가 운영하는 주류 제조장 시설이 제1항에 따른 시설기준에 미달하게 된 경우에는 대통령령으로 정하는 바에 따라 그 보완을 명할 수 있다.

⑥ 제1항에도 불구하고 다음 각 호의 어느 하나에 해당하는 경우에는 주류 제조면허를 받지 아니하고 주류를 제조할 수 있다. 〈신설 2010.12.27〉

1. 국가 및 지방자치단체가 시험 목적으로 주류를 제조하는 경우
2. 국공립연구기관 및 「고등교육법」 제2조에 따른 학교가 학술연구 목적으로 주류를 제조하는 경우

[전문개정 2009.12.31]

**제7조(밑술 또는 술덧의 제조면허)** 밑술 또는 술덧을 제조하려는 자는 제조장별로 대통령령으로 정하는 시설기준과 그 밖의 요건을 갖추어 관할 세무서장의 면허를 받아야 한다. 다만, 주류 제조면허를 받은 자가 그 주류 제조장에서 원료용으로 제조하는 경우에는 그러하지 아니하다.

[전문개정 2009.12.31]

**제8조(주류 판매업면허)** ① 주류 판매업(판매중개업 또는 접객업을 포함한다. 이하 같다)을 하려는 자는 주류 판매업의 종류별로 판매장마다 대통령령으로 정하는 시설기준과 그 밖의 요건을 갖추어 관할 세무서장의 면허를 받아야 한다. 〈개정 2011.12.31〉

② 제1항에 따른 주류 판매업의 종류는 대통령령으로 정한다.

③ 삭제 〈2011.12.31〉

④ 다음 각 호의 어느 하나에 해당하는 자가 대통령령으로 정하는 바에 따라 관할 세무서장에게 주류 판매에 관한 신고를 한 경우에는 제1항에 따른 주류 판매업의 면허(이하 "주류 판매업면허"라 한다)를 받은 것으로 본다. 〈개정 2010.12.27, 2011.12.31〉

1. 「식품위생법」에 따른 영업허가를 받은 장소에서 주류 판매업을 하는 자
2. 주류 판매를 주된 업종으로 하지 아니하는 자로서 대통령령으로 정하는 자

⑤ 주류 판매업면허를 받은 자에 관하여는 제6조제5항을 준용한다.

[전문개정 2009.12.31]

**제8조의2(법인 전환에 따른 주류 제조면허 등의 승계)** 제6조부터 제8조까지에 따른 주류·밑술·술덧의 제조면허 또는 주류 판매업면허를 받은 자가 그 사업에 관한 모든 권리와 의무를 포괄적으로 승계시켜 법인으로 전환하는 경우에는 제6

조제1항, 제7조 및 제8조제1항에서 정한 시설기준과 그 밖의 요건을 갖추어 관할 세무서장에게 신고하여야 한다. 이 경우 제10조에 따른 면허의 제한에 해당하지 아니한 경우에는 해당 법인이 주류·밑술·술덧의 제조면허 또는 주류 판매업면허를 받은 것으로 본다. 〈개정 2013.4.5〉

[본조신설 2011.12.31]

**제9조(면허의 조건)** ①관할 세무서장은 주류·밑술 또는 술덧의 제조면허나 주류 판매업면허를 할 때 주세 보전을 위하여 필요하다고 인정되면 면허 기한, 제조 범위 또는 판매 범위, 제조 또는 판매를 할 때의 준수사항 등을 면허의 조건으로 정할 수 있다. 〈개정 2013.4.5〉

② 관할 세무서장은 제1항에 따른 조건을 정하는 경우에는 그 이유를 구체적으로 명시하여야 하고, 주세 보전을 위하여 해당 조건이 존속할 필요가 없다고 인정하는 경우에는 이를 철회하여야 한다. 〈신설 2013.4.5〉

[전문개정 2009.12.31]

**제10조(면허의 제한)** 관할 세무서장은 제6조부터 제8조까지 및 제8조의2에 따른 면허 신청 또는 법인전환 신고가 있는 경우 다음 각 호의 어느 하나에 해당하면 면허를 하지 아니하거나 신고를 수리하지 아니할 수 있다. 〈개정 2011.12.31〉

1. 면허 신청인이 제13조부터 제15조까지의 규정에 따라 면허가 취소된 후 2년이 지나지 아니한 경우
2. 면허 신청인 또는 제8조의2에 따라 전환되는 법인(이하 "전환법인"이라 한다)의 신고인이 미성년자, 한정치산자 또는 금치산자인 경우로서 그 법정대리인이 제1호 또는 제7호부터 제10호까지의 어느 하나에 해당하는 경우
3. 면허 신청법인 또는 전환법인의 경우 그 임원 중에 제1호 또는 제7호부터 제10호까지의 어느 하나에 해당하는 사람이 있는 경우
4. 면허 신청인 또는 전환법인 신고인이 제1호 또는 제7호부터 제10호까지의 어느 하나에 해당하는 사람을 제조장 또는 판매장의 지배인으로 하려는 경우
5. 면허 신청인 또는 전환법인 신고인이 국내에 주소 또는 거소(居所)를 두지 아니한 경우 그 대리인 또는 지배인이 제1호 또는 제7호부터 제10호까지의 어느 하나에 해당하는 경우

6. 면허 신청인 또는 전환법인 신고인이 신청 또는 신고 당시 국세 또는 지방세를 체납한 경우
7. 면허 신청인이 국세 또는 지방세를 50만원 이상 포탈하여 처벌 또는 처분을 받은 후 5년이 지나지 아니한 경우
8. 면허 신청인이 「조세범 처벌법」 제10조제3항 또는 제4항에 따라 처벌을 받은 후 5년이 지나지 아니한 경우
9. 면허 신청인이 금고 이상의 실형을 선고받고 그 집행이 끝나거나(집행이 끝난 것으로 보는 경우를 포함한다) 집행이 면제된 날부터 5년이 지나지 아니한 경우
10. 면허 신청인이 금고 이상의 형의 집행유예를 선고받고 그 유예기간 중에 있는 경우
11. 국세청장이 세수(稅收) 보전, 주류의 유통·판매 관리 등에 부적당하다고 인정하여 지정·고시하는 장소에 면허 신청인이 정당한 이유 없이 판매장을 설치하려는 경우
12. 면허 신청인이 파산선고를 받고 복권되지 아니한 경우
13. 국세청장이 인구, 주류 소비량 및 판매장의 수 등을 고려하여 주류의 수급(需給) 균형을 현저히 해칠 우려가 있다고 인정하여 지정·고시한 지역에 면허 신청인이 판매장을 설치하려는 경우

[전문개정 2009.12.31]

**제11조(제조장 및 판매장의 이전)** 주류·밑술 또는 술덧의 제조면허나 주류 판매업면허를 받은 자가 그 제조장 또는 판매장을 이전하려는 경우에는 대통령령으로 정하는 바에 따라 전입지 관할 세무서장에게 신고하여야 한다. 다만, 대통령령으로 정하는 주류 판매업면허를 받은 자가 판매장을 이전하려는 장소가 제10조제11호 또는 같은 조 제13호에 해당하는 장소인 경우에는 전입지 관할 세무서장의 허가를 받아야 한다.

[전문개정 2009.12.31]

**제12조(주류의 제조 또는 출고의 정지)** ① 관할 세무서장은 주류 제조면허를 받은 자가 다음 각 호의 어느 하나에 해당하는 경우에는 3개월 이내의 기간(제3호

또는 제9호에 해당하는 경우에는 그 원인이 제거될 때까지의 기간)을 정하여 주류의 제조 또는 출고의 정지처분을 하여야 한다. 〈개정 2010.12.27〉

1. 제5조제3항을 위반하여 주류를 제조한 경우
2. 제11조 본문에 따른 신고를 하지 아니하거나 거짓 신고를 하고 주류 제조장을 이전한 경우
3. 제36조를 위반하여 담보의 제공 또는 주류의 보존을 하지 아니한 경우
4. 제43조에 따른 지정 사항을 위반한 경우

4의2. 제44조의2를 위반하여 표시사항을 표시하지 아니한 경우. 다만, 제44조의2제1항제3호를 위반한 경우는 제외한다.

5. 제47조에 따른 장부 기록의무를 고의로 위반한 경우(제17조제1항에 따른 직매장의 장부 기록의무를 고의로 위반한 경우를 포함한다)
6. 「조세범 처벌법」 제12조제1호부터 제3호까지의 어느 하나에 해당한 경우
7. 주세를 포탈한 경우
8. 주류의 규격을 위반하여 주류를 제조한 경우
9. 주세 체납기간이 3개월을 초과한 경우
10. 「부가가치세법」 제3조제1항에 따른 과세기간별로 「조세범처벌법」 제10조제1항·제2항 또는 제3항에 따른 세금계산서 교부의무 등을 위반한 금액이 총주류매출금액(총주류매입금액이 총주류매출금액보다 큰 경우에는 총주류매입금액을 말한다)의 1,000분의 5 이상 1,000분의 50 미만인 경우

② 관할 세무서장은 제1항에 따라 주류의 제조 또는 출고의 정지처분을 한 경우 반제품(半製品)이 있을 때에는 대통령령으로 정하는 바에 따라 주류의 제조나 그 밖에 필요한 행위를 계속하게 할 수 있다. 이 경우 주세를 다 낼 때까지 그 주류의 제조에 관하여는 이 법을 적용한다.

[전문개정 2009.12.31]

**제12조(주류의 제조 또는 출고의 정지)** ① 관할 세무서장은 주류 제조면허를 받은 자가 다음 각 호의 어느 하나에 해당하는 경우에는 3개월 이내의 기간(제3호 또는 제9호에 해당하는 경우에는 그 원인이 제거될 때까지의 기간)을 정하여 주류의 제조 또는 출고의 정지처분을 하여야 한다. 〈개정 2010.12.27〉

1. 제5조제3항을 위반하여 주류를 제조한 경우
2. 제11조 본문에 따른 신고를 하지 아니하거나 거짓 신고를 하고 주류 제조장을 이전한 경우
3. 제36조를 위반하여 담보의 제공 또는 주류의 보존을 하지 아니한 경우
4. 제43조에 따른 지정 사항을 위반한 경우

4의2. 삭제 〈2013.4.5〉

5. 제47조에 따른 장부 기록의무를 고의로 위반한 경우(제17조제1항에 따른 직매장의 장부 기록의무를 고의로 위반한 경우를 포함한다)
6. 「조세범 처벌법」 제12조제1호부터 제3호까지의 어느 하나에 해당한 경우
7. 주세를 포탈한 경우
8. 주류의 규격을 위반하여 주류를 제조한 경우
9. 주세 체납기간이 3개월을 초과한 경우
10. 「부가가치세법」 제3조제1항에 따른 과세기간별로 「조세범처벌법」 제10조제1항·제2항 또는 제3항에 따른 세금계산서 교부의무 등을 위반한 금액이 총주류매출금액(총주류매입금액이 총주류매출금액보다 큰 경우에는 총주류매입금액을 말한다)의 1,000분의 5 이상 1,000분의 50 미만인 경우

② 관할 세무서장은 제1항에 따라 주류의 제조 또는 출고의 정지처분을 한 경우 반제품(半製品)이 있을 때에는 대통령령으로 정하는 바에 따라 주류의 제조나 그 밖에 필요한 행위를 계속하게 할 수 있다. 이 경우 주세를 다 낼 때까지 그 주류의 제조에 관하여는 이 법을 적용한다.

[전문개정 2009.12.31]

[시행일 : 2014.1.1] 제12조제1항제4호의2

**제13조(주류 제조면허의 취소)** ① 관할 세무서장은 주류 제조면허를 받은 자가 다음 각 호의 어느 하나에 해당하는 경우에는 그 주류 제조장에 대한 모든 주류 제조면허(제1호에 해당하는 경우에는 해당 주류의 주류 제조면허로 한정한다)를 취소하여야 한다.

1. 제6조제1항에 따른 면허 요건을 갖추지 못하게 된 경우. 다만, 시설기준에 미달한 경우에는 같은 조 제5항에 따른 보완 명령을 받고 이를 이행하지 아니한

경우로 한정한다.
2. 주류 제조자가 허가받은 직매장 중 하나 이상의 직매장에서 「부가가치세법」 제3조제1항에 따른 과세기간별로 「조세범 처벌법」 제10조제1항·제2항 또는 제3항에 따른 세금계산서 교부의무 등을 위반한 금액이 그 주류 제조자가 허가받은 모든 직매장의 총주류매출금액(총주류매입금액이 총주류매출금액보다 큰 경우에는 총주류매입금액을 말한다)의 1,000분의 50 이상인 경우
3. 부정한 방법으로 주류 제조면허를 받은 경우
4. 제10조제2호부터 제4호까지 또는 제7호부터 제10호까지의 어느 하나에 해당하게 된 경우
5. 제12조제1항에 따라 주류의 제조 정지처분 또는 출고 정지처분을 받은 자가 그 기간에 다시 같은 조 제1항을 위반한 경우
6. 제44조에 따른 납세증명표지를 위조·변조 또는 파손해서 사용하거나 위조·변조 또는 파손된 납세증명표지를 가지고 있는 경우
7. 「부가가치세법」 제3조제1항에 따른 과세기간별로 「조세범 처벌법」 제10조제1항·제2항 또는 제3항에 따른 세금계산서 교부의무 등을 위반한 금액이 총주류매출금액(총주류매입금액이 총주류매출금액보다 큰 경우에는 총주류매입금액을 말한다)의 1,000분의 50 이상인 경우
8. 「조세범 처벌법」 제10조제4항에 따른 범칙행위를 한 경우
9. 다음 각 목의 구분에 따른 주세를 포탈한 경우
   가. 탁주 : 50만원 이상
   나. 탁주·맥주를 제외한 발효주류 및 기타 주류 : 200만원 이상
   다. 주정 및 증류주류 : 500만원 이상
   라. 맥주 : 1천만원 이상
10. 2주조연도(酒造年度) 이상 계속하여 주류를 제조하지 아니한 경우
11. 1주조연도 중 3회 이상 주세를 포탈한 경우
12. 같은 주류 제조장에서 제조면허를 받은 주류가 아닌 주류를 제조한 경우
13. 주류 제조면허를 타인에게 양도 또는 대여한 경우
14. 타인과 동업(同業) 경영을 한 경우

15. 주류 제조면허를 받은 자가 부재자(不在者)인 경우로서 공증인의 공증(公證)에 의하여 주류의 제조에 관한 모든 권한을 위임받은 대리인 또는 지배인을 선임(選任)하지 아니하고 국내에 거주하지 아니하게 되었거나 실종된 경우
16. 주류 제조면허를 받은 자가 부재자이면서 무능력자인 경우로서 「상법」 제8조에 따른 법정대리인이 없는 경우

② 제1항에 따라 주류 제조면허를 취소한 경우에는 제12조제2항을 준용한다.

[전문개정 2009.12.31]

**제14조(밑술 또는 술덧의 제조면허의 취소 등)** 밑술 또는 술덧의 제조면허를 받은 자에 관하여는 제12조 및 제13조를 준용한다.

[전문개정 2009.12.31]

**제15조(주류 판매 정지처분 등)** ① 관할 세무서장은 주류 판매업면허를 받은 자가 다음 각 호의 어느 하나에 해당하는 경우에는 3개월 이내의 기간을 정하여 판매정지처분을 하여야 한다.

1. 제11조 본문에 따른 신고를 하지 아니하거나 거짓 신고를 하고 판매장을 이전한 경우
2. 제44조에 따른 납세증명표지가 없는 주류를 판매하거나 보유한 경우
3. 제47조에 따른 장부 기록의무를 고의로 위반한 경우
4. 「부가가치세법」 제3조제1항에 따른 과세기간별로 「조세범 처벌법」 제10조제1항·제2항 또는 제3항에 따른 세금계산서 교부의무 등을 위반한 금액이 총주류매출금액(총주류매입금액이 총주류매출금액보다 큰 경우에는 총주류매입금액을 말한다)의 1,000분의 10 이상 1,000분의 100 미만인 경우

② 관할 세무서장은 주류 판매업면허를 받은 자가 다음 각 호의 어느 하나에 해당하는 경우에는 그 면허를 취소하여야 한다. 〈개정 2011.12.31〉

1. 제8조제1항에 따른 면허 요건을 갖추지 못하게 된 경우. 다만, 시설기준에 미달된 경우에는 같은 조 제5항에 따른 보완 명령을 받고도 이를 이행하지 아니한 경우로 한정한다.
2. 부정한 방법으로 주류 판매업면허를 받은 경우
3. 제11조 단서에 따른 허가를 받지 아니하거나 부정한 방법으로 허가를 받고 판

매장을 이전한 경우

4. 「부가가치세법」 제3조제1항에 따른 과세기간별로 「조세범 처벌법」 제10조제1항·제2항 또는 제3항에 따른 세금계산서 교부의무 등을 위반한 금액이 총주류매출금액(총주류매입금액이 총주류매출금액보다 큰 경우에는 총주류매입금액을 말한다)의 1,000분의 100 이상인 경우
5. 「조세범 처벌법」 제10조제4항에 따른 범칙행위를 한 경우
6. 2주조연도 이상 계속하여 주류를 판매하지 아니한 경우
7. 주류를 가공하거나 조작한 경우
8. 주류 제조면허 없이 제조한 주류나 주세를 면제받은 주류를 판매 또는 보유한 경우
9. 주류 판매업면허를 타인에게 양도 또는 대여한 경우. 다만, 제8조의2에 따라 법인으로 전환한 경우에는 양도로 보지 아니한다.
10. 타인과 동업 경영을 한 경우

③ 관할 세무서장은 제2항에 따라 주류 판매업면허를 취소한 경우 재고품이 있을 때에는 대통령령으로 정하는 바에 따라 판매나 그 밖에 필요한 행위를 계속하게 할 수 있다.

[전문개정 2009.12.31]

**제16조(제조 등의 폐지)** ① 주류 제조면허를 받은 자가 그 제조를 그만두려는 경우에는 관할 세무서장에게 면허의 취소를 신청하여야 한다.

② 밑술 또는 술덧의 제조면허나 주류 판매업면허를 받은 자가 그 제조 또는 판매를 그만둔 경우에는 이를 관할 세무서장에게 신고하여야 한다.

③ 주류·밑술·술덧의 제조면허 또는 주류 판매업면허를 받은 자가 그 제조 또는 판매를 잠시 중단하려는 경우에는 이를 관할 세무서장에게 신고하여야 한다.

④ 제2항에도 불구하고 제8조제4항에 따라 주류 판매업면허를 받은 것으로 보는 자가 「부가가치세법」 제5조제5항에 따른 폐업신고를 한 경우에는 제2항에 따른 신고를 한 것으로 본다.

[전문개정 2009.12.31]

**제17조(직매장 설치 허가)** ① 주류 제조면허를 받은 자는 주류의 원거리(遠距離)

공급을 원활하게 하기 위하여 관할 세무서장의 허가를 받아 직매장을 설치할 수 있다.

② 제1항에 따른 직매장은 대통령령으로 정하는 시설기준에 적합하여야 한다.

③ 직매장에 관하여는 제9조부터 제11조까지, 제15조 및 제16조제2항·제3항을 준용한다. 이 경우 제15조제1항제4호 중 "1,000분의 100미만"은 "1,000분의 50미만"으로 보고, 같은 조 제2항제4호 중 "1,000분의 100이상"은 "1,000분의 50이상"으로 본다. 〈개정 2011.12.31〉

[전문개정 2009.12.31]

**제18조(주류 제조면허 등의 상속)** ① 주류·밑술 또는 술덧의 제조 또는 주류 판매업을 상속한 자는 지체 없이 그 사실을 관할 세무서장에게 신고하여야 한다.

② 제1항에 따라 신고한 상속인이 제10조제1호·제2호 및 제5호부터 제10호까지의 어느 하나에 해당하지 아니하는 경우에는 그 제조 또는 판매업의 면허를 받은 것으로 본다. 이 경우 제10조제6호 중 "면허 신청인 또는 전환법인 신고인이 신청 또는 신고 당시"는 "면허 신고인이 신고 당시"로 본다.

[전문개정 2009.12.31]

### 제2절 주류제조관리사 및 주류업단체 〈개정 2009.12.31〉

**제19조(주류제조관리사)** ① 주류 제조장에는 주류의 제조 관리와 품질 향상을 위하여 주류제조관리사를 둘 수 있다.

② 주류제조관리사가 되려는 사람은 국세청장의 면허를 받아야 한다.

③ 제2항에 따른 면허를 받을 수 있는 사람은 주류제조관리사 자격시험에 합격한 사람이어야 한다.

④ 다음 각 호의 어느 하나에 해당하는 사람은 주류제조관리사가 될 수 없다. 〈개정 2009.12.29〉

1. 정신질환자 또는 심신박약자
2. 감염병환자
3. 마약, 대마나 그 밖의 중독성 물질에 중독된 사람

⑤ 국세청장은 주류제조관리사가 다음 각 호의 어느 하나에 해당하는 경우에는 그 면허를 취소할 수 있다.
1. 제4항 각 호의 어느 하나에 해당하게 된 경우
2. 주류의 제조 과정에서 고의 또는 중대한 과실로 이 법 또는 「식품위생법」을 위반한 경우

⑥ 주류제조관리사 자격시험은 학과시험과 실무시험으로 구분하여 실시하며, 학과시험에 합격해야만 실무시험에 응시할 수 있다. 다만, 주류의 제조·관리에 관한 학과 또는 양성기관을 수료한 사람과 주세 업무에 5년 이상 종사한 사람에게는 학과시험을 면제한다.

⑦ 주류제조관리사의 종류, 자격시험, 주류의 제조·관리에 관한 학과, 양성기관 및 주세 업무의 범위 등에 필요한 사항은 기획재정부령으로 정한다.

[전문개정 2009.12.31]

**제20조(주류업단체)** ① 주류 제조면허를 받은 자 또는 주류 판매업면허를 받은 자는 주세 보전에 협력하고 상호 복리를 증진하기 위하여 주류업단체를 설립할 수 있다.

② 제1항에 따른 주류업단체는 법인으로 하며, 그 설립과 운영에 필요한 사항은 대통령령으로 정한다.

③ 주류업단체에 관하여 이 법에 규정된 사항을 제외하고는 「민법」 중 사단법인에 관한 규정을 준용한다.

[전문개정 2009.12.31]

# 제3장 주세의 부과·징수 〈개정 2009.12.31〉

## 제1절 주세의 과세표준과 세율 〈개정 2009.12.31〉

**제21조(과세표준)** ① 주정에 대한 주세의 과세표준은 주류 제조장에서 출고한 수량이나 수입신고하는 수량으로 한다.

② 주정 외의 주류에 대한 주세의 과세표준은 주류 제조장에서 출고하는 경우에는 출고하는 때의 가격으로 하고, 수입하는 경우에는 수입신고를 하는 때의 가격(관세의 과세가격과 관세를 합한 금액을 말한다)으로 한다. 〈개정 2011.12.31〉

③ 제2항에 따른 주류 제조장에서 출고하는 때의 가격에는 그 주류의 주세액에 해당하는 금액은 포함하지 아니하며, 그 용기(容器) 대금(代金)과 포장비용을 포함한다. 다만, 대통령령으로 정하는 용기 대금 또는 포장비용은 포함하지 아니한다.

④ 제2항에 따른 주류 가격의 계산에 필요한 사항은 대통령령으로 정한다.

[전문개정 2009.12.31]

**제22조(세율)** ① 주정에 대한 세율은 주정 1킬로리터당 5만 7천원(알코올분 95도를 초과하는 경우에는 그 초과하는 1도마다 600원을 더하여 계산한다)으로 한다.

② 주정 외의 주류에 대한 세율은 다음과 같다.

  1. 발효주류

    가. 탁주 : 100분의 5

    나. 약주·과실주 : 100분의 30

    다. 청주 : 100분의 30

    라. 맥주 : 100분의 72

  2. 증류주류 : 100분의 72

  3. 기타 주류

    가. 별표 제4호가목 및 다목부터 마목까지의 주류 : 100분의 72. 다만, 다목의

주류 중 불휘발분이 30도 이상인 것은 100분의 10으로 한다.
  나. 별표 제4호나목의 주류 : 100분의 30
③ 전통주로서 대통령령으로 정하는 주류 중 대통령령으로 정하는 출고 수량 이하의 것에 대한 세율은 제2항에 따른 세율의 100분의 50으로 한다. 〈개정 2013.4.5〉

[전문개정 2009.12.31]

## 제2절 주세의 징수 〈개정 2009.12.31〉

**제23조(과세표준 등의 신고)** ① 주류 제조장에서 주류를 출고한 자는 매월 주류 제조장에서 출고한 주류의 종류, 알코올분, 수량, 가격, 세율, 산출세액, 공제세액, 환급세액, 납부세액 등을 적은 신고서를 출고한 날이 속한 달의 다음 다음 달 말일까지 관할 세무서장에게 제출하여야 한다.

② 주류 제조자는 제29조제2호·제3호 또는 제30조에 해당하는 경우에는 그 사유가 발생한 날이 속하는 달의 다음 달 말일까지 그 출고된 주류 또는 출고된 것으로 보는 주류에 대하여 제1항에 따른 신고서를 관할 세무서장에게 제출하여야 한다. 〈개정 2011.12.31〉

③ 주류를 수입하는 자는 수입신고하는 때에 「관세법」에 따른 신고서를 관할 세관장에게 제출하여야 한다.

[전문개정 2009.12.31]

[시행일 : 2014.1.1] 제23조제1항

**제24조(결정 및 경정)** ① 관할 세무서장 또는 관할 지방국세청장(이하 이 조에서 "관할 세무서장등"이라 한다)은 제23조제1항 또는 제2항에 따른 신고서의 제출이 없는 경우에는 과세표준과 세액을 결정한다. 〈개정 2011.12.31〉

② 관할 세무서장등은 제23조제1항 또는 제2항에 따라 제출된 내용에 오류 또는 누락이 있는 경우에는 과세표준과 세액을 경정(更正)한다. 〈개정 2010.12.27, 2011.12.31〉

③ 관할 세무서장등이 제1항 또는 제2항에 따라 과세표준과 세액을 결정하거나 경정하는 경우에는 장부나 그 밖의 증명서류를 근거로 하여야 한다. 다만, 다음

각 호의 어느 하나에 해당하는 사유가 있는 경우에는 대통령령으로 정하는 바에 따라 추계할 수 있다. 〈개정 2011.12.31〉

1. 과세표준을 계산할 때 필요한 장부 또는 그 밖의 증명 자료가 없거나 그 중요한 부분이 갖추어지지 아니한 경우
2. 장부 또는 그 밖의 증명 자료의 내용이 시설규모, 종업원 수와 원자재·상품·제품 또는 각종 요금의 시가 등에 비추어 거짓임이 명백한 경우
3. 장부 또는 그 밖의 증명 자료의 내용이 원자재 사용량, 동력 사용량이나 그 밖의 조업상황 등에 비추어 거짓임이 명백한 경우

④ 관할 세무서장등은 과세표준과 세액을 결정 또는 경정한 후 그 결정 또는 경정에 오류 또는 누락이 있는 것을 발견한 경우에는 지체 없이 이를 다시 경정한다. 〈개정 2010.12.27, 2011.12.31〉

[전문개정 2009.12.31]

**제25조(납부 및 징수)** ① 주류 제조장에서 주류를 출고한 자는 출고한 주류의 수량 또는 가격에 세율을 곱하여 산출한 세액을 관할 세무서장에게 납부하여야 한다.

② 주류를 수입하는 자는 수입한 주류의 수량 또는 가격에 세율을 곱하여 산출한 세액을 관할 세관장에게 납부하여야 한다.

③ 제1항 또는 제2항에 따라 주세를 납부하여야 할 자가 그 납부하여야 할 세액의 전부 또는 일부를 납부하지 아니한 경우에는 관할 세무서장 또는 관할 세관장은 그 내지 아니한 세액을 국세 징수 또는 관세 징수의 예에 따라 징수한다. 〈개정 2010.12.27〉

[전문개정 2009.12.31]

**제26조(납부기한)** 주세는 매월 분을 제23조제1항 또는 제2항에 따른 신고서 제출기한까지 관할 세무서장에게 납부하여야 한다. 다만, 수입하는 주류에 관하여는 「관세법」에 따른다.

[전문개정 2009.12.31]

**제26조(납부기한)** ① 주세는 매 분기 분을 제23조제1항에 따른 신고서 제출기한까지 관할 세무서장에게 납부하여야 한다. 다만, 수입하는 주류에 관하여는 「관세

법」에 따른다. 〈개정 2013.4.5〉

② 제1항 본문에도 불구하고 제23조제2항에 따른 신고를 하는 경우에는 주세를 해당 신고서 제출기한까지 관할 세무서장에게 납부하여야 한다. 〈신설 2013.4.5〉

[전문개정 2009.12.31]

[시행일 : 2014.1.1] 제26조

**제27조** 삭제 〈2006.12.30〉

**제28조(수입 주류에 대한 과세)** 수입하는 주류에 대한 주세의 부과 및 징수에 관하여 이 법에서 정하지 아니한 사항에 관하여는 「관세법」에 따른다.

[전문개정 2009.12.31]

**제29조(출고된 것으로 보는 경우)** 주류가 다음 각 호의 어느 하나에 해당하는 경우에는 제조장에서 출고된 것으로 본다. 〈개정 2010.12.27〉

1. 제조장에서 마신 경우
2. 주류 제조면허가 취소된 경우로서 주류가 제조장에 남아 있는 경우. 다만, 대통령령으로 정하는 경우는 제외한다.
3. 제조장에 있는 주류가 공매(公賣) 또는 경매되거나 파산절차에 따라 환가(換價)된 경우
4. 제조장에 있는 주류가 「부가가치세법」에 따라 재화의 공급으로 보는 경우에 해당하는 경우

[전문개정 2009.12.31]

**제30조(담보 미제공 시의 주세 징수)** 제36조에 따라 담보 제공 또는 주류 보존을 명한 경우 담보의 제공 또는 주류의 보존을 하지 아니한 경우에는 제조장에 있는 주류를 제조장에서 출고된 것으로 보아 지체 없이 그 주세를 징수한다.

[전문개정 2009.12.31]

### 제3절 면세, 세액공제 및 세액의 환급 〈개정 2009.12.31〉

**제31조(면세)** ① 다음 각 호의 어느 하나에 해당하는 주류에 대하여는 대통령령으로 정하는 바에 따라 주세를 면제한다.

1. 수출하는 것
2. 우리나라에 주둔하는 외국 군대에 납품하는 것
3. 외국에 주둔하는 국군부대에 납품하는 것
4. 주한외국공관이나 그 밖에 이에 준하는 기관으로서 대통령령으로 정하는 기관에 납품하는 것
5. 외국 선원 휴게소에 납품하는 것
6. 이 법 또는 「식품위생법」에 따라 검사 목적으로 수거하는 것
7. 「문화재보호법」에 따른 무형문화재로 지정받은 기능보유자가 제조한 주류로서 「문화재보호법」에 따라 무형문화재 공개에 사용되는 것
8. 「약사법」에 따라 의약품을 제조할 때 원료로서 사용되는 것

② 다음 각 호의 어느 하나에 해당하는 주류의 수입에 대하여는 대통령령으로 정하는 바에 따라 주세를 면제한다. 〈개정 2010.12.27〉

1. 주한외국공관이나 그 밖에 이에 준하는 기관으로서 대통령령으로 정하는 기관이 공용품(公用品)으로 직접 수입하는 것 또는 주한외교관 및 이에 준하는 자로서 대통령령으로 정하는 자가 자가(自家) 소비용으로 직접 수입하는 것
2. 사원, 교회나 그 밖의 종교 단체에 의식용(儀式用)으로 외국에서 기증한 것
3. 여행자가 입국할 때에 직접 가지고 들어오는 주류로서 관세가 면제되는 것
4. 「약사법」에 따라 의약품을 제조하기 위한 원료로서 수입하는 것
5. 이 법 또는 「식품위생법」에 따라 검사 목적으로 수거하는 것
6. 변질, 품질불량이나 그 밖의 부득이한 사유로 동일한 주류 제조자의 주류 제조장 중 어느 한 곳으로 다시 들어온 수출한 주류

③ 관할 세무서장 또는 관할 세관장은 제1항과 제2항에 따라 지정한 기한까지 수출, 수입 또는 납품에 관한 증명을 하지 아니한 것에 대하여는 제조자 또는 수입신고를 한 자로부터 지체 없이 주세를 징수한다. 다만, 재해나 그 밖의 부득이한 사유로 멸실(滅失)된 것에 대하여는 대통령령으로 정하는 바에 따라 주세를 면제할 수 있다.

④ 관할 세무서장 또는 관할 세관장은 제1항 또는 제2항에 따라 주세가 면제되는 주류에 대하여 필요하다고 인정되면 대통령령으로 정하는 바에 따라 그 주세

액에 상당하는 담보물의 제공을 명할 수 있다.

⑤ 제1항 또는 제2항에 따라 주세가 면제된 주류가 원래 목적에 사용되지 아니한 경우에는 그 면세 주류를 가지고 있는 자를 주류를 제조한 자로 보고, 그 면세 주류를 수입한 자를 주류를 수입한 자로 보아 지체 없이 그 주세를 징수한다.

[전문개정 2009.12.31]

**제32조(주정에 대한 면세)** ① 주정을 국가의 화약 제조용, 연초 발효용(수출용만 해당한다), 연료용, 의료 의약품용이나 그 밖의 공업용으로 사용하는 경우에는 대통령령으로 정하는 바에 따라 주세를 면제할 수 있다.

② 제1항의 경우 원래 목적으로 사용되지 아니한 경우에는 입고지(入庫地) 또는 인수(引受) 장소를 주류 제조장으로 보고, 입고지 또는 인수 장소의 영업자를 주류를 제조한 자로 보아 지체 없이 그 주세를 징수한다.

[전문개정 2009.12.31]

**제33조(미납세 출고 등)** ① 다음 각 호의 어느 하나에 해당하는 주류에 대하여는 대통령령으로 정하는 바에 따라 주세를 징수하지 아니한다.

1. 제31조제1항제1호에 따른 주류를 수출하기 위하여 다른 장소로 반출하는 것 [내국신용장(內國信用狀) 또는 「대외무역법」에 따른 구매확인서가 있는 경우만 해당한다]
2. 주류를 제조 또는 가공하기 위한 원료로 사용하기 위하여 주류 제조장에서 출고하거나 또는 보세구역에서 반출하는 것

② 제1항에 따른 주류로서 반입 장소에 반입된 사실을 대통령령으로 정하는 바에 따라 증명하지 아니한 것에 대하여는 반출자로부터 그 주세를 징수한다.

③ 제1항에 따른 주류가 반입 장소에 반입되기 전에 재해나 그 밖의 부득이한 사유로 멸실된 경우에는 대통령령으로 정하는 바에 따라 그 주세를 징수하지 아니한다.

④ 제1항에 따른 주류를 반입한 자는 반입한 날이 속한 달의 다음 달 10일까지 그 반입 사실을 반입지 관할 세무서장 또는 관할 세관장에게 신고하여야 한다.

⑤ 제1항에 따른 주류에 대하여 제25조를 적용할 때에는 그 주류의 반입 장소를 주류 제조장으로 보고, 반입자를 주류 제조장에서 주류를 출고한 자로 본다.

[전문개정 2009.12.31]

**제34조(환입 주류에 대한 세액공제 및 환급)** ① 이미 주세가 납부되었거나 납부되어야 할 주류가 다음 각 호의 어느 하나의 경우에 해당하면 대통령령으로 정하는 바에 따라 납부 또는 징수하여야 할 세액에서 그 세액을 공제하고, 납부 또는 징수할 세액이 없는 경우에는 이미 납부한 세액을 환급(還給)한다. 〈개정 2010.12.27〉

1. 변질, 품질불량이나 그 밖의 부득이한 사유로 동일한 주류 제조자의 주류 제조장 중 어느 한 곳으로 다시 들어온 경우
2. 변질, 품질불량이나 그 밖의 부득이한 사유로 수입신고자의 본점 소재지 또는 하치장에서 폐기된 경우
3. 유통과정 중 파손 또는 자연재해로 멸실된 경우

② 제1항에 따른 공제 또는 환급을 받으려는 자는 해당 사유가 발생한 날이 속한 달의 다음다음 달 말일까지 대통령령으로 정하는 바에 따라 제23조제1항 또는 같은 조 제3항에 따른 신고와 함께 공제 또는 환급을 신청하여야 한다.

③ 이미 납부하였거나 납부하여야 할 가산세는 제1항에도 불구하고 공제 또는 환급하지 아니한다.

[전문개정 2009.12.31]

**제34조(환입 주류에 대한 세액공제 및 환급)** ① 이미 주세가 납부되었거나 납부되어야 할 주류가 다음 각 호의 어느 하나의 경우에 해당하면 대통령령으로 정하는 바에 따라 납부 또는 징수하여야 할 세액에서 그 세액을 공제하고, 납부 또는 징수할 세액이 없는 경우에는 이미 납부한 세액을 환급(還給)한다. 〈개정 2010.12.27〉

1. 변질, 품질불량이나 그 밖의 부득이한 사유로 동일한 주류 제조자의 주류 제조장 중 어느 한 곳으로 다시 들어온 경우
2. 변질, 품질불량이나 그 밖의 부득이한 사유로 수입신고자의 본점 소재지 또는 하치장에서 폐기된 경우
3. 유통과정 중 파손 또는 자연재해로 멸실된 경우

② 제1항에 따른 공제 또는 환급을 받으려는 자는 해당 사유가 발생한 날이 속하는 분기의 다음 달 25일(주류를 수입하는 자는 해당 사유가 발생한 날이 속한 달의 다음다음 달 말일)까지 대통령령으로 정하는 바에 따라 제23조제1항 또는 같

은 조 제3항에 따른 신고와 함께 공제 또는 환급을 신청하여야 한다. 〈개정 2013.4.5〉

③ 이미 납부하였거나 납부하여야 할 가산세는 제1항에도 불구하고 공제 또는 환급하지 아니한다.

[전문개정 2009.12.31]

[시행일 : 2014.1.1] 제34조제2항

**제35조(원료용 주류에 대한 세액공제 및 환급)** ① 이미 과세되었거나 과세되어야 할 주류를 원료로 하여 제조한 주류(용기주입제조장에서 제조한 주류를 포함한다)에 대하여는 제21조 및 제22조에 따라 산출한 세액에서 그 원료용 주류에 대한 주세액에 해당하는 금액을 공제한 것을 그 세액으로 한다.

② 제1항에 따라 공제하여야 할 금액이 해당 주류에 대한 세액을 초과하는 경우에는 납부할 주세액이 없는 것으로 한다.

③ 제31조제1항제1호부터 제5호까지의 규정에 해당하는 주류의 원료용 주류에 대한 주세액에 해당하는 금액은 제2항에도 불구하고 환급한다. 다만, 납부할 주세액이 있는 경우에는 공제하여야 한다.

④ 제1항과 제3항에 따른 원료용 주류에 대한 주세액의 공제 및 환급에 필요한 사항은 대통령령으로 정한다.

⑤ 이미 납부하였거나 납부하여야 할 가산세는 제1항과 제3항에도 불구하고 공제 또는 환급하지 아니한다.

[전문개정 2009.12.31]

## 제4절 납세의 담보 〈개정 2009.12.31〉

**제36조(주세의 담보 및 보증)** 관할 세무서장은 주세 보전을 위하여 필요하다고 인정되면 주류 제조자에 대하여 대통령령으로 정하는 바에 따라 주세에 대한 담보를 제공하거나 납세 보증으로서 주세액에 상당하는 가액(價額)의 주류를 보존할 것을 명할 수 있다.

[전문개정 2009.12.31]

제37조(납세 보증 주류의 주세 충당) 납세의무자가 이 법에 따라 납세 보증으로서 보존하는 주류에 대하여 기한까지 주세를 납부하지 아니하는 경우에는 납세 보증으로서 보존하는 주류를 「국세징수법」에서 정하는 공매절차에 부쳐 공매한 금액으로 주세를 충당하여야 한다.

[전문개정 2009.12.31]

제38조(납세 보증 주류의 보존) 주류 제조자는 제36조에 따라 납세 보증으로서 보존하는 주류를 처분하거나 제조장에서 출고할 수 없다.

[전문개정 2009.12.31]

제39조(「국세기본법」의 준용) 납세 담보에 관하여 이 법에 규정된 사항을 제외하고는 「국세기본법」 제29조부터 제34조까지의 규정을 준용한다.

[전문개정 2009.12.31]

## 제5절 주세의 보전 〈개정 2009.12.31〉

제40조(주세 보전명령)

① 국세청장은 주세 보전을 위하여 필요하다고 인정되면 대통령령으로 정하는 바에 따라 주류·밑술 또는 술덧의 제조자나 주류 판매업자에게 제조, 저장, 양도, 양수, 이동, 설비 또는 가격에 필요한 명령을 할 수 있다. 〈개정 2013.4.5〉

② 제1항의 명령을 하는 경우에는 그 목적 달성에 필요한 최소한의 범위에서 하여야 하고, 주류·밑술 또는 술덧의 제조자나 주류 판매업자에 대하여 합리적인 이유 없이 차별하거나 부당하게 이익을 침해하여서는 아니 된다. 〈신설 2013.4.5〉

[전문개정 2009.12.31]

제41조(밑술 등의 처분 또는 출고의 승인) ① 밑술 또는 술덧은 대통령령으로 정하는 바에 따라 관할 세무서장의 승인을 받은 경우에만 처분하거나 주류 제조장에서 출고할 수 있다.

② 제1항에 따라 관할 세무서장의 승인을 받은 경우 해당 밑술 또는 술덧을 탁주로 보아 그 제조자로부터 주세를 지체 없이 징수한다. 다만, 관할 세무서장의 승

인을 받아 주류로서 마시지 못하게 하는 처치를 한 경우에는 그러하지 아니하다. 〈개정 2010.12.27〉

[전문개정 2009.12.31]

**제42조(주정 구입 등의 제한)** 주정은 대통령령으로 정하는 바에 따르지 아니하고는 구입·사용 또는 보유하거나 제조장에서 출고할 수 없다.

[전문개정 2009.12.31]

**제43조(주류 제조 원료의 종류 등의 지정)** 국세청장은 농림축산식품부장관이 양곡(糧穀)의 수급 조절을 위하여 필요하다고 인정하여 요구하는 경우와 주류의 품질 관리 또는 주류의 수급 조절을 위하여 필요하다고 인정되는 경우에는 대통령령으로 정하는 바에 따라 주류 제조면허를 받은 자의 주류 제조에 필요한 원료의 종류와 수량을 지정할 수 있다. 〈개정 2013.3.23〉

[전문개정 2009.12.31]

**제44조(납세증명표지)** ① 국세청장은 주세 보전을 위하여 필요하다고 인정되면 대통령령으로 정하는 바에 따라 출고하는 주류의 용기에 납세 또는 면세 사실을 증명하는 표지(이하 "납세증명표지"라 한다)를 하게 할 수 있다.

② 국세청장은 납세증명표지의 규격, 사용방법 및 절차 등에 관하여 제조자에게 필요한 명령을 할 수 있다.

[전문개정 2009.12.31]

**제44조의2(주류의 표시사항)** ① 주류를 제조 또는 수입하는 자는 주류의 용기 또는 상표에 다음 각 호의 사항을 표시하여야 한다.

1. 주류의 종류
2. 원료의 명칭 및 함량
3. 주된 원료가 생산된 국가나 지역
4. 제조일자 및 면세여부
5. 유통기한 또는 품질유지기한
6. 그 밖에 대통령령으로 정하는 사항

② 제1항에 따른 사항의 표시기준은 대통령령으로 정한다.

[본조신설 2009.12.31]

**제44조의2** 삭제 〈2013.4.5〉

[시행일 : 2014.1.1] 제44조의2

**제45조(주류 보유의 제한)** ① 납세증명표지가 없는 주류, 면허 없이 제조한 주류 또는 면세한 주류는 판매의 목적으로 가질 수 없다.

② 주류 판매업면허를 받은 자가 제1항에 따른 주류를 가지고 있는 경우에는 이를 판매의 목적으로 가지고 있는 것으로 본다.

[전문개정 2009.12.31]

**제46조(제조·판매 등의 신고)** 주류·밑술 또는 술덧의 제조자나 주류 판매업자는 대통령령으로 정하는 바에 따라 제조·저장 또는 판매에 관한 사항을 관할 세무서장에게 신고하여야 한다.

[전문개정 2009.12.31]

**제47조(장부 기록의무)** 주류·밑술 또는 술덧의 제조자나 주류 판매업자는 대통령령으로 정하는 바에 따라 제조·저장 또는 판매에 관한 사항을 장부에 기록하여야 한다.

[전문개정 2009.12.31]

**제48조(영업정지 등의 요구)** ① 관할 세무서장은 「식품위생법」에 따른 영업허가를 받은 장소에서 주류 판매업을 하는 자가 납세증명표지가 없는 주류, 면허 없이 제조한 주류 또는 면세한 주류를 가지고 있거나 판매한 경우에는 해당 주무관청에 그 영업의 정지 또는 허가취소를 요구할 수 있다.

② 제1항에 따른 요구를 받은 해당 주무관청은 특별한 사유가 없으면 영업의 정지 또는 허가취소를 하여야 한다.

[전문개정 2009.12.31]

## 제4장 보칙 〈개정 2009.12.31〉

**제49조(주류의 검정)** 관할 세무서장은 주류 제조면허를 받은 자가 주류를 제조한 경우에는 대통령령으로 정하는 바에 따라 그 수량과 알코올분을 검정(檢定)한다.

[전문개정 2009.12.31]

**제50조(기기 등의 검정)** 주류·밑술 또는 술덧의 제조자나 주류 판매업자는 대통령령으로 정하는 바에 따라 제조·저장 또는 판매에 사용하는 기계, 기구와 용기의 검정을 받아야 한다.

[전문개정 2009.12.31]

**제51조(검사와 승인)** 주류·밑술 또는 술덧의 제조자나 주류 판매업자는 대통령령으로 정하는 바에 따라 제조·저장 또는 판매에 관한 사항에 대하여 관할 세무서장의 검사 또는 승인을 받아야 한다.

[전문개정 2009.12.31]

**제52조(세무공무원의 질문·검사 및 처분)** ① 세무에 종사하는 공무원은 주류·밑술 또는 술덧의 제조자나 주류 판매업자에게 질문을 하거나 다음 각 호의 물건에 대하여 검사를 하는 등 단속을 위하여 필요한 처분을 할 수 있다.

1. 주류·밑술 또는 술덧의 제조자가 보유하는 주류·밑술 또는 술덧이나 주류 판매업자가 보유하는 주류
2. 주류·밑술 또는 술덧의 제조·저장 또는 판매에 관한 모든 관련 장부나 그 밖의 서류
3. 주류·밑술 또는 술덧의 제조·저장 또는 판매를 위하여 필요한 건축물, 기계, 기구, 용기, 원료나 그 밖의 물건

② 세무에 종사하는 공무원은 운반 중인 주류, 밑술 또는 술덧을 검사하거나 그 출처 또는 도착지를 질문할 수 있다.

[전문개정 2009.12.31]

**제53조(견본 제출 요구)** 세무에 종사하는 공무원은 필요하다고 인정하면 주류·밑술 또는 술덧의 제조자나 주류 판매업자가 가지고 있는 주류·밑술 또는 술덧의 견본을 제출하게 할 수 있다.

[전문개정 2009.12.31]

**제54조(청문)** 국세청장 또는 관할 세무서장은 다음 각 호의 어느 하나에 해당하는 처분을 하려면 청문을 하여야 한다. 〈개정 2011.12.31〉

1. 제12조에 따른 주류의 제조 또는 출고의 정지 및 제13조에 따른 주류 제조면허의 취소

2. 제14조에 따른 밑술·술덧의 제조 또는 출고의 정지 및 밑술·술덧 제조면허의 취소
3. 제15조(제17조에 따라 준용되는 경우를 포함한다)에 따른 주류 판매 정지 및 주류 판매업면허 또는 직매장 설치 허가의 취소
4. 제19조제5항에 따른 주류제조관리사면허의 취소

[전문개정 2009.12.31]

**제55조(면허 수수료의 납부)** ① 제6조제1항, 제7조, 제8조제1항 및 제19조제2항에 따른 면허를 신청하는 자는 기획재정부령으로 정하는 바에 따라 수수료를 납부하여야 한다.

② 제1항에 따른 수수료는 수입인지 또는 정보통신망을 이용한 전자화폐·전자결제 등의 방법으로 낼 수 있다.

[본조신설 2013.4.5]


## 부칙 〈제11718호, 2013.4.5〉

**제1조(시행일)** 이 법은 공포한 날부터 시행한다. 다만, 제12조제1항제4호의2, 제23조제1항, 제26조, 제34조제2항 및 제44조의2의 개정규정은 2014년 1월 1일부터 시행한다.

**제2조(일반적 적용례)** 이 법은 이 법 시행 후 제조장으로부터 출고하거나 수입신고를 하는 주류부터 적용한다.

**제3조(면허의 조건에 관한 적용례)** 제9조의 개정규정은 이 법 시행 후 면허를 신청하는 분부터 적용한다.

**제4조(환입 주류에 관한 세액공제 및 환급에 관한 적용례)** 제34조제2항의 개정

규정은 이 법 시행 후 제34조제1항 각 호의 사유가 발생하는 분부터 적용한다.

**제5조(일반적 경과조치)** 이 법 시행 당시 종전의 규정에 따라 부과 또는 면제하였거나 부과 또는 면제할 주세에 관하여는 종전의 규정에 따른다.

**제6조(주류 제조면허에 관한 경과조치)** 이 법 시행 당시 종전의 규정에 따라 주류 제조면허를 받은 자는 이 법에 따른 주류의 종류 중 해당 주류의 제조면허를 받은 것으로 본다.

**제7조(주류의 종류의 표시에 관한 경과조치)** 제4조제1항제3호가목의 개정규정에도 불구하고 제44조의2제1항제1호에 따른 주류의 종류의 표시에 관하여는 2013년 12월 31일까지 종전의 규정을 따를 수 있다.

# 식품위생법

[시행 2013.3.23] [법률 제11690호, 2013.3.23, 타법개정]
식품의약품안전처(식품정책조정과) 043-719-2016

## 제1장 총칙

**제1조(목적)** 이 법은 식품으로 인하여 생기는 위생상의 위해(危害)를 방지하고 식품영양의 질적 향상을 도모하며 식품에 관한 올바른 정보를 제공하여 국민보건의 증진에 이바지함을 목적으로 한다.

**제2조(정의)** 이 법에서 사용하는 용어의 뜻은 다음과 같다. 〈개정 2011.6.7〉
1. "식품"이란 모든 음식물(의약으로 섭취하는 것은 제외한다)을 말한다.
2. "식품첨가물"이란 식품을 제조·가공 또는 보존하는 과정에서 식품에 넣거나 섞는 물질 또는 식품을 적시는 등에 사용되는 물질을 말한다. 이 경우 기구(器具)·용기·포장을 살균·소독하는 데에 사용되어 간접적으로 식품으로 옮아갈 수 있는 물질을 포함한다.
3. "화학적 합성품"이란 화학적 수단으로 원소(元素) 또는 화합물에 분해 반응

외의 화학 반응을 일으켜서 얻은 물질을 말한다.

4. "기구"란 다음 각 목의 어느 하나에 해당하는 것으로서 식품 또는 식품첨가물에 직접 닿는 기계·기구나 그 밖의 물건(농업과 수산업에서 식품을 채취하는 데에 쓰는 기계·기구나 그 밖의 물건은 제외한다)을 말한다.

가. 음식을 먹을 때 사용하거나 담는 것

나. 식품 또는 식품첨가물을 채취·제조·가공·조리·저장·소분[(小分): 완제품을 나누어 유통을 목적으로 재포장하는 것을 말한다. 이하 같다]·운반·진열할 때 사용하는 것

5. "용기·포장"이란 식품 또는 식품첨가물을 넣거나 싸는 것으로서 식품 또는 식품첨가물을 주고받을 때 함께 건네는 물품을 말한다.

6. "위해"란 식품, 식품첨가물, 기구 또는 용기·포장에 존재하는 위험요소로서 인체의 건강을 해치거나 해칠 우려가 있는 것을 말한다.

7. "표시"란 식품, 식품첨가물, 기구 또는 용기·포장에 적는 문자, 숫자 또는 도형을 말한다.

8. "영양표시"란 식품에 들어있는 영양소의 양(量) 등 영양에 관한 정보를 표시하는 것을 말한다.

9. "영업"이란 식품 또는 식품첨가물을 채취·제조·수입·가공·조리·저장·소분·운반 또는 판매하거나 기구 또는 용기·포장을 제조·수입·운반·판매하는 업(농업과 수산업에 속하는 식품 채취업은 제외한다)을 말한다.

10. "영업자"란 제37조제1항에 따라 영업허가를 받은 자나 같은 조 제4항에 따라 영업신고를 한 자 또는 같은 조 제5항에 따라 영업등록을 한 자를 말한다.

11. "식품위생"이란 식품, 식품첨가물, 기구 또는 용기·포장을 대상으로 하는 음식에 관한 위생을 말한다.

12. "집단급식소"란 영리를 목적으로 하지 아니하면서 특정 다수인에게 계속하여 음식물을 공급하는 다음 각 목의 어느 하나에 해당하는 곳의 급식시설로서 대통령령으로 정하는 시설을 말한다.

가. 기숙사

나. 학교

다. 병원

라. 그 밖의 후생기관 등

13. "식품이력추적관리"란 식품을 제조·가공단계부터 판매단계까지 각 단계별로 정보를 기록·관리하여 그 식품의 안전성 등에 문제가 발생할 경우 그 식품을 추적하여 원인을 규명하고 필요한 조치를 할 수 있도록 관리하는 것을 말한다.

14. "식중독"이란 식품 섭취로 인하여 인체에 유해한 미생물 또는 유독물질에 의하여 발생하였거나 발생한 것으로 판단되는 감염성 질환 또는 독소형 질환을 말한다.

15. "집단급식소에서의 식단"이란 급식대상 집단의 영양섭취기준에 따라 음식명, 식재료, 영양성분, 조리방법, 조리인력 등을 고려하여 작성한 급식계획서를 말한다.

**제3조(식품등의 취급)** ① 누구든지 판매(판매 외의 불특정 다수인에 대한 제공을 포함한다. 이하 같다)를 목적으로 식품 또는 식품첨가물을 채취·제조·가공·사용·조리·저장·소분·운반 또는 진열을 할 때에는 깨끗하고 위생적으로 하여야 한다.

② 영업에 사용하는 기구 및 용기·포장은 깨끗하고 위생적으로 다루어야 한다.

③ 제1항 및 제2항에 따른 식품, 식품첨가물, 기구 또는 용기·포장(이하 "식품등"이라 한다)의 위생적인 취급에 관한 기준은 총리령으로 정한다. 〈개정 2010.1.18, 2013.3.23〉

## 제2장 식품과 식품첨가물

**제4조(위해식품등의 판매 등 금지)** 누구든지 다음 각 호의 어느 하나에 해당하는 식품등을 판매하거나 판매할 목적으로 채취·제조·수입·가공·사용·조리·저장·소분·운반 또는 진열하여서는 아니 된다. 〈개정 2013.3.23〉

1. 썩거나 상하거나 설익어서 인체의 건강을 해칠 우려가 있는 것

2. 유독·유해물질이 들어 있거나 묻어 있는 것 또는 그러할 염려가 있는 것. 다만, 식품의약품안전처장이 인체의 건강을 해칠 우려가 없다고 인정하는 것은 제외한다.
3. 병(病)을 일으키는 미생물에 오염되었거나 그러할 염려가 있어 인체의 건강을 해칠 우려가 있는 것
4. 불결하거나 다른 물질이 섞이거나 첨가(添加)된 것 또는 그 밖의 사유로 인체의 건강을 해칠 우려가 있는 것
5. 제18조에 따른 안전성 평가 대상인 농·축·수산물 등 가운데 안전성 평가를 받지 아니하였거나 안전성 평가에서 식용(食用)으로 부적합하다고 인정된 것
6. 수입이 금지된 것 또는 제19조제1항에 따른 수입신고를 하지 아니하고 수입한 것
7. 영업자가 아닌 자가 제조·가공·소분한 것

**제5조(병든 동물 고기 등의 판매 등 금지)** 누구든지 총리령으로 정하는 질병에 걸렸거나 걸렸을 염려가 있는 동물이나 그 질병에 걸려 죽은 동물의 고기·뼈·젖·장기 또는 혈액을 식품으로 판매하거나 판매할 목적으로 채취·수입·가공·사용·조리·저장·소분 또는 운반하거나 진열하여서는 아니 된다. 〈개정 2010.1.18, 2013.3.23〉

**제6조(기준·규격이 고시되지 아니한 화학적 합성품 등의 판매 등 금지)** 누구든지 다음 각 호의 어느 하나에 해당하는 행위를 하여서는 아니 된다. 다만, 식품의약품안전처장이 제57조에 따른 식품위생심의위원회(이하 "심의위원회"라 한다)의 심의를 거쳐 인체의 건강을 해칠 우려가 없다고 인정하는 경우에는 그러하지 아니하다. 〈개정 2013.3.23〉

1. 제7조제1항에 따라 기준·규격이 고시되지 아니한 화학적 합성품인 첨가물과 이를 함유한 물질을 식품첨가물로 사용하는 행위
2. 제1호에 따른 식품첨가물이 함유된 식품을 판매하거나 판매할 목적으로 제조·수입·가공·사용·조리·저장·소분·운반 또는 진열하는 행위

**제7조(식품 또는 식품첨가물에 관한 기준 및 규격)** ① 식품의약품안전처장은 국민보건을 위하여 필요하면 판매를 목적으로 하는 식품 또는 식품첨가물에 관한

다음 각 호의 사항을 정하여 고시한다. 다만, 식품첨가물 중 기구 및 용기·포장을 살균·소독하는 데에 쓰여서 간접적으로 식품으로 옮아갈 수 있는 물질은 그 성분명만을 고시할 수 있다. 〈개정 2013.3.23〉

1. 제조·가공·사용·조리·보존 방법에 관한 기준
2. 성분에 관한 규격

② 식품의약품안전처장은 제1항에 따라 기준과 규격이 고시되지 아니한 식품 또는 식품첨가물(식품에 직접 사용하는 화학적 합성품인 첨가물을 제외한다)에 대하여는 그 제조·가공업자에게 제1항 각 호의 사항을 제출하게 하여 제24조제1항제1호 및 제2항제1호에 따라 지정된 식품위생검사기관의 검토를 거쳐 제1항에 따른 기준과 규격이 고시될 때까지 그 식품 또는 식품첨가물의 기준과 규격으로 인정할 수 있다. 〈개정 2013.3.23〉

③ 수출할 식품 또는 식품첨가물의 기준과 규격은 제1항 및 제2항에도 불구하고 수입자가 요구하는 기준과 규격을 따를 수 있다.

④ 제1항 및 제2항에 따라 기준과 규격이 정하여진 식품 또는 식품첨가물은 그 기준에 따라 제조·수입·가공·사용·조리·보존하여야 하며, 그 기준과 규격에 맞지 아니하는 식품 또는 식품첨가물은 판매하거나 판매할 목적으로 제조·수입·가공·사용·조리·저장·소분·운반·보존 또는 진열하여서는 아니 된다.

**제7조의2(권장규격 예시 등)** ① 식품의약품안전처장은 판매를 목적으로 하는 제7조 및 제9조에 따른 기준 및 규격이 설정되지 아니한 식품등이 국민보건상 위해 우려가 있어 예방조치가 필요하다고 인정하는 경우에는 그 기준 및 규격이 설정될 때까지 위해 우려가 있는 성분 등의 안전관리를 권장하기 위한 규격(이하 "권장규격"이라 한다)을 예시할 수 있다. 〈개정 2013.3.23〉

② 식품의약품안전처장은 제1항에 따라 권장규격을 예시할 때에는 국제식품규격위원회 및 외국의 규격 또는 다른 식품등에 이미 규격이 신설되어 있는 유사한 성분 등을 고려하여야 하고 심의위원회의 심의를 거쳐야 한다. 〈개정 2013.3.23〉

③ 식품의약품안전처장은 영업자가 제1항에 따른 권장규격을 준수하도록 요청할 수 있으며 이행하지 아니한 경우 그 사실을 공개할 수 있다. 〈개정 2013.3.23〉

[본조신설 2011.6.7]

## 제3장 기구와 용기·포장

**제8조(유독기구 등의 판매·사용 금지)** 유독·유해물질이 들어 있거나 묻어 있어 인체의 건강을 해칠 우려가 있는 기구 및 용기·포장과 식품 또는 식품첨가물에 직접 닿으면 해로운 영향을 끼쳐 인체의 건강을 해칠 우려가 있는 기구 및 용기·포장을 판매하거나 판매할 목적으로 제조·수입·저장·운반·진열하거나 영업에 사용하여서는 아니 된다.

**제9조(기구 및 용기·포장에 관한 기준 및 규격)** ① 식품의약품안전처장은 국민보건을 위하여 필요한 경우에는 판매하거나 영업에 사용하는 기구 및 용기·포장에 관하여 다음 각 호의 사항을 정하여 고시한다. 〈개정 2013.3.23〉

1. 제조 방법에 관한 기준
2. 기구 및 용기·포장과 그 원재료에 관한 규격

② 식품의약품안전처장은 제1항에 따라 기준과 규격이 고시되지 아니한 기구 및 용기·포장에 대하여는 그 제조·가공업자에게 제1항 각 호의 사항을 제출하게 하여 제24조제1항제1호 및 제2항제1호에 따라 지정된 식품위생검사기관의 검토를 거쳐 제1항에 따라 기준과 규격이 고시될 때까지 해당 기구 및 용기·포장의 기준과 규격으로 인정할 수 있다. 〈개정 2013.3.23〉

③ 수출할 기구 및 용기·포장과 그 원재료에 관한 기준과 규격은 제1항 및 제2항에도 불구하고 수입자가 요구하는 기준과 규격을 따를 수 있다.

④ 제1항 및 제2항에 따라 기준과 규격이 정하여진 기구 및 용기·포장은 그 기준에 따라 제조하여야 하며, 그 기준과 규격에 맞지 아니한 기구 및 용기·포장은 판매하거나 판매할 목적으로 제조·수입·저장·운반·진열하거나 영업에 사용하여서는 아니 된다.

## 제4장 표시

**제10조(표시기준)** ① 식품의약품안전처장은 국민보건을 위하여 필요하면 다음 각 호의 어느 하나에 해당하는 표시에 관한 기준을 정하여 고시할 수 있다.

1. 판매를 목적으로 하는 식품 또는 식품첨가물의 표시
2. 제9조제1항에 따라 기준과 규격이 정하여진 기구 및 용기·포장의 표시
3. 삭제 〈2011.6.7〉

② 제1항에 따라 표시에 관한 기준이 정하여진 식품등은 그 기준에 맞는 표시가 없으면 판매하거나 판매할 목적으로 수입·진열·운반하거나 영업에 사용하여서는 아니 된다.

**제11조(식품의 영양표시 등)** ① 식품의약품안전처장은 총리령으로 정하는 식품의 영양표시에 관하여 필요한 기준을 정하여 고시할 수 있다. 〈개정 2010.1.18, 2013.3.23〉

② 식품을 제조·가공·소분 또는 수입하는 영업자가 식품을 판매하거나 판매할 목적으로 수입·진열·운반하거나 영업에 사용하는 경우에는 제1항에 따라 정하여진 영양표시 기준을 지켜야 한다.

③ 식품의약품안전처장은 국민들이 제1항에 따른 영양표시를 식생활에서 활용할 수 있도록 교육과 홍보를 하여야 한다.

**제12조** 삭제 〈2010.2.4〉

**제12조의2(유전자재조합식품등의 표시)** ① 생물의 유전자 중 유용한 유전자만을 취하여 다른 생물체의 유전자와 결합시키는 등의 유전자재조합기술을 활용하여 재배·육성된 농산물·축산물·수산물 등을 주요 원재료로 하여 제조·가공한 식품 또는 식품첨가물(이하 "유전자재조합식품등"이라 한다)은 유전자재조합식품임을 표시하여야 한다.

② 제1항에 따라 표시하여야 하는 유전자재조합식품등은 표시가 없으면 판매하거나 판매할 목적으로 수입·진열·운반하거나 영업에 사용하여서는 아니 된다.

③ 제1항에 따른 표시의무자, 표시대상 및 표시방법 등에 필요한 사항은 식품의약품안전처장이 정한다.

[본조신설 2011.6.7]

**제12조의3(표시·광고의 심의)** ① 영유아식, 체중조절용 조제식품 등 대통령령으

로 정하는 식품에 대하여 표시·광고를 하려는 자는 식품의약품안전처장이 정한 식품 표시·광고 심의기준, 방법 및 절차에 따라 심의를 받아야 한다.

② 식품의약품안전처장은 제1항에 따른 식품의 표시·광고 사전심의에 관한 업무를 대통령령으로 정하는 기관 및 단체 등에 위탁할 수 있다.

[본조신설 2011.6.7]

**제12조의4(광고심의 이의신청)** ① 제12조의3제1항에 따른 심의결과에 대하여 이의가 있는 자는 심의결과를 통지받은 날부터 1개월 이내에 식품의약품안전처장에게 이의를 제기할 수 있다.

② 식품의약품안전처장은 제1항에 따른 이의신청을 받은 때에는 심의위원회의 자문을 받아 이를 심사하고 그 결과를 신청인에게 통지하여야 한다.

③ 제1항 및 제2항에 따른 이의신청 방법, 절차 및 운영 등에 필요한 사항은 식품의약품안전처장이 정한다.

[본조신설 2011.6.7]

**제13조(허위표시 등의 금지)** ① 누구든지 식품등의 명칭·제조방법, 품질·영양표시, 유전자재조합식품등 및 식품이력추적관리 표시에 관하여는 다음 각 호에 해당하는 허위·과대·비방의 표시·광고를 하여서는 아니 되고, 포장에 있어서는 과대포장을 하지 못한다. 식품 또는 식품첨가물의 영양가·원재료·성분·용도에 관하여도 또한 같다. 〈개정 2011.6.7, 2011.8.4〉

1. 질병의 예방 및 치료에 효능·효과가 있거나 의약품 또는 건강기능식품으로 오인·혼동할 우려가 있는 내용의 표시·광고
2. 사실과 다르거나 과장된 표시·광고
3. 소비자를 기만하거나 오인·혼동시킬 우려가 있는 표시·광고
4. 다른 업체 또는 그 제품을 비방하는 광고
5. 제12조의3제1항에 따라 심의를 받지 아니하거나 심의받은 내용과 다른 내용의 표시·광고

② 제1항에 따른 허위표시, 과대광고, 비방광고 및 과대포장의 범위와 그 밖에 필요한 사항은 총리령으로 정한다. 〈개정 2010.1.18, 2011.8.4, 2013.3.23〉

## 제5장 식품등의 공전(公典)

**제14조(식품등의 공전)** 식품의약품안전처장은 다음 각 호의 기준 등을 실은 식품등의 공전을 작성·보급하여야 한다.
1. 제7조제1항에 따라 정하여진 식품 또는 식품첨가물의 기준과 규격
2. 제9조제1항에 따라 정하여진 기구 및 용기·포장의 기준과 규격
3. 제10조제1항에 따라 정하여진 식품등의 표시기준

## 제6장 검사 등

**제15조(위해평가)** ① 식품의약품안전처장은 국내외에서 유해물질이 함유된 것으로 알려지는 등 위해의 우려가 제기되는 식품등이 제4조 또는 제8조에 따른 식품등에 해당한다고 의심되는 경우에는 그 식품등의 위해요소를 신속히 평가하여 그것이 위해식품등인지를 결정하여야 한다.
② 식품의약품안전처장은 제1항에 따른 위해평가가 끝나기 전까지 국민건강을 위하여 예방조치가 필요한 식품등에 대하여는 판매하거나 판매할 목적으로 채취·제조·수입·가공·사용·조리·저장·소분·운반 또는 진열하는 것을 일시적으로 금지할 수 있다. 다만, 국민건강에 급박한 위해가 발생하였거나 발생할 우려가 있다고 식품의약품안전처장이 인정하는 경우에는 그 금지조치를 하여야 한다.
③ 식품의약품안전처장은 제2항에 따른 일시적 금지조치를 하려면 미리 심의위원회의 심의·의결을 거쳐야 한다. 다만, 국민건강을 급박하게 위해할 우려가 있어서 신속히 금지조치를 하여야 할 필요가 있는 경우에는 먼저 일시적 금지조치를 한 뒤 지체 없이 심의위원회의 심의·의결을 거칠 수 있다.
④ 심의위원회는 제3항 본문 및 단서에 따라 심의하는 경우 대통령령으로 정하는 이해관계인의 의견을 들어야 한다.
⑤ 식품의약품안전처장은 제1항에 따른 위해평가나 제3항 단서에 따른 사후 심의위원회의 심의·의결에서 위해가 없다고 인정된 식품등에 대하여는 지체 없이 제2항에 따른 일시적 금지조치를 해제하여야 한다.

⑥ 제1항에 따른 위해평가의 대상, 방법 및 절차, 그 밖에 필요한 사항은 대통령령으로 정한다.

**제15조의2(위해평가 결과 등에 관한 공표)** ① 식품의약품안전처장은 제15조에 따른 위해평가 결과에 관한 사항을 공표할 수 있다.

② 중앙행정기관의 장, 특별시장·광역시장·도지사·특별자치도지사(이하 "시·도지사" 라 한다), 시장·군수·구청장(자치구의 구청장을 말한다. 이하 같다) 또는 대통령령으로 정하는 공공기관의 장은 식품의 위해 여부가 의심되는 경우나 위해와 관련된 사실을 공표하려는 경우로서 제15조에 따른 위해평가가 필요한 경우에는 반드시 식품의약품안전처장에게 그 사실을 미리 알리고 협의하여야 한다.

③ 제1항에 따른 공표방법 등 공표에 필요한 사항은 대통령령으로 정한다.

[본조신설 2011.6.7]

**제16조(소비자의 위생검사등 요청)** ① 식품의약품안전처장은 대통령령으로 정하는 일정 수 이상의 소비자 또는 소비자단체가 식품등 또는 영업시설 등에 대하여 제22조에 따른 출입·검사·수거 등(이하 이 조에서 "위생검사등" 이라 한다)을 요청하는 경우에는 이에 따라야 한다. 다만, 다음 각 호의 어느 하나에 해당하는 경우에는 그러하지 아니하다.

1. 같은 소비자 또는 소비자단체가 특정 영업자의 영업을 방해할 목적으로 같은 내용의 위생검사등을 반복적으로 요청하는 경우
2. 식품의약품안전처장이 기술 또는 시설, 재원(財源) 등의 사유로 위생검사등을 할 수 없다고 인정하는 경우

② 식품의약품안전처장은 제1항에 따라 위생검사등의 요청에 따르는 경우 14일 이내에 위생검사등을 하고 그 결과를 대통령령으로 정하는 바에 따라 위생검사등의 요청을 한 소비자 또는 소비자단체에 알리고 인터넷 홈페이지에 게시하여야 한다. 〈개정 2011.6.7〉

③ 위생검사등의 요청 요건 및 절차, 그 밖에 필요한 사항은 대통령령으로 정한다.

**제17조(위해식품등에 대한 긴급대응)** ① 식품의약품안전처장은 판매하거나 판매

할 목적으로 채취·제조·수입·가공·조리·저장·소분 또는 운반(이하 이 조에서 "제조·판매등"이라 한다)되고 있는 식품등이 다음 각 호의 어느 하나에 해당하는 경우에는 긴급대응방안을 마련하고 필요한 조치를 하여야 한다. 〈개정 2010.1.18, 2013.3.23〉

1. 국내외에서 식품등 위해발생 우려가 총리령으로 정하는 과학적 근거에 따라 제기되었거나 제기된 경우
2. 그 밖에 식품등으로 인하여 국민건강에 중대한 위해가 발생하거나 발생할 우려가 있는 경우로서 대통령령으로 정하는 경우

② 제1항에 따른 긴급대응방안은 다음 각 호의 사항이 포함되어야 한다.

1. 해당 식품등의 종류
2. 해당 식품등으로 인하여 인체에 미치는 위해의 종류 및 정도
3. 제3항에 따른 제조·판매등의 금지가 필요한 경우 이에 관한 사항
4. 소비자에 대한 긴급대응요령 등의 교육·홍보에 관한 사항
5. 그 밖에 식품등의 위해 방지 및 확산을 막기 위하여 필요한 사항

③ 식품의약품안전처장은 제1항에 따른 긴급대응이 필요하다고 판단되는 식품등에 대하여는 그 위해 여부가 확인되기 전까지 해당 식품등의 제조·판매등을 금지하여야 한다. 〈개정 2011.8.4〉

④ 영업자는 제3항에 따른 식품등에 대하여는 제조·판매등을 하여서는 아니 된다.

⑤ 식품의약품안전처장은 제3항에 따라 제조·판매등을 금지하려면 미리 대통령령으로 정하는 이해관계인의 의견을 들어야 한다.

⑥ 영업자는 제3항에 따른 금지조치에 대하여 이의가 있는 경우에는 대통령령으로 정하는 바에 따라 식품의약품안전처장에게 해당 금지의 전부 또는 일부의 해제를 요청할 수 있다.

⑦ 식품의약품안전처장은 식품등으로 인하여 국민건강에 위해가 발생하지 아니하였거나 발생할 우려가 없어졌다고 인정하는 경우에는 제3항에 따른 금지의 전부 또는 일부를 해제하여야 한다.

⑧ 식품의약품안전처장은 국민건강에 급박한 위해가 발생하거나 발생할 우려가

있다고 인정되는 위해식품에 관한 정보를 국민에게 긴급하게 전달하여야 하는 경우로서 대통령령으로 정하는 요건에 해당하는 경우에는 「방송법」 제2조제3호에 따른 방송사업자 중 대통령령으로 정하는 방송사업자에 대하여 이를 신속하게 방송하도록 요청하거나 「전기통신사업법」 제5조에 따른 기간통신사업자 중 대통령령으로 정하는 기간통신사업자에 대하여 이를 신속하게 문자 또는 음성으로 송신하도록 요청할 수 있다.

⑨ 제8항에 따라 요청을 받은 방송사업자 및 기간통신사업자는 특별한 사유가 없는 한 이에 응하여야 한다.

**제18조(유전자재조합식품등의 안전성 평가 등)** ① 식품의약품안전처장은 유전자재조합식품등을 식용(食用)으로 수입·개발·생산하는 자에게 최초로 유전자재조합식품등을 수입하는 경우 등 대통령령으로 정하는 경우에는 해당 식품등에 대하여 안전성 평가를 받게 할 수 있다.

② 식품의약품안전처장은 제1항에 따른 유전자재조합식품등의 안전성 평가에 대한 심사를 위하여 식품의약품안전처에 유전자재조합식품등 안전성평가자료심사위원회(이하 "안전성평가자료심사위원회"라 한다)를 둔다. 〈개정 2013.3.23〉

③ 안전성평가자료심사위원회의 구성·기능·운영에 필요한 사항은 대통령령으로 정한다.

④ 제1항에 따른 안전성 평가의 대상, 안전성 평가를 위한 자료제출의 범위 및 심사절차 등에 관하여는 식품의약품안전처장이 정하여 고시한다.

**제19조(수입 식품등의 신고 등)** ① 판매를 목적으로 하거나 영업에 사용할 목적으로 식품등을 수입하려는 자는 총리령으로 정하는 바에 따라 식품의약품안전처장에게 신고하여야 한다. 〈개정 2010.1.18, 2013.3.23〉

② 식품의약품안전처장은 제1항에 따라 신고된 식품등에 대하여 통관 절차가 끝나기 전에 관계 공무원이나 검사기관으로 하여금 필요한 검사를 하게 하여야 한다. 다만, 기구 또는 용기·포장은 통관 절차가 끝난 뒤에도 검사하게 할 수 있다. 〈개정 2013.3.23〉

③ 식품의약품안전처장은 제1항에 따라 신고된 식품등이 다음 각 호의 어느 하나에 해당하는 경우에는 제2항에도 불구하고 검사의 전부 또는 일부를 생략할 수

있다. 〈개정 2010.1.18, 2013.3.23〉

1. 제4조부터 제6조까지 및 제8조에 따른 위해식품등에 해당하지 아니하고, 제7조, 제9조, 제36조 및 제48조에 적합하며, 제13조를 위반하지 아니하였다고 식품의약품안전처장이 미리 확인하여 등록(이하 "수입식품등 사전확인등록"이라 한다)한 경우(수산동식물은 수출국 정부가 인정하는 경우를 포함하되, 수출국이 우리나라에서 수입하는 수산동식물에 대하여 같은 제도를 인정하는 경우만 해당한다)
2. 식품의약품안전처장이 인정하여 고시한 국내외 검사기관에서 검사를 받아 그 검사성적서 또는 검사증명서를 제출하는 경우
3. 제20조제2항에 따라 등록한 우수수입업소가 수입한 경우
4. 그 밖에 제1호부터 제3호까지에 준하는 사항으로서 총리령으로 정하는 사유에 해당하는 경우

④ 제2항 및 제3항에 따른 검사의 종류·대상·방법과 수입식품등 사전확인등록의 기준·절차 등에 관하여 필요한 사항은 총리령으로 정한다. 〈개정 2010.1.18, 2013.3.23〉

⑤ 제1항에 따라 제44조제5항에 따른 주문자상표부착식품등을 신고하는 경우 식품의약품안전처장이 정하여 고시하는 기준에 따라 설정한 유통기한의 설정사유를 식품의약품안전처장에게 보고하여야 한다. 보고한 사항 중 총리령으로 정하는 중요한 사항을 변경하는 경우에도 또한 같다. 〈신설 2011.6.7, 2013.3.23〉

**제19조의2(수입 식품등의 신고 대행자 등)** ① 식품등을 수입하려는 자는 대통령령으로 정하는 식품안전관리 자격을 갖춘 자 중 식품의약품안전처장에게 등록한 자(이하 "수입식품신고 대행자"라 한다)에게 제19조제1항에 따른 식품등의 수입신고를 대행하게 할 수 있다. 〈개정 2013.3.23〉

② 수입식품신고 대행자 등록절차, 교육 및 대행에 따른 수수료는 총리령으로 정한다. 〈개정 2013.3.23〉

③ 식품의약품안전처장은 제2항에 따라 등록한 수입식품신고 대행자가 다음 각 호의 어느 하나에 해당하는 때에는 등록을 취소하거나 6개월 이내의 기간을 정하여 업무의 정지를 명할 수 있다. 다만, 제1호에 해당하는 때에는 등록을 취소

하여야 한다. 〈개정 2013.3.23〉

1. 거짓이나 그 밖의 부정한 방법으로 등록한 때
2. 업무 정지 명령을 위반하여 업무를 한 때
3. 제1항의 등록기준을 위반한 때
4. 수입신고업무를 담당하는 공무원에게 금품이나 향응 등을 제공한 사실이 있다고 확인된 때
5. 수입자에게 수수료 외의 금품이나 향응 등을 요구한 사실이 확인된 때
6. 제24조에 따른 식품위생검사기관에 수입식품의 신고업무와 관련된 검사를 의뢰할 때 검사수수료 외의 금품이나 향응 등을 제공한 사실이 확인된 때
7. 수입식품신고를 대행할 때 사실과 다르게 신고하거나 허위서류를 첨부하는 등 부정한 방법으로 수입신고한 사실이 확인된 때

④ 제3항에 따른 행정처분의 세부기준은 그 위반 행위의 유형과 위반 정도 등을 고려하여 총리령으로 정한다. 〈개정 2013.3.23〉

⑤ 제3항에 따른 등록취소 후 3년이 지나지 아니한 자는 새로 등록하여서는 아니 된다.

[본조신설 2011.6.7]

**제19조의3(식품안전 교육명령 등)** ① 식품의약품안전처장은 다음 각 호의 어느 하나에 해당하는 영업자에게 수입 식품등의 안전성을 확보하기 위한 식품안전 교육을 명할 수 있다. 〈개정 2013.3.23〉

1. 제19조제1항에 따라 수입신고한 식품등을 검사한 결과 부적합 식품등을 수입한 영업자
2. 국내 유통 중인 수입 식품등에 대하여 제22조제1항에 따른 출입·검사·수거 등을 실시한 결과 영업정지 처분을 받은 영업자

② 제1항에 따른 식품안전 교육명령의 조치와 관련한 세부절차, 교육기관, 방법 및 내용 등에 필요한 사항은 총리령으로 정한다. 〈개정 2013.3.23〉

[본조신설 2011.6.7]

**제19조의4(검사명령 등)** ① 식품의약품안전처장은 다음 각 호의 어느 하나에 해당하는 식품등을 채취·제조·수입·가공·사용·조리·저장·소분·운반 또는 진

열하는 영업자에 대하여 제24조제2항에 따른 식품위생검사기관 또는 식품의약품안전처장이 지정한 국외 공인검사기관에서 검사를 받을 것을 명(이하 "검사명령"이라 한다)할 수 있다. 다만, 검사로써 위해성분을 확인할 수 없다고 식품의약품안전처장이 인정하는 경우에는 관계 자료 등으로 갈음할 수 있다. 〈개정 2013.3.23〉

1. 국내외에서 유해물질이 검출된 식품등
2. 제19조제2항에 따라 수입신고한 식품등을 검사한 결과 부적합률이 높은 식품등
3. 그 밖에 국내외에서 위해발생의 우려가 제기되었거나 제기된 식품등

② 검사명령을 받은 영업자는 총리령으로 정하는 검사기한 내에 검사를 받거나 관련 자료 등을 제출하여야 한다. 〈개정 2013.3.23〉

③ 제1항 및 제2항에 따른 검사명령 대상 식품등의 범위, 제출 자료 등 세부사항은 식품의약품안전처장이 정하여 고시한다. 〈개정 2013.3.23〉

[본조신설 2011.6.7]

**제20조(우수수입업소 등록 등)** ① 제19조에 따라 수입신고한 자는 해당 수입 식품 등의 안전성 확보 등을 위하여 식품의약품안전처장이 정하는 기준에 따라 수출국 제조업소에 대하여 위생관리 상태를 점검할 수 있다. 〈개정 2013.3.23〉

② 제1항에 따라 위생관리 상태를 점검하는 업소는 식품의약품안전처장에게 우수수입식품업소(이하 "우수수입업소"라 한다)로 등록할 수 있다. 〈개정 2013.3.23〉

③ 우수수입업소의 등록을 하려는 자는 총리령으로 정하는 바에 따라 식품의약품안전처장에게 신청하여야 한다. 등록한 사항 중 총리령으로 정하는 중요한 사항을 변경하려는 경우에도 또한 같다. 〈개정 2010.1.18, 2013.3.23〉

④ 식품의약품안전처장은 우수수입업소가 다음 각 호의 어느 하나에 해당하는 경우에는 그 등록을 취소하거나 시정을 명할 수 있다. 다만, 우수수입업소가 제1호에 해당할 경우 등록을 취소하여야 한다. 〈개정 2010.1.18, 2013.3.23〉

1. 거짓이나 그 밖의 부정한 방법으로 등록을 한 경우
2. 제75조에 따라 영업정지 2개월 이상의 행정처분을 받은 경우
3. 그 밖에 제1호 및 제2호에 준하는 사항으로서 총리령으로 정하는 사항을 지키

지 아니한 경우

⑤ 우수수입업소의 등록 절차·방법, 수출국 제조업소의 생산·가공시설 안전성 기준 등 세부 사항은 총리령으로 정한다. 〈개정 2010.1.18, 2013.3.23〉

**제21조(특정 식품등의 수입·판매 등 금지)** ① 식품의약품안전처장은 특정 국가 또는 지역에서 채취·제조·가공·사용·조리 또는 저장된 식품등이 그 특정 국가 또는 지역에서 위해한 것으로 밝혀졌거나 위해의 우려가 있다고 인정되는 경우에는 그 식품등을 수입·판매하거나 판매할 목적으로 제조·가공·사용·조리·저장·소분·운반 또는 진열하는 것을 금지할 수 있다. 〈개정 2013.3.23〉

② 식품의약품안전처장은 제15조제1항에 따른 위해평가 또는 제19조제2항에 따른 검사 후 식품등에서 제4조제2호에 따른 유독·유해물질이 검출된 경우에는 해당 식품등의 수입을 금지하여야 한다. 다만, 인체의 건강을 해칠 우려가 없다고 식품의약품안전처장이 인정하는 경우는 그러하지 아니하다. 〈개정 2013.3.23〉

③ 식품의약품안전처장은 제1항 및 제2항에 따른 금지를 하려면 미리 관계 중앙행정기관의 장의 의견을 듣고 심의위원회의 심의·의결을 거쳐야 한다. 다만, 국민건강을 급박하게 위해할 우려가 있어서 신속히 금지 조치를 하여야 할 필요가 있는 경우 먼저 금지조치를 한 뒤 지체 없이 심의위원회의 심의·의결을 거칠 수 있다. 〈개정 2013.3.23〉

④ 제3항 본문 및 단서에 따라 심의위원회가 심의하는 경우 대통령령으로 정하는 이해관계인은 심의위원회에 출석하여 의견을 진술하거나 문서로 의견을 제출할 수 있다.

⑤ 식품의약품안전처장은 직권으로 또는 제1항 및 제2항에 따라 수입·판매 등이 금지된 식품등에 대하여 이해관계가 있는 국가 또는 수입한 영업자의 신청을 받아 그 식품등에 위해가 없는 것으로 인정되면 심의위원회의 심의·의결을 거쳐 제1항 및 제2항에 따른 금지의 전부 또는 일부를 해제할 수 있다. 〈개정 2013.3.23〉

⑥ 식품의약품안전처장은 제1항 및 제2항에 따른 금지나 제5항에 따른 해제를 하는 경우에는 고시하여야 한다. 〈개정 2013.3.23〉

⑦ 식품의약품안전처장은 제1항 및 제2항에 따라 수입·판매 등이 금지된 해당 식품등의 제조업소, 이해관계가 있는 국가 또는 수입한 영업자가 원인 규명 및

개선사항을 제시할 경우에는 제1항 및 제2항에 따른 금지의 전부 또는 일부를 해제할 수 있다. 이 경우 개선사항에 대한 확인이 필요한 때에는 현지 조사를 할 수 있다. 〈개정 2013.3.23〉

**제22조(출입 · 검사 · 수거 등)** ① 식품의약품안전처장(대통령령으로 정하는 그 소속 기관의 장을 포함한다. 이하 이 조에서 같다), 시 · 도지사 또는 시장 · 군수 · 구청장은 식품등의 위해방지 · 위생관리와 영업질서의 유지를 위하여 필요하면 다음 각 호의 구분에 따른 조치를 할 수 있다. 〈개정 2009.5.21, 2011.6.7, 2013.3.23〉

1. 영업자나 그 밖의 관계인에게 필요한 서류나 그 밖의 자료의 제출 요구
2. 관계 공무원으로 하여금 다음 각 목에 해당하는 출입 · 검사 · 수거 등의 조치

가. 영업소(사무소, 창고, 제조소, 저장소, 판매소, 그 밖에 이와 유사한 장소를 포함한다)에 출입하여 판매를 목적으로 하거나 영업에 사용하는 식품등 또는 영업시설 등에 대하여 하는 검사

나. 가목에 따른 검사에 필요한 최소량의 식품등의 무상 수거

다. 영업에 관계되는 장부 또는 서류의 열람

② 식품의약품안전처장은 시 · 도지사 또는 시장 · 군수 · 구청장이 제1항에 따른 출입 · 검사 · 수거 등의 업무를 수행하면서 식품등으로 인하여 발생하는 위생 관련 위해방지 업무를 효율적으로 하기 위하여 필요한 경우에는 관계 행정기관의 장, 다른 시 · 도지사 또는 시장 · 군수 · 구청장에게 행정응원(行政應援)을 하도록 요청할 수 있다. 이 경우 행정응원을 요청받은 관계 행정기관의 장, 시 · 도지사 또는 시장 · 군수 · 구청장은 특별한 사유가 없으면 이에 따라야 한다. 〈개정 2013.3.23〉

③ 제1항 및 제2항의 경우에 출입 · 검사 · 수거 또는 열람하려는 공무원은 그 권한을 표시하는 증표를 지니고 이를 관계인에게 내보여야 한다.

④ 제2항에 따른 행정응원의 절차, 비용 부담 방법, 그 밖에 필요한 사항은 대통령령으로 정한다.

**제23조(식품등의 재검사)** ① 식품의약품안전처장(대통령령으로 정하는 그 소속 기관의 장을 포함한다. 이하 이 조에서 같다), 시 · 도지사 또는 시장 · 군수 · 구청장은 제19조 또는 제22조에 따라 식품등을 검사한 결과 해당 식품등이 제7조 또는

제9조에 따른 식품등의 기준이나 규격에 맞지 아니하면 대통령령으로 정하는 바에 따라 해당 영업자에게 그 검사 결과를 통보하여야 한다. 〈개정 2013.3.23〉

② 제1항에 따른 통보를 받은 영업자가 그 검사 결과에 이의가 있으면 식품의약품안전처장이 인정하는 국내외 검사기관에서 발급한 검사성적서 또는 검사증명서를 첨부하여 식품의약품안전처장, 시·도지사 또는 시장·군수·구청장에게 재검사를 요청할 수 있다. 〈개정 2013.3.23〉

③ 제2항에 따른 재검사 요청을 받은 식품의약품안전처장, 시·도지사 또는 시장·군수·구청장은 대통령령으로 정하는 바에 따라 재검사를 할 것인지를 결정하여 그 결과를 해당 영업자에게 통보하여야 한다. 〈개정 2013.3.23〉

④ 식품의약품안전처장, 시·도지사 또는 시장·군수·구청장은 제3항에 따라 해당 식품등을 재검사하기로 결정한 경우에는 지체 없이 재검사를 하고, 재검사 결과를 해당 영업자에게 통보하여야 한다. 이 경우 재검사 수수료와 보세창고료 등 재검사에 따르는 비용은 영업자가 부담한다. 〈개정 2013.3.23〉

**제24조(식품위생검사기관의 지정 등)** ① 식품등의 안전성을 확보하고 위해식품등을 판명하기 위하여 제7조 및 제9조에 따른 기준 및 규격 등의 검사(이하 "식품위생검사"라 한다)를 행하는 기관(이하 "식품위생검사기관"이라 한다)은 다음 각 호와 같다. 〈개정 2010.1.18, 2013.3.23〉

1. 총리령으로 정하는 식품위생검사기관
2. 식품위생검사를 효율적으로 행하게 하기 위하여 식품의약품안전처장이 지정하는 식품위생검사기관

② 제1항제2호에 따른 식품위생검사기관은 식품위생검사 업무범위별로 다음과 같이 구분하여 지정할 수 있다.

1. 식품위생전문검사기관 : 제19조제2항 및 제22조제1항에 따른 검사 중 식품위생검사에 해당하는 검사
2. 자가품질위탁검사기관 : 제31조제2항에 따른 식품위생검사

③ 제2항에 따른 식품위생검사기관이 갖추어야 할 식품위생검사시설, 식품위생검사 전문인력(이하 "검사원"이라 한다)과 식품위생검사기관의 지정·평가 등에 관하여 필요한 사항은 총리령으로 정한다. 〈개정 2010.1.18, 2013.3.23〉

**제25조(식품위생검사기관 지정의 유효기간)** ① 제24조제2항에 따라 지정된 식품위생검사기관의 지정에 관한 유효기간은 지정받은 날부터 3년으로 한다.

② 제1항에 따른 유효기간은 총리령으로 정하는 바에 따라 1년을 초과하지 아니하는 범위에서 1회에 한하여 그 기간을 연장할 수 있다. 〈개정 2010.1.18, 2013.3.23〉

③ 제1항 및 제2항에 따라 유효기간이 만료되는 식품위생검사기관으로서 제24조제3항에 따른 식품위생검사시설 및 검사원에 관한 요건을 갖춘 식품위생검사기관에 대하여는 제24조에 따라 다시 지정할 수 있다.

**제26조(식품위생검사기관의 출입 등)** 식품의약품안전처장(대통령령으로 정하는 그 소속 기관의 장을 포함한다)은 제24조제2항에 따라 지정된 식품위생검사기관이 행하는 식품위생검사의 적정성과 신뢰성 등을 확보하기 위하여 필요하다고 인정하는 경우 식품위생검사를 행하는 자 또는 그 밖의 관계인에 대하여 필요한 보고를 하게 하거나 관계 공무원으로 하여금 식품위생검사기관의 사무소·검사장소 또는 그 밖에 이와 유사한 장소에 출입하여 식품위생검사시설, 검사원, 검사일지 및 기록서 등을 검사하게 하거나 필요에 따라 식품위생검사와 관련된 장부나 서류 등을 열람하게 할 수 있다. 〈개정 2013.3.23〉

**제27조(식품위생검사기관의 지정취소 등)** 식품의약품안전처장은 제24조제2항에 따라 지정된 식품위생검사기관이 다음 각 호의 어느 하나에 해당하는 경우 총리령으로 정하는 바에 따라 지정을 취소하거나 6개월 이내의 기간을 정하여 식품위생검사업무의 정지를 명하거나 시정명령 등 필요한 조치를 할 수 있다. 다만, 제1호부터 제3호까지에 해당하는 경우에는 그 지정을 취소하여야 한다. 〈개정 2010.1.18, 2013.3.23〉

1. 거짓이나 그 밖의 부정한 방법으로 지정을 받은 경우
2. 고의 또는 중대한 과실로 거짓의 식품위생검사에 관한 성적서를 발급한 경우
3. 식품위생검사 업무정지 처분기간 중에 식품위생검사업무를 행하는 경우
4. 총리령으로 정하는 식품위생검사업무에 관한 규정을 위반한 경우

**제28조(지정 제한)** 식품의약품안전처장은 다음 각 호의 어느 하나에 해당하는 기관을 제24조제2항에 따른 식품위생검사기관으로 지정하여서는 아니 된다. 〈개정 2013.3.23〉

1. 제27조에 따라 지정이 취소된 식품위생검사기관을 설립·운영한 자(법인인 경우 그 대표자를 포함한다)가 그 지정이 취소된 날부터 3년이 지나지 아니하고 식품위생검사기관을 설립·운영하고자 하는 기관
2. 제27조에 따라 지정이 취소된 날부터 3년 이내에 같은 장소에서 식품위생검사기관을 설립·운영하고자 하는 기관

**제29조(검사기관의 승계)** ① 제24조제2항에 따라 식품위생검사기관으로 지정받은 자(이하 "검사기관 운영자"라 한다)가 사망하거나 식품위생검사기관 운영을 양도하거나 또는 법인의 합병이 있는 경우에는 그 상속인·양수인 또는 합병 후 존속하는 법인이나 합병에 따라 설립되는 법인은 그 검사기관 운영자의 지위 중 이 법에 따른 지위를 승계한다.

② 다음 각 호의 어느 하나에 해당하는 절차에 따라 식품위생검사기관 영업시설의 전부를 인수(引受)한 자로서 제24조에 따른 지정요건을 갖춘 자는 그 검사기관 운영자의 지위 중 이 법에 따른 지위를 승계한다. 〈개정 2010.3.31〉

1. 「민사집행법」에 따른 경매
2. 「채무자 회생 및 파산에 관한 법률」에 따른 환가(換價)
3. 「국세징수법」, 「관세법」 또는 「지방세기본법」에 따른 압류재산의 매각
4. 그 밖에 제1호부터 제3호까지의 절차에 준하는 절차

③ 제1항 및 제2항에 따라 검사기관 운영자의 지위를 승계한 자는 1개월 이내에 총리령으로 정하는 바에 따라 식품의약품안전처장에게 신고하여야 한다. 〈개정 2010.1.18, 2013.3.23〉

**제30조(검사원의 교육)** ① 제24조제2항에 따라 지정된 식품위생검사기관의 대표자 또는 검사원은 매년 식품위생검사의 방법 등에 관한 교육을 받아야 한다.

② 제1항에 따른 검사방법 등에 관한 교육의 실시기관 및 내용 등은 총리령으로 정한다. 〈개정 2010.1.18, 2013.3.23〉

**제31조(자가품질검사 의무)** ① 식품등을 제조·가공하는 영업자는 총리령으로 정하는 바에 따라 제조·가공하는 식품등이 제7조 또는 제9조에 따른 기준과 규격에 맞는지를 검사하여야 한다. 〈개정 2010.1.18, 2013.3.23〉

② 식품의약품안전처장 및 시·도지사는 제1항에 따른 검사를 해당 영업을 하는

자가 직접 행하는 것이 부적합한 경우 제24조제2항제2호에 따른 자가품질위탁검사기관에 위탁하여 검사하게 할 수 있다. 〈개정 2013.3.23〉

③ 제1항에 따른 검사를 직접 행하는 영업자 및 제2항에 따른 자가품질위탁검사기관은 제1항에 따른 검사 결과 해당 식품등이 제4조부터 제6조까지, 제7조제4항, 제8조 또는 제9조제4항을 위반하여 국민 건강에 위해가 발생하거나 발생할 우려가 있는 경우에는 지체 없이 식품의약품안전처장에게 보고하여야 한다. 〈신설 2011.6.7, 2013.3.23〉

④ 제1항 및 제2항에 따른 검사의 항목·절차, 그 밖에 검사에 필요한 사항은 총리령으로 정한다. 〈개정 2010.1.18, 2011.6.7, 2013.3.23〉

**제32조(식품위생감시원)** ① 제22조제1항에 따른 관계 공무원의 직무와 그 밖에 식품위생에 관한 지도 등을 하기 위하여 식품의약품안전처(대통령령으로 정하는 그 소속 기관을 포함한다), 특별시·광역시·도·특별자치도(이하 "시·도"라 한다) 또는 시·군·구(자치구를 말한다. 이하 같다)에 식품위생감시원을 둔다. 〈개정 2013.3.23〉

② 제1항에 따른 식품위생감시원의 자격·임명·직무범위, 그 밖에 필요한 사항은 대통령령으로 정한다.

**제33조(소비자식품위생감시원)** ① 식품의약품안전처장(대통령령으로 정하는 그 소속 기관의 장을 포함한다. 이하 이 조에서 같다), 시·도지사 또는 시장·군수·구청장은 식품위생관리를 위하여 「소비자기본법」 제29조에 따라 등록한 소비자단체의 임직원 중 해당 단체의 장이 추천한 자나 식품위생에 관한 지식이 있는 자를 소비자식품위생감시원으로 위촉할 수 있다. 〈개정 2013.3.23〉

② 제1항에 따라 위촉된 소비자식품위생감시원(이하 "소비자식품위생감시원"이라 한다)의 직무는 다음 각 호와 같다.

1. 제36조제1항제3호에 따른 식품접객업을 하는 자(이하 "식품접객영업자"라 한다)에 대한 위생관리 상태 점검
2. 유통 중인 식품등이 표시기준에 맞지 아니하거나 허위표시 또는 과대광고 금지 규정을 위반한 경우 관할 행정관청에 신고하거나 그에 관한 자료 제공
3. 제32조에 따른 식품위생감시원이 하는 식품등에 대한 수거 및 검사 지원

4. 그 밖에 식품위생에 관한 사항으로서 대통령령으로 정하는 사항

③ 소비자식품위생감시원은 제2항 각 호의 직무를 수행하는 경우 그 권한을 남용하여서는 아니 된다.

④ 제1항에 따라 소비자식품위생감시원을 위촉한 식품의약품안전처장, 시·도지사 또는 시장·군수·구청장은 소비자식품위생감시원에게 직무 수행에 필요한 교육을 하여야 한다. 〈개정 2013.3.23〉

⑤ 식품의약품안전처장, 시·도지사 또는 시장·군수·구청장은 소비자식품위생감시원이 다음 각 호의 어느 하나에 해당하면 그 소비자식품위생감시원을 해촉(解囑)하여야 한다. 〈개정 2013.3.23〉

1. 추천한 소비자단체에서 퇴직하거나 해임된 경우
2. 제2항 각 호의 직무와 관련하여 부정한 행위를 하거나 권한을 남용한 경우
3. 질병이나 부상 등의 사유로 직무 수행이 어렵게 된 경우

⑥ 소비자식품위생감시원이 제2항제1호의 직무를 수행하기 위하여 식품접객영업자의 영업소에 단독으로 출입하려면 미리 식품의약품안전처장, 시·도지사 또는 시장·군수·구청장의 승인을 받아야 한다. 〈개정 2013.3.23〉

⑦ 소비자식품위생감시원이 제6항에 따른 승인을 받아 식품접객영업자의 영업소에 단독으로 출입하는 경우에는 승인서와 신분을 표시하는 증표를 지니고 이를 관계인에게 내보여야 한다.

⑧ 소비자식품위생감시원의 자격, 직무 범위 및 교육, 그 밖에 필요한 사항은 대통령령으로 정한다.

**제34조(시민식품감사인)** ① 대통령령으로 정하는 영업자는 식품위생에 관한 전문지식이 있는 다음 각 호의 어느 하나에 해당하는 자 중 식품의약품안전처장 또는 시·도지사가 지정하는 자를 해당 영업소의 식품등의 위생관리 상태를 점검하는 시민식품감사인으로 위촉할 수 있다. 〈개정 2013.3.23〉

1. 「소비자기본법」 제29조에 따라 등록한 소비자단체의 장이 추천하는 자
2. 「비영리민간단체 지원법」 제2조에 따른 비영리민간단체 중 식품위생 관련 단체의 장이 추천하는 자
3. 「고등교육법」 제2조에 따른 학교의 식품 관련 학과에서 조교수 이상으로 재

직하는 자

② 제1항에 따라 위촉된 시민식품감사인(이하 "시민식품감사인"이라 한다)은 제1항에 따른 영업자의 영업소에 대한 위생관리 상태를 분기마다 한 번 이상 점검하고, 점검 결과 위생 상태가 나쁘거나 식품 안전을 위하여 개선이 필요한 사항에 대하여는 영업자에게 개선 등 필요한 조치를 하도록 권고할 수 있다.

③ 시민식품감사인은 해당 영업자가 제2항에 따른 권고사항을 이행하지 아니하면 식품의약품안전처장, 시·도지사 또는 시장·군수·구청장에게 그 사실을 보고하여야 한다. 〈개정 2013.3.23〉

④ 시민식품감사인은 업무로 알게 된 영업자의 영업에 관한 비밀을 타인에게 누설하거나 업무목적이 아닌 용도로 사용하여서는 아니 된다.

⑤ 제1항에 따라 시민식품감사인을 위촉하거나 위촉된 시민식품감사인을 해촉하는 영업자는 다음 각 호의 사항을 총리령으로 정하는 바에 따라 식품의약품안전처장, 시·도지사 또는 시장·군수·구청장에게 보고하여야 한다. 〈개정 2010.1.18, 2013.3.23〉

1. 위촉한 시민식품감사인의 위촉 날짜와 인적 사항
2. 제2항에 따라 시민식품감사인이 개선하도록 권고한 내용과 이에 따라 개선한 사항
3. 시민식품감사인을 해촉하는 경우 해촉 날짜와 사유

⑥ 식품의약품안전처장(대통령령으로 정하는 그 소속 기관의 장을 포함한다), 시·도지사 또는 시장·군수·구청장은 제1항에 따라 시민식품감사인을 위촉한 영업자의 영업소에 대하여 관계 공무원으로 하여금 총리령으로 정하는 일정 기간 동안 제22조에 따른 출입·검사·수거 등을 하지 아니하게 할 수 있다. 다만, 다음 각 호의 어느 하나에 해당하는 경우에는 그러하지 아니하다. 〈개정 2010.1.18, 2013.3.23〉

1. 시민식품감사인을 위촉한 영업자가 시민식품감사인의 권고사항에 따르지 아니한 경우
2. 시민식품감사인이 제2항에 따른 직무를 성실하게 수행하지 아니하거나 직무와 관련하여 부정한 행위를 한 경우

3. 시민식품감사인을 위촉한 영업자가 제조·가공하여 유통 중인 제품을 수거하여 검사한 결과 위해 요인이 있다고 확인된 경우

⑦ 시민식품감사인의 자격, 위촉 절차 및 직무 범위, 그 밖에 필요한 사항은 대통령령으로 정한다.

**제35조(소비자 위생점검 참여 등)** ① 대통령령으로 정하는 영업자는 식품위생에 관한 전문적인 지식이 있는 자 또는 「소비자기본법」 제29조에 따라 등록한 소비자단체의 장이 추천한 자로서 식품의약품안전처장이 정하는 자에게 위생관리 상태를 점검받을 수 있다. 〈개정 2013.3.23〉

② 제1항에 따른 점검 결과 식품의약품안전처장이 정하는 기준에 적합하여 합격한 경우 해당 영업자는 그 합격사실을 총리령으로 정하는 바에 따라 해당 영업소에서 제조·가공한 식품등에 표시하거나 광고할 수 있다. 〈개정 2010.1.18, 2013.3.23〉

③ 식품의약품안전처장(대통령령으로 정하는 그 소속 기관의 장을 포함한다), 시·도지사 또는 시장·군수·구청장은 제1항에 따라 위생점검을 받은 영업소 중 식품의약품안전처장이 정하는 기준에 따른 우수 등급의 영업소에 대하여는 관계 공무원으로 하여금 총리령으로 정하는 일정 기간 동안 제22조에 따른 출입·검사·수거 등을 하지 아니하게 할 수 있다. 〈개정 2010.1.18, 2013.3.23〉

④ 제1항에 따른 위생점검의 시기 등은 대통령령으로 정한다.

## 제7장 영업

**제36조(시설기준)** ① 다음의 영업을 하려는 자는 총리령으로 정하는 시설기준에 맞는 시설을 갖추어야 한다. 〈개정 2010.1.18, 2013.3.23〉

1. 식품 또는 식품첨가물의 제조업, 가공업, 운반업, 판매업 및 보존업
2. 기구 또는 용기·포장의 제조업
3. 식품접객업

② 제1항 각 호에 따른 영업의 세부 종류와 그 범위는 대통령령으로 정한다.

**제37조(영업허가 등)** ① 제36조제1항 각 호에 따른 영업 중 대통령령으로 정하는

영업을 하려는 자는 대통령령으로 정하는 바에 따라 영업 종류별 또는 영업소별로 식품의약품안전처장 또는 특별자치도지사·시장·군수·구청장의 허가를 받아야 한다. 허가받은 사항 중 대통령령으로 정하는 중요한 사항을 변경할 때에도 또한 같다. 〈개정 2013.3.23〉

② 식품의약품안전처장 또는 특별자치도지사·시장·군수·구청장은 제1항에 따른 영업허가를 하는 때에는 필요한 조건을 붙일 수 있다. 〈개정 2013.3.23〉

③ 제1항에 따라 영업허가를 받은 자가 폐업하거나 허가받은 사항 중 같은 항 후단의 중요한 사항을 제외한 경미한 사항을 변경할 때에는 식품의약품안전처장 또는 특별자치도지사·시장·군수·구청장에게 신고하여야 한다. 〈개정 2013.3.23〉

④ 제36조제1항 각 호에 따른 영업 중 대통령령으로 정하는 영업을 하려는 자는 대통령령으로 정하는 바에 따라 영업 종류별 또는 영업소별로 식품의약품안전처장 또는 특별자치도지사·시장·군수·구청장에게 신고하여야 한다. 신고한 사항 중 대통령령으로 정하는 중요한 사항을 변경하거나 폐업할 때에도 또한 같다. 〈개정 2013.3.23〉

⑤ 제36조제1항 각 호에 따른 영업 중 대통령령으로 정하는 영업을 하려는 자는 대통령령으로 정하는 바에 따라 영업 종류별 또는 영업소별로 식품의약품안전처장 또는 특별자치도지사·시장·군수·구청장에게 등록하여야 하며, 등록한 사항 중 대통령령으로 정하는 중요한 사항을 변경할 때에도 또한 같다. 다만, 폐업하거나 대통령령으로 정하는 중요한 사항을 제외한 경미한 사항을 변경할 때에는 특별자치도지사·시장·군수·구청장에게 신고하여야 한다. 〈신설 2011.6.7, 2013.3.23〉

⑥ 제1항, 제4항 또는 제5항에 따라 식품 또는 식품첨가물의 제조업·가공업의 허가를 받거나 신고 또는 등록을 한 자가 식품 또는 식품첨가물을 제조·가공하는 경우에는 총리령으로 정하는 바에 따라 식품의약품안전처장 또는 특별자치도지사·시장·군수·구청장에게 그 사실을 보고하여야 한다. 보고한 사항 중 총리령으로 정하는 중요한 사항을 변경하는 경우에도 또한 같다. 〈개정 2010.1.18, 2011.6.7, 2013.3.23〉

⑦ 식품의약품안전처장 또는 특별자치도지사·시장·군수·구청장은 영업자(제4

항에 따른 영업신고 또는 제5항에 따른 영업등록을 한 자만 해당한다)가 「부가가치세법」 제5조에 따라 관할세무서장에게 폐업신고를 하거나 관할세무서장이 사업자등록을 말소한 경우에는 신고 또는 등록 사항을 직권으로 말소할 수 있다. 〈개정 2011.6.7, 2013.3.23〉

⑧ 제3항부터 제5항까지의 규정에 따라 폐업하고자 하는 자는 제71조부터 제76조까지의 규정에 따른 영업정지 등 행정 제재처분기간 중에는 폐업신고를 할 수 없다. 〈신설 2011.6.7〉

**제38조(영업허가 등의 제한)** ① 다음 각 호의 어느 하나에 해당하면 제37조제1항에 따른 영업허가를 하여서는 아니 된다.

1. 해당 영업 시설이 제36조에 따른 시설기준에 맞지 아니한 경우
2. 제75조제1항 또는 제2항에 따라 영업허가가 취소(제44조제2항제1호를 위반하여 영업허가가 취소된 경우와 제75조제1항제18호에 따라 영업허가가 취소된 경우는 제외한다)되고 6개월이 지나기 전에 같은 장소에서 같은 종류의 영업을 하려는 경우. 다만, 영업시설 전부를 철거하여 영업허가가 취소된 경우에는 그러하지 아니하다.
3. 제44조제2항제1호를 위반하여 영업허가가 취소되거나 제75조제1항제18호에 따라 영업허가가 취소되고 2년이 지나기 전에 같은 장소에서 제36조제1항제3호에 따른 식품접객업을 하려는 경우
4. 제75조제1항 또는 제2항에 따라 영업허가가 취소(제4조부터 제6조까지, 제8조 또는 제44조제2항제1호를 위반하여 영업허가가 취소된 경우와 제75조제1항제18호에 따라 영업허가가 취소된 경우는 제외한다)되고 2년이 지나기 전에 같은 자(법인인 경우에는 그 대표자를 포함한다)가 취소된 영업과 같은 종류의 영업을 하려는 경우
5. 제44조제2항제1호를 위반하여 영업허가가 취소되거나 제75조제1항제18호에 따라 영업허가가 취소된 후 3년이 지나기 전에 같은 자(법인인 경우에는 그 대표자를 포함한다)가 제36조제1항제3호에 따른 식품접객업을 하려는 경우
6. 제4조부터 제6조까지 또는 제8조를 위반하여 영업허가가 취소되고 5년이 지나기 전에 같은 자(법인인 경우에는 그 대표자를 포함한다)가 취소된 영업과

같은 종류의 영업을 하려는 경우

7. 제36조제1항제3호에 따른 식품접객업 중 국민의 보건위생을 위하여 허가를 제한할 필요가 뚜렷하다고 인정되어 시·도지사가 지정하여 고시하는 영업에 해당하는 경우

8. 영업허가를 받으려는 자가 금치산자이거나 파산선고를 받고 복권되지 아니한 자인 경우

② 다음 각 호의 어느 하나에 해당하는 경우에는 제37조제4항에 따른 영업신고 또는 같은 조 제5항에 따른 영업등록을 할 수 없다. 〈개정 2011.6.7〉

1. 제75조제1항 또는 제2항에 따른 등록취소 또는 영업소 폐쇄명령(제44조제2항제1호를 위반하여 영업소 폐쇄명령을 받은 경우와 제75조제1항제18호에 따라 영업소 폐쇄명령을 받은 경우는 제외한다)을 받고 6개월이 지나기 전에 같은 장소에서 같은 종류의 영업을 하려는 경우. 다만, 영업시설 전부를 철거하여 등록취소 또는 영업소 폐쇄명령을 받은 경우에는 그러하지 아니하다.

2. 제44조제2항제1호를 위반하여 영업소 폐쇄명령을 받거나 제75조제1항제18호에 따라 영업소 폐쇄명령을 받은 후 1년이 지나기 전에 같은 장소에서 제36조제1항제3호에 따른 식품접객업을 하려는 경우

3. 제75조제1항 또는 제2항에 따른 등록취소 또는 영업소 폐쇄명령(제4조부터 제6조까지, 제8조 또는 제44조제2항제1호를 위반하여 등록취소 또는 영업소 폐쇄명령을 받은 경우와 제75조제1항제18호에 따라 영업소 폐쇄명령을 받은 경우는 제외한다)을 받고 2년이 지나기 전에 같은 자(법인인 경우에는 그 대표자를 포함한다)가 등록취소 또는 폐쇄명령을 받은 영업과 같은 종류의 영업을 하려는 경우

4. 제44조제2항제1호를 위반하여 영업소 폐쇄명령을 받거나 제75조제1항제18호에 따라 영업소 폐쇄명령을 받고 2년이 지나기 전에 같은 자(법인인 경우에는 그 대표자를 포함한다)가 제36조제1항제3호에 따른 식품접객업을 하려는 경우

5. 제4조부터 제6조까지 또는 제8조를 위반하여 등록취소 또는 영업소 폐쇄명령을 받고 5년이 지나지 아니한 자(법인인 경우에는 그 대표자를 포함한다)가 등

록취소 또는 폐쇄명령을 받은 영업과 같은 종류의 영업을 하려는 경우

**제39조(영업 승계)** ① 영업자가 영업을 양도하거나 사망한 경우 또는 법인이 합병한 경우에는 그 양수인·상속인 또는 합병 후 존속하는 법인이나 합병에 따라 설립되는 법인은 그 영업자의 지위를 승계한다.

② 제29조제2항 각 호의 어느 하나에 해당하는 절차에 따라 영업 시설의 전부를 인수한 자는 그 영업자의 지위를 승계한다. 이 경우 종전의 영업자에 대한 영업허가·등록 또는 그가 한 신고는 그 효력을 잃는다. 〈개정 2011.6.7〉

③ 제1항 또는 제2항에 따라 그 영업자의 지위를 승계한 자는 총리령으로 정하는 바에 따라 1개월 이내에 그 사실을 식품의약품안전처장 또는 특별자치도지사·시장·군수·구청장에게 신고하여야 한다. 〈개정 2010.1.18, 2013.3.23〉

④ 제1항 및 제2항에 따른 승계에 관하여는 제38조를 준용한다. 다만, 상속인이 제38조제1항제8호에 해당하면 상속받은 날부터 3개월 동안은 그러하지 아니하다.

**제40조(건강진단)** ① 총리령으로 정하는 영업자 및 그 종업원은 건강진단을 받아야 한다. 다만, 다른 법령에 따라 같은 내용의 건강진단을 받는 경우에는 이 법에 따른 건강진단을 받은 것으로 본다. 〈개정 2010.1.18, 2013.3.23〉

② 제1항에 따라 건강진단을 받은 결과 타인에게 위해를 끼칠 우려가 있는 질병이 있다고 인정된 자는 그 영업에 종사하지 못한다.

③ 영업자는 제1항을 위반하여 건강진단을 받지 아니한 자나 제2항에 따른 건강진단 결과 타인에게 위해를 끼칠 우려가 있는 질병이 있는 자를 그 영업에 종사시키지 못한다.

④ 제1항에 따른 건강진단의 실시방법 등과 제2항 및 제3항에 따른 타인에게 위해를 끼칠 우려가 있는 질병의 종류는 총리령으로 정한다. 〈개정 2010.1.18, 2013.3.23〉

**제41조(식품위생교육)** ① 대통령령으로 정하는 영업자 및 유흥종사자를 둘 수 있는 식품접객업 영업자의 종업원은 매년 식품위생에 관한 교육(이하 "식품위생교육"이라 한다)을 받아야 한다.

② 제36조제1항 각 호에 따른 영업을 하려는 자는 미리 식품위생교육을 받아야 한다. 다만, 부득이한 사유로 미리 식품위생교육을 받을 수 없는 경우에는 영업

을 시작한 뒤에 식품의약품안전처장이 정하는 바에 따라 식품위생교육을 받을 수 있다. 〈개정 2010.1.18, 2013.3.23〉

③ 제1항 및 제2항에 따라 교육을 받아야 하는 자가 영업에 직접 종사하지 아니하거나 두 곳 이상의 장소에서 영업을 하는 경우에는 종업원 중에서 식품위생에 관한 책임자를 지정하여 영업자 대신 교육을 받게 할 수 있다. 다만, 집단급식소에 종사하는 조리사 및 영양사(「국민영양관리법」 제15조에 따라 영양사 면허를 받은 사람을 말한다. 이하 같다)가 식품위생에 관한 책임자로 지정되어 제56조제1항 단서에 따라 교육을 받은 경우에는 제1항 및 제2항에 따른 해당 연도의 식품위생교육을 받은 것으로 본다. 〈개정 2010.3.26〉

④ 제2항에도 불구하고 조리사 또는 영양사의 면허를 받은 자가 제36조제1항제3호에 따른 식품접객업을 하려는 경우에는 식품위생교육을 받지 아니하여도 된다.

⑤ 영업자는 특별한 사유가 없는 한 식품위생교육을 받지 아니한 자를 그 영업에 종사하게 하여서는 아니 된다.

⑥ 제1항 및 제2항에 따른 교육의 내용, 교육비 및 교육 실시 기관 등에 관하여 필요한 사항은 총리령으로 정한다. 〈개정 2010.1.18, 2013.3.23〉

**제42조(품질관리 및 보고)** ① 식품 또는 식품첨가물을 제조·가공하는 영업자와 그 종업원은 원료관리, 제조공정, 그 밖에 식품등의 위생적 관리를 위하여 총리령으로 정하는 사항을 지켜야 한다. 〈개정 2010.1.18, 2013.3.23〉

② 제1항에 따른 영업자는 총리령으로 정하는 바에 따라 식품 및 식품첨가물을 생산한 실적 등을 식품의약품안전처장 또는 시·도지사에게 보고하여야 한다. 〈개정 2010.1.18, 2013.3.23〉

**제43조(영업 제한)** ① 시·도지사는 영업 질서와 선량한 풍속을 유지하는 데에 필요한 경우에는 영업자 중 식품접객영업자와 그 종업원에 대하여 영업시간 및 영업행위를 제한할 수 있다.

② 제1항에 따른 제한 사항은 대통령령으로 정하는 범위에서 해당 시·도의 조례로 정한다.

**제44조(영업자 등의 준수사항)** ① 식품접객영업자 등 대통령령으로 정하는 영업자와 그 종업원은 영업의 위생관리와 질서유지, 국민의 보건위생 증진을 위하여 총

리령으로 정하는 사항을 지켜야 한다. 〈개정 2010.1.18, 2013.3.23〉

② 식품접객영업자는 「청소년 보호법」 제2조에 따른 청소년(이하 이 항에서 "청소년"이라 한다)에게 다음 각 호의 어느 하나에 해당하는 행위를 하여서는 아니 된다. 〈개정 2011.9.15〉

1. 청소년을 유흥접객원으로 고용하여 유흥행위를 하게 하는 행위
2. 「청소년 보호법」 제2조제5호가목3)에 따른 청소년출입·고용 금지업소에 청소년을 출입시키거나 고용하는 행위
3. 「청소년 보호법」 제2조제5호나목3)에 따른 청소년고용금지업소에 청소년을 고용하는 행위
4. 청소년에게 주류(酒類)를 제공하는 행위

③ 누구든지 영리를 목적으로 제36조제1항제3호의 식품접객업을 하는 장소(유흥종사자를 둘 수 있도록 대통령령으로 정하는 영업을 하는 장소는 제외한다)에서 손님과 함께 술을 마시거나 노래 또는 춤으로 손님의 유흥을 돋우는 접객행위(공연을 목적으로 하는 가수, 악사, 댄서, 무용수 등이 하는 행위는 제외한다)를 하거나 다른 사람에게 그 행위를 알선하여서는 아니 된다.

④ 제3항에 따른 식품접객영업자는 유흥종사자를 고용·알선하거나 호객행위를 하여서는 아니 된다.

⑤ 주문자 상표부착방식으로 수출국에 제조·가공을 위탁하여 제19조에 따라 식품등(이하 "주문자상표부착식품등"이라 한다)을 수입·판매하는 영업자는 다음 각 호의 사항을 지켜야 한다. 〈개정 2013.3.23〉

1. 주문자상표부착식품등을 제조·가공하는 업체에 대하여 식품의약품안전처장이 정하는 위생점검에 관한 기준에 따라 대통령령으로 정한 기관 또는 단체로 하여금 현지 위생점검 등을 실시하여야 한다.
2. 주문자상표부착식품등에 대하여 제31조에 따른 검사를 실시하고, 그 기록을 2년간 보관하여야 한다.

**제45조(위해식품등의 회수)** ① 판매의 목적으로 식품등을 제조·가공·소분·수입 또는 판매한 영업자는 해당 식품등이 제4조부터 제6조까지, 제7조제4항, 제8조 또는 제9조제4항을 위반한 사실(식품등의 위해와 관련이 없는 위반사항을 제외한

다)을 알게 된 경우에는 지체 없이 유통 중인 해당 식품등을 회수하거나 회수하는 데에 필요한 조치를 하여야 한다. 이 경우 영업자는 회수계획을 식품의약품안전처장, 시·도지사 또는 시장·군수·구청장에게 미리 보고하여야 하며, 회수결과를 보고받은 시·도지사 또는 시장·군수·구청장은 이를 지체 없이 식품의약품안전처장에게 보고하여야 한다. 〈개정 2013.3.23〉

② 식품의약품안전처장, 시·도지사 또는 시장·군수·구청장은 제1항에 따른 회수에 필요한 조치를 성실히 이행한 영업자에 대하여 해당 식품등으로 인하여 받게 되는 제75조 또는 제76조에 따른 행정처분을 대통령령으로 정하는 바에 따라 감면할 수 있다. 〈개정 2013.3.23〉

③ 제1항에 따른 회수대상 식품등·회수계획·회수절차 및 회수결과 보고 등에 관하여 필요한 사항은 총리령으로 정한다. 〈개정 2010.1.18, 2013.3.23〉

**제46조(식품등의 이물 발견보고 등)** ① 판매의 목적으로 식품등을 제조·가공·소분·수입 또는 판매하는 영업자는 소비자로부터 판매제품에서 식품의 제조·가공·조리·유통 과정에서 정상적으로 사용된 원료 또는 재료가 아닌 것으로서 섭취할 때 위생상 위해가 발생할 우려가 있거나 섭취하기에 부적합한 물질[이하 "이물(異物)"이라 한다]을 발견한 사실을 신고받은 경우 지체 없이 이를 식품의약품안전처장, 시·도지사 또는 시장·군수·구청장에게 보고하여야 한다. 〈개정 2013.3.23〉

② 「소비자기본법」에 따른 한국소비자원 및 소비자단체는 소비자로부터 이물 발견의 신고를 접수하는 경우 지체 없이 이를 식품의약품안전처장에게 통보하여야 한다. 〈개정 2013.3.23〉

③ 시·도지사 또는 시장·군수·구청장은 소비자로부터 이물 발견의 신고를 접수하는 경우 이를 식품의약품안전처장에게 통보하여야 한다. 〈개정 2013.3.23〉

④ 식품의약품안전처장은 제1항부터 제3항까지의 규정에 따라 이물 발견의 신고를 통보받은 경우 이물혼입 원인 조사를 위하여 필요한 조치를 취하여야 한다. 〈개정 2013.3.23〉

⑤ 제1항에 따른 이물 보고의 기준·대상 및 절차 등에 필요한 사항은 총리령으로 정한다. 〈개정 2010.1.18, 2013.3.23〉

**제47조(위생등급)** ① 식품의약품안전처장 또는 특별자치도지사·시장·군수·구청장은 총리령으로 정하는 위생등급 기준에 따라 위생관리 상태 등이 우수한 식품 등의 제조·가공업소, 식품접객업소 또는 집단급식소를 우수업소 또는 모범업소로 지정할 수 있다. 〈개정 2010.1.18, 2013.3.23〉

② 식품의약품안전처장(대통령령으로 정하는 그 소속 기관의 장을 포함한다), 시·도지사 또는 시장·군수·구청장은 제1항에 따라 지정한 우수업소 또는 모범업소에 대하여 관계 공무원으로 하여금 총리령으로 정하는 일정 기간 동안 제22조에 따른 출입·검사·수거 등을 하지 아니하게 할 수 있으며, 시·도지사 또는 시장·군수·구청장은 제89조제3항제1호에 따른 영업자의 위생관리시설 및 위생설비시설 개선을 위한 융자 사업과 같은 항 제6호에 따른 음식문화 개선과 좋은 식단 실천을 위한 사업에 대하여 우선 지원 등을 할 수 있다. 〈개정 2010.1.18, 2013.3.23〉

③ 식품의약품안전처장 또는 특별자치도지사·시장·군수·구청장은 제1항에 따라 우수업소 또는 모범업소로 지정된 업소가 그 지정기준에 미치지 못하거나 영업정지 이상의 행정처분을 받게 되면 지체 없이 그 지정을 취소하여야 한다. 〈개정 2013.3.23〉

④ 제1항 및 제3항에 따른 우수업소 또는 모범업소의 지정 및 그 취소에 관한 사항은 총리령으로 정한다. 〈개정 2010.1.18, 2013.3.23〉

**제48조(위해요소중점관리기준)** ① 식품의약품안전처장은 식품의 원료관리 및 제조·가공·조리·소분·유통의 모든 과정에서 위해한 물질이 식품에 섞이거나 식품이 오염되는 것을 방지하기 위하여 각 과정의 위해요소를 확인·평가하여 중점적으로 관리하는 기준(이하 "위해요소중점관리기준"이라 한다)을 식품별로 정하여 고시할 수 있다. 〈개정 2011.6.7, 2013.3.23〉

② 총리령으로 정하는 식품을 제조·가공·조리·소분·유통하는 영업자는 제1항에 따라 식품의약품안전처장이 식품별로 고시한 위해요소중점관리기준을 지켜야 한다. 〈개정 2010.1.18, 2011.6.7, 2013.3.23〉

③ 식품의약품안전처장은 제2항에 따라 위해요소중점관리기준을 지켜야 하는 영업자와 그 밖에 위해요소중점관리기준을 지키기 원하는 영업자의 업소를 식품별

위해요소중점관리기준 적용업소(이하 "위해요소중점관리기준적용업소"라 한다)로 지정할 수 있다. 〈개정 2013.3.23〉

④ 식품의약품안전처장은 위해요소중점관리기준적용업소로 지정받은 영업자에게 총리령으로 정하는 바에 따라 그 지정 사실을 증명하는 서류를 발급하여야 한다. 〈개정 2010.1.18, 2013.3.23〉

⑤ 위해요소중점관리기준적용업소의 영업자와 종업원은 총리령으로 정하는 교육훈련을 받아야 한다. 〈개정 2010.1.18, 2013.3.23〉

⑥ 식품의약품안전처장은 제3항에 따라 위해요소중점관리기준적용업소의 지정을 받거나 받으려는 영업자에게 위해요소중점관리에 필요한 기술적·경제적 지원을 할 수 있다. 〈개정 2013.3.23〉

⑦ 위해요소중점관리기준적용업소의 지정요건·지정절차, 제5항에 따른 영업자 및 종업원에 대한 교육실시 기관, 교육훈련 방법·절차, 교육훈련비 및 제6항에 따른 기술적·경제적 지원에 필요한 사항은 총리령으로 정한다. 〈개정 2010.1.18, 2013.3.23〉

⑧ 식품의약품안전처장은 위해요소중점관리기준적용업소의 효율적 운영을 위하여 총리령으로 정하는 위해요소중점관리기준의 준수 여부 등에 관한 조사·평가를 할 수 있으며, 그 결과 위해요소중점관리기준적용업소가 다음 각 호의 어느 하나에 해당하면 그 지정을 취소하거나 시정을 명할 수 있다. 다만, 위해요소중점관리기준적용업소가 제2호에 해당할 경우 지정을 취소하여야 한다. 〈개정 2010.1.18, 2011.6.7, 2013.3.23〉

1. 위해요소중점관리기준을 지키지 아니한 경우
2. 제75조에 따라 영업정지 2개월 이상의 행정처분을 받은 경우
3. 영업자와 그 종업원이 제5항에 따른 교육훈련을 받지 아니한 경우
4. 그 밖에 제1호부터 제3호까지에 준하는 사항으로서 총리령으로 정하는 사항을 지키지 아니한 경우

⑨ 위해요소중점관리기준적용업소가 아닌 업소의 영업자는 위해요소중점관리기준적용업소라는 명칭을 사용하지 못한다.

⑩ 위해요소중점관리기준적용업소의 영업자는 지정받은 식품을 다른 업소에 위

탁하여 제조·가공하여서는 아니 된다. 다만, 위탁하려는 식품과 동일한 식품에 대하여 위해요소중점관리기준적용업소로 지정된 업소에 위탁하여 제조·가공하려는 경우 등 대통령령으로 정하는 경우에는 그러하지 아니하다.

⑪ 식품의약품안전처장(대통령령으로 정하는 그 소속 기관의 장을 포함한다), 시·도지사 또는 시장·군수·구청장은 위해요소중점관리기준적용업소에 대하여 관계 공무원으로 하여금 총리령으로 정하는 일정 기간 동안 제22조에 따른 출입·검사·수거 등을 하지 아니하게 할 수 있으며, 시·도지사 또는 시장·군수·구청장은 제89조제3항제1호에 따른 영업자의 위생관리시설 및 위생설비시설 개선을 위한 융자 사업에 대하여 우선 지원 등을 할 수 있다. 〈개정 2010.1.18, 2013.3.23〉

⑫ 식품의약품안전처장은 위해요소중점관리기준적용업소의 공정별·품목별 위해요소의 분석 및 기술지원 등의 업무를 「한국보건산업진흥원법」에 따른 한국보건산업진흥원 등 대통령령으로 정하는 기관에 위탁할 수 있다. 〈개정 2013.3.23〉

⑬ 식품의약품안전처장은 제12항에 따른 위탁기관에 대하여 예산의 범위에서 사용경비의 전부 또는 일부를 보조할 수 있다. 〈개정 2013.3.23〉

⑭ 제12항에 따른 위탁기관의 업무 등에 필요한 사항은 대통령령으로 정한다.

**제49조(식품이력추적관리 등록기준 등)** ① 식품을 제조·가공 또는 판매하는 자 중 식품이력추적관리를 하려는 자는 총리령으로 정하는 등록기준을 갖추어 해당 식품을 식품의약품안전처장에게 등록할 수 있다. 〈개정 2010.1.18, 2013.3.23〉

② 제1항에 따라 등록한 식품을 제조·가공 또는 판매하는 자는 식품이력추적관리에 필요한 기록의 작성·보관 및 관리 등에 관하여 식품의약품안전처장이 정하여 고시하는 기준(이하 "식품이력추적관리기준"이라 한다)을 지켜야 한다. 〈개정 2013.3.23〉

③ 제1항에 따라 등록을 한 자는 등록사항이 변경된 경우 변경사유가 발생한 날부터 1개월 이내에 식품의약품안전처장에게 신고하여야 한다. 〈개정 2013.3.23〉

④ 제1항에 따라 등록한 식품에는 식품의약품안전처장이 정하여 고시하는 바에 따라 식품이력추적관리의 표시를 할 수 있다. 〈개정 2013.3.23〉

⑤ 제1항에 따른 등록의 유효기간은 등록한 날부터 3년으로 한다. 다만, 그 품목

의 특성상 달리 적용할 필요가 있는 경우에는 총리령으로 정하는 바에 따라 그 기간을 연장할 수 있다. 〈개정 2010.1.18, 2013.3.23〉

⑥ 식품의약품안전처장은 제1항에 따라 등록을 한 자에게 예산의 범위에서 식품이력추적관리에 필요한 자금을 지원할 수 있다. 〈개정 2010.1.18, 2013.3.23〉

⑦ 식품의약품안전처장은 제1항에 따라 등록을 한 자가 식품이력추적관리기준을 지키지 아니하면 그 등록을 취소하거나 시정을 명할 수 있다. 〈개정 2013.3.23〉

⑧ 식품이력추적관리의 등록절차·등록사항, 그 밖에 등록에 관하여 필요한 사항은 총리령으로 정한다. 〈개정 2010.1.18, 2013.3.23〉

**제50조(위생수준 안전평가)** ① 식품의약품안전처장은 소비자에게 안전한 식품을 공급하고 식품위생 수준을 높이기 위하여 제37조에 따라 영업허가를 받거나 신고 또는 등록을 한 자 중 제48조에 따라 위해요소중점관리기준을 준수하여야 하는 영업자 등 대통령령으로 정하는 영업자에 대하여 식품등의 제조·가공·조리 및 유통 등의 위생관리 수준과 안전한 식품공급 등에 대한 평가(이하 "위생수준 안전평가"라 한다)를 실시하여야 한다. 〈개정 2011.6.7, 2013.3.23〉

② 식품의약품안전처장은 위생수준 안전평가에 관한 기준을 정하여 고시한다. 〈개정 2013.3.23〉

③ 식품의약품안전처장은 위생수준 안전평가에 관한 업무를 대통령령으로 정하는 바에 따라 관계 전문기관이나 단체에 위탁할 수 있다. 이 경우 필요한 예산을 지원할 수 있다. 〈개정 2013.3.23〉

④ 식품의약품안전처장은 위생수준 안전평가를 실시하여 식품위생 수준 등이 우수하고 안전한 식품등을 공급하는 영업소에 대하여 총리령으로 정하는 우수등급 영업소로 결정하여 공표할 수 있다. 〈개정 2010.1.18, 2013.3.23〉

⑤ 제4항에 따른 우수등급 영업소는 총리령으로 정한 로고 등을 해당 영업소와 그 영업소에서 제조·가공·조리 및 유통하는 식품등에 표시하거나 그 사실을 광고할 수 있다. 이 경우 그 표시·광고 기간은 우수등급이 결정되어 통보받은 날부터 2년으로 한다. 〈개정 2010.1.18, 2013.3.23〉

⑥ 제1항에 따른 위생수준 안전평가 대상인 영업소의 영업자는 특별한 사유가 있는 경우 외에는 위생수준 안전평가에 응하여야 한다.

⑦ 위생수준 안전평가의 시기·범위 및 절차와 제4항에 따른 공표 등에 필요한 사항은 총리령으로 정한다. 〈개정 2010.1.18, 2013.3.23〉

⑧ 식품의약품안전처장, 시·도지사 또는 시장·군수·구청장은 제1항에 따라 위생수준 안전평가를 받은 영업소에 대하여 그 평가를 받은 날부터 1년간 이 법을 위반한 사실이 밝혀지는 등 특별한 사유가 없는 한 제22조에 따른 출입·검사·수거 등을 면제할 수 있다. 〈개정 2013.3.23〉

⑨ 식품의약품안전처장, 시·도지사 또는 시장·군수·구청장은 제4항에 따른 우수등급 영업소에 대하여는 제75조 또는 제76조에 따른 행정처분을 총리령으로 정하는 범위에서 감면할 수 있다. 〈개정 2010.1.18, 2013.3.23〉

## 제8장 조리사 등 〈개정 2010.3.26〉

**제51조(조리사)** ① 대통령령으로 정하는 식품접객영업자와 집단급식소 운영자는 조리사(調理士)를 두어야 한다. 다만, 식품접객영업자 또는 집단급식소 운영자 자신이 조리사로서 직접 음식물을 조리하는 경우에는 조리사를 두지 아니하여도 된다. 〈개정 2011.6.7〉

② 집단급식소에 근무하는 조리사는 다음 각 호의 직무를 수행한다. 〈신설 2011.6.7〉

1. 집단급식소에서의 식단에 따른 조리업무[식재료의 전(前)처리에서부터 조리, 배식 등의 전 과정을 말한다]
2. 구매식품의 검수 지원
3. 급식설비 및 기구의 위생·안전 실무
4. 그 밖에 조리실무에 관한 사항

**제52조(영양사)** ① 대통령령으로 정하는 집단급식소 운영자는 영양사(營養士)를 두어야 한다. 다만, 집단급식소 운영자 자신이 영양사로서 직접 영양 지도를 하는 경우에는 영양사를 두지 아니하여도 된다. 〈개정 2011.6.7〉

② 집단급식소에 근무하는 영양사는 다음 각 호의 직무를 수행한다. 〈신설 2011.6.7〉

1. 집단급식소에서의 식단 작성, 검식(檢食) 및 배식관리

2. 구매식품의 검수(檢受) 및 관리

3. 급식시설의 위생적 관리

4. 집단급식소의 운영일지 작성

5. 종업원에 대한 영양 지도 및 식품위생교육

**제53조(조리사의 면허)** ① 조리사가 되려는 자는 「국가기술자격법」에 따라 해당 기능분야의 자격을 얻은 후 특별자치도지사·시장·군수·구청장의 면허를 받아야 한다.

② 제1항에 따른 조리사의 면허 등에 관하여 필요한 사항은 총리령으로 정한다. 〈개정 2010.3.26, 2013.3.23〉

③ 삭제 〈2010.3.26〉

④ 삭제 〈2010.3.26〉

[제목개정 2010.3.26]

**제54조(결격사유)** 다음 각 호의 어느 하나에 해당하는 자는 조리사 면허를 받을 수 없다. 〈개정 2009.12.29, 2010.3.26〉

1. 「정신보건법」 제3조제1호에 따른 정신질환자. 다만, 전문의가 조리사로서 적합하다고 인정하는 자는 그러하지 아니하다.

2. 「감염병의 예방 및 관리에 관한 법률」 제2조제13호에 따른 감염병환자. 다만, 같은 조 제3호아목에 따른 B형간염환자는 제외한다.

3. 「마약류관리에 관한 법률」 제2조제2호에 따른 마약이나 그 밖의 약물 중독자

4. 조리사 면허의 취소처분을 받고 그 취소된 날부터 1년이 지나지 아니한 자

**제55조(명칭 사용 금지)** 조리사가 아니면 조리사라는 명칭을 사용하지 못한다. 〈개정 2010.3.26〉

**제56조(교육)** ① 식품의약품안전처장은 식품위생 수준 및 자질의 향상을 위하여 필요한 경우 조리사와 영양사에게 교육(조리사의 경우 보수교육을 포함한다. 이하 이 조에서 같다)을 받을 것을 명할 수 있다. 다만, 집단급식소에 종사하는 조리사와 영양사는 2년마다 교육을 받아야 한다. 〈개정 2010.1.18, 2011.6.7, 2013.3.23〉

② 제1항에 따른 교육의 대상자·실시기관·내용 및 방법 등에 관하여 필요한 사항은 총리령으로 정한다. 〈개정 2010.1.18, 2013.3.23〉

③ 식품의약품안전처장은 제1항에 따른 교육 등 업무의 일부를 대통령령으로 정하는 바에 따라 관계 전문기관이나 단체에 위탁할 수 있다. 〈개정 2010.1.18, 2013.3.23〉

## 제9장 식품위생심의위원회

**제57조(식품위생심의위원회의 설치 등)** 식품의약품안전처장의 자문에 응하여 다음 각 호의 사항을 조사·심의하기 위하여 식품의약품안전처에 식품위생심의위원회를 둔다. 〈개정 2010.1.18, 2013.3.23〉
1. 식중독 방지에 관한 사항
2. 농약·중금속 등 유독·유해물질 잔류 허용 기준에 관한 사항
3. 식품등의 기준과 규격에 관한 사항
4. 그 밖에 식품위생에 관한 중요 사항

**제58조(심의위원회의 조직과 운영)** ① 심의위원회는 위원장 1명과 부위원장 2명을 포함한 100명 이내의 위원으로 구성한다. 〈신설 2011.8.4〉

② 심의위원회의 위원은 다음 각 호의 어느 하나에 해당하는 사람 중에서 식품의약품안전처장이 임명하거나 위촉한다. 다만, 제3호의 사람을 전체 위원의 3분의 1 이상 위촉하고, 제2호와 제4호의 사람을 합하여 전체 위원의 3분의 1 이상 위촉하여야 한다. 〈신설 2011.8.4, 2013.3.23〉
1. 식품위생 관계 공무원
2. 식품등에 관한 영업에 종사하는 사람
3. 시민단체의 추천을 받은 사람
4. 제59조에 따른 동업자조합 또는 제64조에 따른 한국식품산업협회(이하 "식품위생단체"라 한다)의 추천을 받은 사람
5. 식품위생에 관한 학식과 경험이 풍부한 사람

③ 심의위원회 위원의 임기는 2년으로 하되, 공무원인 위원은 그 직위에 재직하는 기간 동안 재임한다. 다만, 위원이 궐위된 경우 그 보궐위원의 임기는 전임위원 임기의 남은 기간으로 한다. 〈신설 2011.8.4〉

④ 심의위원회에 식품등의 국제 기준 및 규격을 조사·연구할 연구위원을 둘 수 있다. 〈개정 2011.8.4〉

⑤ 제4항에 따른 연구위원의 업무는 다음 각 호와 같다. 다만, 다른 법령에 따라 수행하는 관련 업무는 제외한다. 〈신설 2011.6.7, 2011.8.4〉

1. 국제식품규격위원회에서 제시한 기준·규격 조사·연구
2. 국제식품규격의 조사·연구에 필요한 외국정부, 관련 소비자단체 및 국제기구와 상호협력
3. 외국의 식품의 기준·규격에 관한 정보 및 자료 등의 조사·연구
4. 그 밖에 제1호부터 제3호까지에 준하는 사항으로서 대통령령으로 정하는 사항

⑥ 이 법에서 정한 것 외에 심의위원회의 조직 및 운영에 필요한 사항은 대통령령으로 정한다. 〈개정 2011.6.7, 2011.8.4〉

## 제10장 식품위생단체 등

### 제1절 동업자조합

**제59조(설립)** ① 영업자는 영업의 발전과 국민보건 향상을 위하여 대통령령으로 정하는 영업 또는 식품의 종류별로 동업자조합(이하 "조합"이라 한다)을 설립할 수 있다.

② 조합은 법인으로 한다.

③ 조합을 설립하려는 경우에는 대통령령으로 정하는 바에 따라 조합원 자격이 있는 자 10분의 1(20명을 초과하면 20명으로 한다) 이상의 발기인이 정관을 작성하여 식품의약품안전처장의 설립인가를 받아야 한다. 〈개정 2010.1.18, 2013.3.23〉

④ 조합은 제3항에 따른 설립인가를 받는 날에 성립된다.

⑤ 조합은 정관으로 정하는 바에 따라 하부조직을 둘 수 있다.

**제60조(조합의 사업)** 조합은 다음 각 호의 사업을 한다. 〈개정 2010.1.18, 2011.8.4, 2013.3.23〉

1. 영업의 건전한 발전과 조합원 공동의 이익을 위한 사업
2. 조합원의 영업시설 개선에 관한 지도
3. 조합원을 위한 경영지도
4. 조합원과 그 종업원을 위한 교육훈련
5. 조합원과 그 종업원의 복지증진을 위한 사업
6. 식품의약품안전처장이 위탁하는 조사·연구 사업
7. 조합원의 생활안정과 복지증진을 위한 공제사업
8. 제1호부터 제5호까지에 규정된 사업의 부대사업

**제60조의2(조합의 공제회 설치·운영)** ① 조합은 조합원의 생활안정과 복지증진을 도모하기 위하여 식품의약품안전처장의 인가를 받아 공제회를 설치하여 공제사업을 영위할 수 있다. 〈개정 2013.3.23〉

② 공제회의 구성원(이하 "공제회원"이라 한다)은 공제사업에 필요한 출자금을 납부하여야 한다.

③ 공제회의 설치인가 절차, 운영 등에 관하여 필요한 사항은 대통령령으로 정한다.

④ 조합이 제1항에 따른 공제사업을 하고자 하는 때에는 공제회원의 자격에 관한 사항, 출자금의 부담기준, 공제방법, 공제사업에 충당하기 위한 책임준비금 및 비상위험준비금 등 공제회의 운영에 관하여 필요한 사항을 포함하는 공제규정을 정하여 식품의약품안전처장의 인가를 받아야 한다. 공제규정을 변경하고자 하는 때에도 또한 같다. 〈개정 2013.3.23〉

[본조신설 2011.8.4]

**제60조의3(공제사업의 내용)** 공제회는 다음 각 호의 사업을 한다.
1. 공제회원에 대한 공제급여 지급
2. 공제회원의 복리·후생 향상을 위한 사업
3. 기금 조성을 위한 사업
4. 식품위생 영업자의 경영개선을 위한 조사·연구 및 교육 사업
5. 식품위생단체 등의 법인에의 출연
6. 공제회의 목적달성에 필요한 대통령령으로 정하는 수익사업

[본조신설 2011.8.4]

**제60조의4(공제회에 대한 감독)** ① 식품의약품안전처장은 공제사업에 대하여 감독상 필요한 경우에는 그 업무에 관한 사항을 보고하게 하거나 자료의 제출을 명할 수 있으며, 소속 공무원으로 하여금 장부·서류, 그 밖의 물건을 검사하게 할 수 있다. 〈개정 2013.3.23〉

② 제1항에 따라 조사 또는 검사를 하는 공무원 등은 그 권한을 표시하는 증표를 가지고 이를 관계인에게 보여주어야 한다.

③ 식품의약품안전처장은 조합의 공제사업 운영이 적정하지 아니하거나 자산상황이 불량하여 공제회원 등의 권익을 해칠 우려가 있다고 인정하면 업무집행방법 및 자산예탁기관의 변경, 가치가 없다고 인정되는 자산의 손실처리 등 필요한 조치를 명할 수 있다. 〈개정 2013.3.23〉

④ 조합이 제3항의 개선명령을 이행하지 아니한 경우 식품의약품안전처장은 조합의 임직원의 징계·해임을 요구할 수 있다. 〈개정 2013.3.23〉

[본조신설 2011.8.4]

**제61조(대의원회)** ① 조합원이 500명을 초과하는 조합은 정관으로 정하는 바에 따라 총회를 갈음할 수 있는 대의원회를 둘 수 있다.

② 대의원은 조합원이어야 한다.

**제62조(「민법」의 준용)** 조합에 관하여 이 법에서 규정하지 아니한 것에 대하여는 「민법」 중 사단법인에 관한 규정을 준용한다.

**제63조(자율지도원 등)** ① 조합은 조합원의 영업시설 개선과 경영에 관한 지도 사업 등을 효율적으로 수행하기 위하여 자율지도원을 둘 수 있다.

② 조합의 관리 및 운영 등에 필요한 기준은 대통령령으로 정한다.

## 제2절 식품산업협회 〈개정 2011.8.4〉

**제64조(설립)** ① 식품산업의 발전과 식품위생의 향상을 위하여 한국식품산업협회(이하 "협회"라 한다)를 설립한다. 〈개정 2011.8.4〉

② 제1항에 따라 설립되는 협회는 법인으로 한다.

③ 협회의 회원이 될 수 있는 자는 영업자 중 식품 또는 식품첨가물을 제조·가공·운반·판매·보존하는 자 및 그 밖에 식품 관련 산업을 운영하는 자로 한다. 〈개정 2011.8.4〉

④ 협회에 관하여 이 법에서 규정하지 아니한 것에 대하여는 「민법」 중 사단법인에 관한 규정을 준용한다.

**제65조(협회의 사업)** 협회는 다음 각 호의 사업을 한다. 〈개정 2011.8.4〉

1. 식품산업에 관한 조사·연구
2. 식품 및 식품첨가물과 그 원재료(原材料)에 대한 시험·검사 업무
3. 식품위생과 관련한 교육
4. 영업자 중 식품이나 식품첨가물을 제조·가공·운반·판매 및 보존하는 자의 영업시설 개선에 관한 지도
5. 회원을 위한 경영지도
6. 식품안전과 식품산업 진흥 및 지원·육성에 관한 사업
7. 제1호부터 제5호까지에 규정된 사업의 부대사업

**제66조(준용)** 협회에 관하여는 제63조제1항을 준용한다. 이 경우 "조합"은 "협회"로, "조합원"은 "협회의 회원"으로 본다.

## 제3절 식품안전정보원 〈개정 2011.8.4〉

**제67조(식품안전정보원의 설립)** ① 식품의약품안전처장의 위탁을 받아 제49조에 따른 식품이력추적관리업무와 식품안전에 관한 업무 중 제68조제1항 각 호에 관한 업무를 효율적으로 수행하기 위하여 식품안전정보원(이하 "정보원"이라 한다)를 둔다. 〈개정 2011.8.4, 2013.3.23〉

② 정보원은 법인으로 한다. 〈개정 2011.8.4〉

③ 정보원에 관하여 이 법에서 규정된 것 외에는 「민법」 중 재단법인에 관한 규정을 준용한다. 〈개정 2011.8.4〉

[제목개정 2011.8.4]

**제68조(정보원의 사업)** ① 정보원은 다음 각 호의 사업을 한다. 〈개정 2011.8.4,

2013.3.23〉
1. 국내외 식품안전정보의 수집·분석·정보제공 등
2. 식품이력추적관리 등을 위한 정보시스템의 구축·운영 등
3. 식품이력추적관리의 등록·관리 등
4. 식품이력추적관리에 관한 교육 및 홍보
5. 식품사고가 발생한 때 사고의 신속한 원인규명과 해당 식품의 회수·폐기 등을 위한 정보제공
6. 식품위해정보의 공동활용 및 대응을 위한 기관·단체·소비자단체 등과의 협력 네트워크 구축·운영
7. 그 밖에 식품안전정보 및 식품이력추적관리에 관한 사항으로서 식품의약품안전처장이 정하는 사업

② 식품의약품안전처장은 정보원의 설립·운영 등에 필요한 비용을 지원할 수 있다. 〈개정 2011.8.4, 2013.3.23〉

[제목개정 2011.8.4]

**제69조(사업계획서 등의 제출)** ① 정보원은 총리령으로 정하는 바에 따라 매 사업연도 개시 전에 사업계획서와 예산서를 식품의약품안전처장에게 제출하여 승인을 받아야 한다. 〈개정 2010.1.18, 2011.8.4, 2013.3.23〉

② 정보원은 식품의약품안전처장이 지정하는 공인회계사의 검사를 받은 매 사업연도의 세입·세출결산서를 식품의약품안전처장에게 제출하여 승인을 받아 결산을 확정한 후 그 결과를 다음 사업연도 5월 말까지 국회에 보고하여야 한다. 〈개정 2011.8.4, 2013.3.23〉

**제70조(지도·감독 등)** ① 식품의약품안전처장은 정보원에 대하여 감독상 필요한 때에는 그 업무에 관한 사항을 보고하게 하거나 자료의 제출, 그 밖에 필요한 명령을 할 수 있고, 소속 공무원으로 하여금 그 사무소에 출입하여 장부·서류 등을 검사하게 할 수 있다. 〈개정 2011.8.4, 2013.3.23〉

② 제1항에 따라 출입·검사를 하는 공무원은 그 권한을 표시하는 증표를 지니고 이를 관계인에게 내보여야 한다.

③ 정보원에 대한 지도·감독에 관하여 그 밖에 필요한 사항은 총리령으로 정한

다. <개정 2010.1.18, 2011.8.4, 2013.3.23>

## 제11장 시정명령과 허가취소 등 행정 제재

**제71조(시정명령)** ① 식품의약품안전처장, 시·도지사 또는 시장·군수·구청장은 제3조에 따른 식품등의 위생적 취급에 관한 기준에 맞지 아니하게 영업하는 자와 이 법을 지키지 아니하는 자에게는 필요한 시정을 명하여야 한다. <개정 2013.3.23>

② 식품의약품안전처장, 시·도지사 또는 시장·군수·구청장은 제1항의 시정명령을 한 경우에는 그 영업을 관할하는 관서의 장에게 그 내용을 통보하여 시정명령이 이행되도록 협조를 요청할 수 있다. <개정 2013.3.23>

③ 제2항에 따라 요청을 받은 관계 기관의 장은 정당한 사유가 없으면 이에 응하여야 하며, 그 조치결과를 지체 없이 요청한 기관의 장에게 통보하여야 한다. <신설 2011.6.7>

**제72조(폐기처분 등)** ① 식품의약품안전처장, 시·도지사 또는 시장·군수·구청장은 영업을 하는 자가 제4조부터 제6조까지, 제7조제4항, 제8조, 제9조제4항, 제10조제2항, 제12조의2제2항 또는 제13조를 위반한 경우에는 관계 공무원에게 그 식품등을 압류 또는 폐기하게 하거나 용도·처리방법 등을 정하여 영업자에게 위해를 없애는 조치를 하도록 명하여야 한다. <개정 2011.6.7, 2013.3.23>

② 식품의약품안전처장, 시·도지사 또는 시장·군수·구청장은 제37조제1항, 제4항 또는 제5항을 위반하여 허가받지 아니하거나 신고 또는 등록하지 아니하고 제조·가공·조리한 식품 또는 식품첨가물이나 여기에 사용한 기구 또는 용기·포장 등을 관계 공무원에게 압류하거나 폐기하게 할 수 있다. <개정 2011.6.7, 2013.3.23>

③ 식품의약품안전처장, 시·도지사 또는 시장·군수·구청장은 식품위생상의 위해가 발생하였거나 발생할 우려가 있는 경우에는 영업자에게 유통 중인 해당 식품등을 회수·폐기하게 하거나 해당 식품등의 원료, 제조 방법, 성분 또는 그 배합 비율을 변경할 것을 명할 수 있다. <개정 2013.3.23>

④ 제1항 및 제2항에 따른 압류나 폐기를 하는 공무원은 그 권한을 표시하는 증표를 지니고 이를 관계인에게 내보여야 한다.

⑤ 제1항 및 제2항에 따른 압류 또는 폐기에 필요한 사항과 제3항에 따른 회수·폐기 대상 식품등의 기준 등은 총리령으로 정한다. 〈개정 2010.1.18, 2013.3.23〉

⑥ 식품의약품안전처장, 시·도지사 및 시장·군수·구청장은 제1항에 따라 폐기처분명령을 받은 자가 그 명령을 이행하지 아니하는 경우에는 「행정대집행법」에 따라 대집행을 하고 그 비용을 명령위반자로부터 징수할 수 있다. 〈개정 2013.3.23〉

**제73조(위해식품등의 공표)** ① 식품의약품안전처장, 시·도지사 또는 시장·군수·구청장은 다음 각 호의 어느 하나에 해당되는 경우에는 해당 영업자에 대하여 그 사실의 공표를 명할 수 있다. 다만, 식품위생에 관한 위해가 발생한 경우에는 공표를 명하여야 한다. 〈개정 2013.3.23〉

1. 제4조부터 제6조까지, 제7조제4항, 제8조 또는 제9조제4항 등을 위반하여 식품위생에 관한 위해가 발생하였다고 인정되는 때
2. 제45조제1항에 따른 회수계획을 보고받은 때

② 제1항에 따른 공표방법 등 공표에 관하여 필요한 사항은 대통령령으로 정한다.

**제74조(시설 개수명령 등)** ① 식품의약품안전처장, 시·도지사 또는 시장·군수·구청장은 영업시설이 제36조에 따른 시설기준에 맞지 아니한 경우에는 기간을 정하여 그 영업자에게 시설을 개수(改修)할 것을 명할 수 있다. 〈개정 2013.3.23〉

② 건축물의 소유자와 영업자 등이 다른 경우 건축물의 소유자는 제1항에 따른 시설 개수명령을 받은 영업자 등이 시설을 개수하는 데에 최대한 협조하여야 한다.

**제75조(허가취소 등)** ① 식품의약품안전처장 또는 특별자치도지사·시장·군수·구청장은 영업자가 다음 각 호의 어느 하나에 해당하는 경우에는 대통령령으로 정하는 바에 따라 영업허가 또는 등록을 취소하거나 6개월 이내의 기간을 정하여 그 영업의 전부 또는 일부를 정지하거나 영업소 폐쇄(제37조제4항에 따라 신고한 영업만 해당한다. 이하 이 조에서 같다)를 명할 수 있다. 〈개정 2010.2.4,

2011.6.7, 2013.3.23〉

1. 제4조부터 제6조까지, 제7조제4항, 제8조, 제9조제4항, 제10조제2항, 제11조 제2항 또는 제12조의2제2항을 위반한 경우
2. 제13조제1항을 위반한 경우
3. 제17조제4항을 위반한 경우
4. 제19조제1항을 위반한 경우
4의2. 제19조제5항을 위반하여 허위의 보고를 하거나 변경 보고를 하지 아니한 경우
5. 제31조제1항을 위반한 경우
6. 제36조를 위반한 경우
7. 제37조제1항 후단, 제3항, 제4항 후단 및 제6항을 위반하거나 같은 조 제2항에 따른 조건을 위반한 경우
7의2. 제37조제5항에 따른 변경 등록을 하지 아니하거나 같은 항 단서를 위반한 경우
8. 제38조제1항제8호에 해당하는 경우
9. 제40조제3항을 위반한 경우
10. 제41조제5항을 위반한 경우
11. 제42조제1항을 위반한 경우
12. 제43조에 따른 영업 제한을 위반한 경우
13. 제44조제1항·제2항 및 제4항을 위반한 경우
14. 제45조제1항 전단에 따른 회수 조치를 하지 아니한 경우
14의2. 제45조제1항 후단에 따른 회수계획을 보고하지 아니하거나 거짓으로 보고한 경우
15. 제48조제2항에 따른 위해요소중점관리기준을 지키지 아니한 경우
16. 제51조제1항을 위반한 경우
17. 제71조제1항, 제72조제1항·제3항, 제73조제1항 또는 제74조제1항(제88조에 따라 준용되는 제71조제1항, 제72조제1항·제3항 또는 제74조제1항을 포함한다)에 따른 명령을 위반한 경우

18. 「성매매알선 등 행위의 처벌에 관한 법률」 제4조에 따른 금지행위를 한 경우

② 식품의약품안전처장 또는 특별자치도지사·시장·군수·구청장은 영업자가 제1항에 따른 영업정지 명령을 위반하여 영업을 계속하면 영업허가 또는 등록을 취소하거나 영업소 폐쇄를 명할 수 있다. 〈개정 2011.6.7, 2013.3.23〉

③ 식품의약품안전처장 또는 특별자치도지사·시장·군수·구청장은 다음 각 호의 어느 하나에 해당하는 경우에는 영업허가 또는 등록을 취소하거나 영업소 폐쇄를 명할 수 있다. 〈개정 2011.6.7, 2013.3.23〉

1. 영업자가 정당한 사유 없이 6개월 이상 계속 휴업하는 경우
2. 영업자(제37조제1항에 따라 영업허가를 받은 자만 해당한다)가 사실상 폐업하여 「부가가치세법」 제5조에 따라 관할세무서장에게 폐업신고를 하거나 관할세무서장이 사업자등록을 말소한 경우

④ 제1항 및 제2항에 따른 행정처분의 세부기준은 그 위반 행위의 유형과 위반 정도 등을 고려하여 총리령으로 정한다. 〈개정 2010.1.18, 2013.3.23〉

**제76조(품목 제조정지 등)** ① 식품의약품안전처장 또는 특별자치도지사·시장·군수·구청장은 영업자가 다음 각 호의 어느 하나에 해당하면 대통령령으로 정하는 바에 따라 해당 품목 또는 품목류(제7조 또는 제9조에 따라 정하여진 식품등의 기준 및 규격 중 동일한 기준 및 규격을 적용받아 제조·가공되는 모든 품목을 말한다. 이하 같다)에 대하여 기간을 정하여 6개월 이내의 제조정지를 명할 수 있다. 〈개정 2011.6.7, 2013.3.23〉

1. 제7조제4항을 위반한 경우
2. 제9조제4항을 위반한 경우
3. 제10조제2항을 위반한 경우
3의2. 제12조의2제2항을 위반한 경우
4. 제13조제1항을 위반한 경우
5. 제31조제1항을 위반한 경우

② 제1항에 따른 행정처분의 세부기준은 그 위반 행위의 유형과 위반 정도 등을 고려하여 총리령으로 정한다. 〈개정 2010.1.18, 2013.3.23〉

**제77조(영업허가 등의 취소 요청)** ① 식품의약품안전처장은 「축산물위생관리법」, 「수산업법」 또는 「주세법」에 따라 허가 또는 면허를 받은 자가 제4조부터 제6조까지 또는 제7조제4항을 위반한 경우에는 해당 허가 또는 면허 업무를 관할하는 중앙행정기관의 장에게 다음 각 호의 조치를 하도록 요청할 수 있다. 다만, 주류(酒類)는 「보건범죄단속에 관한 특별조치법」 제8조에 따른 유해 등의 기준에 해당하는 경우로 한정한다. 〈개정 2010.1.18, 2010.5.25, 2013.3.23〉

1. 허가 또는 면허의 전부 또는 일부 취소
2. 일정 기간의 영업정지
3. 그 밖에 위생상 필요한 조치

② 제1항에 따라 영업허가 등의 취소 요청을 받은 관계 중앙행정기관의 장은 정당한 사유가 없으면 이에 따라야 하며, 그 조치결과를 지체 없이 식품의약품안전처장에게 통보하여야 한다. 〈개정 2011.6.7, 2013.3.23〉

**제78조(행정 제재처분 효과의 승계)** 영업자가 영업을 양도하거나 법인이 합병되는 경우에는 제75조제1항 각 호, 같은 조 제2항 또는 제76조제1항 각 호를 위반한 사유로 종전의 영업자에게 행한 행정 제재처분의 효과는 그 처분기간이 끝난 날부터 1년간 양수인이나 합병 후 존속하는 법인에 승계되며, 행정 제재처분 절차가 진행 중인 경우에는 양수인이나 합병 후 존속하는 법인에 대하여 행정 제재처분 절차를 계속할 수 있다. 다만, 양수인이나 합병 후 존속하는 법인이 양수하거나 합병할 때에 그 처분 또는 위반사실을 알지 못하였음을 증명하는 때에는 그러하지 아니하다.

**제79조(폐쇄조치 등)** ① 식품의약품안전처장, 시·도지사 또는 시장·군수·구청장은 제37조제1항, 제4항 또는 제5항을 위반하여 허가받지 아니하거나 신고 또는 등록하지 아니하고 영업을 하는 경우 또는 제75조제1항 또는 제2항에 따라 허가 또는 등록이 취소되거나 영업소 폐쇄명령을 받은 후에도 계속하여 영업을 하는 경우에는 해당 영업소를 폐쇄하기 위하여 관계 공무원에게 다음 각 호의 조치를 하게 할 수 있다. 〈개정 2011.6.7, 2013.3.23〉

1. 해당 영업소의 간판 등 영업 표지물의 제거나 삭제
2. 해당 영업소가 적법한 영업소가 아님을 알리는 게시문 등의 부착

3. 해당 영업소의 시설물과 영업에 사용하는 기구 등을 사용할 수 없게 하는 봉인(封印)

② 식품의약품안전처장, 시·도지사 또는 시장·군수·구청장은 제1항제3호에 따라 봉인한 후 봉인을 계속할 필요가 없거나 해당 영업을 하는 자 또는 그 대리인이 해당 영업소 폐쇄를 약속하거나 그 밖의 정당한 사유를 들어 봉인의 해제를 요청하는 경우에는 봉인을 해제할 수 있다. 제1항제2호에 따른 게시문 등의 경우에도 또한 같다. 〈개정 2013.3.23〉

③ 식품의약품안전처장, 시·도지사 또는 시장·군수·구청장은 제1항에 따른 조치를 하려면 해당 영업을 하는 자 또는 그 대리인에게 문서로 미리 알려야 한다. 다만, 급박한 사유가 있으면 그러하지 아니하다. 〈개정 2013.3.23〉

④ 제1항에 따른 조치는 그 영업을 할 수 없게 하는 데에 필요한 최소한의 범위에 그쳐야 한다.

⑤ 제1항의 경우에 관계 공무원은 그 권한을 표시하는 증표를 지니고 이를 관계인에게 내보여야 한다.

**제80조(면허취소 등)** ① 식품의약품안전처장 또는 특별자치도지사·시장·군수·구청장은 조리사가 다음 각 호의 어느 하나에 해당하면 그 면허를 취소하거나 6개월 이내의 기간을 정하여 업무정지를 명할 수 있다. 다만, 조리사가 제1호 또는 제5호에 해당할 경우 면허를 취소하여야 한다. 〈개정 2010.1.18, 2010.3.26, 2013.3.23〉

1. 제54조 각 호의 어느 하나에 해당하게 된 경우
2. 제56조에 따른 교육을 받지 아니한 경우
3. 식중독이나 그 밖에 위생과 관련한 중대한 사고 발생에 직무상의 책임이 있는 경우
4. 면허를 타인에게 대여하여 사용하게 한 경우
5. 업무정지기간 중에 조리사의 업무를 하는 경우

② 제1항에 따른 행정처분의 세부기준은 그 위반 행위의 유형과 위반 정도 등을 고려하여 총리령으로 정한다. 〈개정 2010.1.18, 2013.3.23〉

**제81조(청문)** 식품의약품안전처장, 시·도지사 또는 시장·군수·구청장은 다음 각 호의 어느 하나에 해당하는 처분을 하려면 청문을 하여야 한다. 〈개정 2011.6.7,

2013.3.23〉

1. 제19조의2제3항에 따른 수입식품신고 대행자 등록취소

1의2. 제27조에 따른 식품위생검사기관의 지정취소

2. 제48조제8항에 따른 위해요소중점관리기준적용업소의 지정취소

3. 제75조제1항부터 제3항까지의 규정에 따른 영업허가 또는 등록의 취소나 영업소의 폐쇄명령

4. 제80조제1항에 따른 면허의 취소

**제82조(영업정지 등의 처분에 갈음하여 부과하는 과징금 처분)** ① 식품의약품안전처장, 시·도지사 또는 시장·군수·구청장은 영업자가 제75조제1항 각 호 또는 제76조제1항 각 호의 어느 하나에 해당하는 경우에는 대통령령으로 정하는 바에 따라 영업정지, 품목 제조정지 또는 품목류 제조정지 처분을 갈음하여 2억원 이하의 과징금을 부과할 수 있다. 다만, 제6조를 위반하여 제75조제1항에 해당하는 경우와 제4조, 제5조, 제7조, 제10조, 제12조의2, 제13조, 제37조 및 제42조부터 제44조까지의 규정을 위반하여 제75조제1항 또는 제76조제1항에 해당하는 중대한 사항으로서 총리령으로 정하는 경우는 제외한다. 〈개정 2010.1.18, 2011.6.7, 2013.3.23〉

② 제1항에 따른 과징금을 부과하는 위반 행위의 종류·정도 등에 따른 과징금의 금액과 그 밖에 필요한 사항은 대통령령으로 정한다.

③ 식품의약품안전처장, 시·도지사 또는 시장·군수·구청장은 과징금을 징수하기 위하여 필요한 경우에는 다음 각 호의 사항을 적은 문서로 관할 세무관서의 장에게 과세 정보 제공을 요청할 수 있다. 〈개정 2013.3.23〉

1. 납세자의 인적 사항

2. 사용 목적

3. 과징금 부과기준이 되는 매출금액

④ 식품의약품안전처장, 시·도지사 또는 시장·군수·구청장은 제1항에 따른 과징금을 기한 내에 납부하지 아니하는 때에는 대통령령으로 정하는 바에 따라 제1항에 따른 과징금 부과처분을 취소하고 제27조에 따른 식품위생검사 업무정지, 제75조제1항 또는 제76조제1항에 따른 영업정지 또는 제조정지 처분을 하거나

국세 또는 지방세 체납처분의 예에 따라 이를 징수한다. 다만, 다음 각 호의 어느 하나에 해당하는 경우에는 국세 또는 지방세 체납처분의 예에 따라 이를 징수한다. 〈개정 2011.6.7, 2013.3.23〉

1. 제25조제1항 및 제2항에 따른 식품위생검사기관의 유효기간이 지났거나 제27조에 따른 지정취소 등으로 식품위생검사업무 정지처분을 할 수 없는 경우
2. 제37조제3항, 제4항 및 제5항에 따른 폐업 등으로 제75조제1항 또는 제76조제1항에 따른 영업정지 또는 제조정지 처분을 할 수 없는 경우

⑤ 제1항 및 제4항 단서에 따라 징수한 과징금 중 식품의약품안전처장이 부과·징수한 과징금은 국가에 귀속되고, 시·도지사가 부과·징수한 과징금은 시·도의 식품진흥기금(제89조에 따른 식품진흥기금을 말한다. 이하 이 항에서 같다)에 귀속되며, 시장·군수·구청장이 부과·징수한 과징금은 시·도와 시·군·구의 식품진흥기금에 귀속된다. 이 경우 시·도 및 시·군·구에 귀속시키는 방법 등은 대통령령으로 정한다. 〈개정 2013.3.23〉

⑥ 시·도지사는 제91조에 따라 제1항에 따른 과징금을 부과·징수할 권한을 시장·군수·구청장에게 위임한 경우에는 그에 필요한 경비를 대통령령으로 정하는 바에 따라 시장·군수·구청장에게 교부할 수 있다.

**제83조(위해식품등의 판매 등에 따른 과징금 부과 등)** ① 식품의약품안전처장, 시·도지사 또는 시장·군수·구청장은 위해식품등의 판매 등 금지에 관한 제4조부터 제6조까지 또는 제8조를 위반한 경우 다음 각 호의 어느 하나에 해당하는 자에 대하여 그가 판매한 해당 식품등의 소매가격에 상당하는 금액을 과징금으로 부과한다. 〈개정 2011.6.7, 2013.3.23〉

1. 제4조제2호·제3호 및 제5호부터 제7호까지의 규정을 위반하여 제75조에 따라 영업정지 2개월 이상의 처분, 영업허가 및 등록의 취소 또는 영업소의 폐쇄명령을 받은 자
2. 제5조, 제6조 또는 제8조를 위반하여 제75조에 따라 영업허가 및 등록의 취소 또는 영업소의 폐쇄명령을 받은 자

② 제1항에 따른 과징금의 산출금액은 대통령령으로 정하는 바에 따라 결정하여 부과한다.

③ 제2항에 따라 부과된 과징금을 기한 내에 납부하지 아니하는 경우 또는 제37조제3항, 제4항 및 제5항에 따라 폐업한 경우에는 국세 또는 지방세 체납처분의 예에 따라 이를 징수한다. 〈개정 2011.6.7〉

④ 제2항에 따라 부과한 과징금의 귀속, 귀속 비율 및 징수 절차 등에 대하여는 제82조제3항·제5항 및 제6항을 준용한다.

**제84조(위반사실 공표)** 식품의약품안전처장, 시·도지사 또는 시장·군수·구청장은 제72조, 제75조, 제76조, 제79조, 제82조 또는 제83조에 따라 행정처분이 확정된 영업자에 대한 처분 내용, 해당 영업소와 식품등의 명칭 등 처분과 관련한 영업 정보를 대통령령으로 정하는 바에 따라 공표하여야 한다. 〈개정 2013.3.23〉

## 제12장 보칙

**제85조(국고 보조)** 식품의약품안전처장은 예산의 범위에서 다음 경비의 전부 또는 일부를 보조할 수 있다. 〈개정 2010.1.18, 2011.8.4, 2013.3.23〉

1. 제22조제1항(제88조에서 준용하는 경우를 포함한다)에 따른 수거에 드는 경비
2. 제24조에 따라 지정된 식품위생검사기관의 검사와 실험에 드는 경비
3. 조합에서 실시하는 교육훈련에 드는 경비
4. 제32조제1항에 따른 식품위생감시원과 제33조에 따른 소비자식품위생감시원 운영에 드는 경비
5. 정보원의 설립·운영에 드는 경비
6. 제60조제6호에 따른 조사·연구 사업에 드는 경비
7. 제63조제1항(제66조에서 준용하는 경우를 포함한다)에 따른 조합 또는 협회의 자율지도원 운영에 드는 경비
8. 제72조(제88조에서 준용하는 경우를 포함한다)에 따른 폐기에 드는 경비

**제86조(식중독에 관한 조사 보고)** ① 다음 각 호의 어느 하나에 해당하는 자는 지체 없이 관할 보건소장 또는 보건지소장에게 보고하여야 한다. 이 경우 의사나 한의사는 대통령령으로 정하는 바에 따라 식중독 환자나 식중독이 의심되는 자의

혈액 또는 배설물을 보관하는 데에 필요한 조치를 하여야 한다.
1. 식중독 환자나 식중독이 의심되는 자를 진단하였거나 그 사체를 검안(檢案)한 의사 또는 한의사
2. 집단급식소에서 제공한 식품등으로 인하여 식중독 환자나 식중독으로 의심되는 증세를 보이는 자를 발견한 집단급식소의 설치·운영자

② 보건소장 또는 보건지소장은 제1항에 따른 보고를 받은 때에는 지체 없이 그 사실을 식품의약품안전처장, 시·도지사 및 시장·군수·구청장에게 보고하고, 대통령령으로 정하는 바에 따라 원인을 조사하여 그 결과를 보고하여야 한다. 〈개정 2010.1.18, 2013.3.23〉

③ 식품의약품안전처장은 식중독 발생의 원인을 규명하기 위하여 식중독 의심환자가 발생한 원인시설 등에 대한 조사절차와 시험·검사 등에 필요한 사항을 정할 수 있다. 〈개정 2013.3.23〉

**제87조(식중독대책협의기구 설치)** ① 식품의약품안전처장은 식중독 발생의 효율적인 예방 및 확산방지를 위하여 교육부, 농림축산식품부, 보건복지부, 환경부, 해양수산부, 식품의약품안전처, 시·도 등 유관기관으로 구성된 식중독대책협의기구를 설치·운영하여야 한다. 〈개정 2010.1.18, 2013.3.23〉

② 제1항에 따른 식중독대책협의기구의 구성과 세부적인 운영사항 등은 대통령령으로 정한다.

**제88조(집단급식소)** ① 집단급식소를 설치·운영하려는 자는 총리령으로 정하는 바에 따라 특별자치도지사·시장·군수·구청장에게 신고하여야 한다. 〈개정 2010.1.18, 2013.3.23〉

② 집단급식소를 설치·운영하는 자는 집단급식소 시설의 유지·관리 등 급식을 위생적으로 관리하기 위하여 다음 각 호의 사항을 지켜야 한다. 〈개정 2010.1.18, 2013.3.23〉
1. 식중독 환자가 발생하지 아니하도록 위생관리를 철저히 할 것
2. 조리·제공한 식품의 매회 1인분 분량을 총리령으로 정하는 바에 따라 144시간 이상 보관할 것
3. 영양사를 두고 있는 경우 그 업무를 방해하지 아니할 것

4. 영양사를 두고 있는 경우 영양사가 집단급식소의 위생관리를 위하여 요청하는 사항에 대하여는 정당한 사유가 없으면 따를 것
5. 그 밖에 식품등의 위생적 관리를 위하여 필요하다고 총리령으로 정하는 사항을 지킬 것

③ 집단급식소에 관하여는 제3조부터 제6조까지, 제7조제4항, 제8조, 제9조제4항, 제10조제2항, 제22조, 제40조, 제41조, 제48조, 제71조, 제72조 및 제74조를 준용한다.

④ 집단급식소의 시설기준과 그 밖의 운영에 관한 사항은 총리령으로 정한다. 〈개정 2010.1.18, 2013.3.23〉

**제89조(식품진흥기금)** ① 식품위생과 국민의 영양수준 향상을 위한 사업을 하는 데에 필요한 재원에 충당하기 위하여 시·도 및 시·군·구에 식품진흥기금(이하 "기금"이라 한다)을 설치한다.

② 기금은 다음 각 호의 재원으로 조성한다.
1. 식품위생단체의 출연금
2. 제82조, 제83조 및 「건강기능식품에 관한 법률」 제37조에 따라 징수한 과징금
3. 기금 운용으로 생기는 수익금
4. 그 밖에 대통령령으로 정하는 수입금

③ 기금은 다음 각 호의 사업에 사용한다. 〈개정 2010.3.26〉
1. 영업자(「건강기능식품에 관한 법률」에 따른 영업자를 포함한다)의 위생관리시설 및 위생설비시설 개선을 위한 융자 사업
2. 식품위생에 관한 교육·홍보 사업(소비자단체의 교육·홍보 지원을 포함한다)과 소비자식품위생감시원의 교육·활동 지원
3. 식품위생과 「국민영양관리법」에 따른 영양관리(이하 "영양관리"라 한다)에 관한 조사·연구 사업
4. 제90조에 따른 포상금 지급 지원
5. 식품위생에 관한 교육·연구 기관의 육성 및 지원
6. 음식문화의 개선과 좋은 식단 실천을 위한 사업 지원

7. 집단급식소(위탁에 의하여 운영되는 집단급식소만 해당한다)의 급식시설 개수·보수를 위한 융자 사업
8. 그 밖에 대통령령으로 정하는 식품위생, 영양관리, 식품산업 진흥 및 건강기능식품에 관한 사업

④ 기금은 시·도지사 및 시장·군수·구청장이 관리·운용하되, 그에 필요한 사항은 대통령령으로 정한다.

**제90조(포상금 지급)** ① 식품의약품안전처장, 시·도지사 또는 시장·군수·구청장은 이 법에 위반되는 행위를 신고한 자에게 신고 내용별로 1천만원까지 포상금을 줄 수 있다. 〈개정 2013.3.23〉

② 제1항에 따른 포상금 지급의 기준·방법 및 절차 등에 관하여 필요한 사항은 대통령령으로 정한다.

제90조의2(정보공개) ① 식품의약품안전처장은 보유·관리하고 있는 식품등의 안전에 관한 정보 중 국민이 알아야 할 필요가 있다고 인정하는 정보에 대하여는 「공공기관의 정보공개에 관한 법률」에서 허용하는 범위에서 이를 국민에게 제공하도록 노력하여야 한다. 〈개정 2013.3.23〉

② 제1항에 따라 제공되는 정보의 범위, 제공 방법 및 절차 등에 필요한 사항은 대통령령으로 정한다.

[본조신설 2011.8.4]

**제91조(권한의 위임)** 이 법에 따른 식품의약품안전처장의 권한은 대통령령으로 정하는 바에 따라 그 일부를 시·도지사 또는 지방식품의약품안전청장에게, 시·도지사의 권한은 그 일부를 시장·군수·구청장 또는 보건소장에게 각각 위임할 수 있다. 〈개정 2010.1.18, 2013.3.23〉

**제92조(수수료)** 다음 각 호의 어느 하나에 해당하는 자는 총리령으로 정하는 수수료를 내야 한다. 〈개정 2010.1.18, 2010.3.26, 2011.6.7, 2013.3.23〉

1. 제12조의3에 따른 표시·광고 심의를 신청하는 자
2. 제18조에 따른 안전성 평가를 받는 자
3. 제19조제2항에 따른 검사를 받거나 같은 조 제3항제1호에 따른 수입식품등 사전확인등록을 신청하는 자

3의2. 제19조의2에 따른 수입식품신고 대행 등록을 하는 자

4. 제24조에 따른 식품위생검사기관 지정을 신청하는 자

5. 제37조에 따른 허가를 받거나 신고 또는 등록을 하는 자

6. 제48조제3항(제88조에서 준용하는 경우를 포함한다)에 따른 위해요소중점관리 기준적용업소 지정을 신청하는 자

7. 제49조제1항에 따른 식품이력추적관리를 위한 등록을 신청하는 자

8. 제53조에 따른 조리사 면허를 받는 자

9. 제88조에 따른 집단급식소의 설치·운영을 신고하는 자

## 제13장 벌칙

**제93조(벌칙)** ① 다음 각 호의 어느 하나에 해당하는 질병에 걸린 동물을 사용하여 판매할 목적으로 식품 또는 식품첨가물을 제조·가공·수입 또는 조리한 자는 3년 이상의 징역에 처한다. 〈개정 2011.6.7〉

1. 소해면상뇌증(狂牛病)

2. 탄저병

3. 가금 인플루엔자

② 다음 각 호의 어느 하나에 해당하는 원료 또는 성분 등을 사용하여 판매할 목적으로 식품 또는 식품첨가물을 제조·가공·수입 또는 조리한 자는 1년 이상의 징역에 처한다. 〈개정 2011.6.7〉

1. 마황(麻黃)

2. 부자(附子)

3. 천오(川烏)

4. 초오(草烏)

5. 백부자(白附子)

6. 섬수(섬수)

7. 백선피(白鮮皮)

8. 사리풀

③ 제1항 및 제2항의 경우 제조·가공·수입·조리한 식품 또는 식품첨가물을 판매하였을 때에는 그 소매가격의 2배 이상 5배 이하에 해당하는 벌금을 병과(倂科)한다. 〈개정 2011.6.7〉

**제94조(벌칙)** 다음 각 호의 어느 하나에 해당하는 자는 7년 이하의 징역 또는 1억원 이하의 벌금에 처하거나 이를 병과할 수 있다.

1. 제4조부터 제6조까지(제88조에서 준용하는 경우를 포함하고, 제93조제1항 및 제3항에 해당하는 경우는 제외한다)를 위반한 자
2. 제8조(제88조에서 준용하는 경우를 포함한다)를 위반한 자
3. 제37조제1항을 위반한 자

**제95조(벌칙)** 다음 각 호의 어느 하나에 해당하는 자는 5년 이하의 징역 또는 5천만원 이하의 벌금에 처하거나 이를 병과할 수 있다.

1. 제7조제4항(제88조에서 준용하는 경우를 포함한다), 제9조제4항(제88조에서 준용하는 경우를 포함한다) 또는 제19조제1항을 위반한 자
2. 제27조제1호부터 제3호까지에 해당하는 위반행위를 한 자
3. 제43조에 따른 영업 제한을 위반한 자
4. 제72조제1항·제3항(제88조에서 준용하는 경우를 포함한다) 또는 제73조제1항에 따른 명령을 위반한 자
5. 제75조제1항에 따른 영업정지 명령을 위반하여 영업을 계속한 자(제37조제1항에 따른 영업허가를 받은 자만 해당한다)

**제96조(벌칙)** 제51조 또는 제52조를 위반한 자는 3년 이하의 징역 또는 3천만원 이하의 벌금에 처하거나 이를 병과할 수 있다.

**제97조(벌칙)** 다음 각 호의 어느 하나에 해당하는 자는 3년 이하의 징역 또는 3천만원 이하의 벌금에 처한다. 〈개정 2010.1.18, 2011.6.7, 2013.3.23〉

1. 제10조제2항(제88조에서 준용하는 경우를 포함한다), 제12조의2제2항, 제13조제1항, 제17조제4항, 제31조제1항, 제34조제4항, 제37조제3항·제4항, 제39조제3항, 제48조제2항·제10항 또는 제55조를 위반한 자
2. 제19조제2항, 제22조제1항(제88조에서 준용하는 경우를 포함한다) 또는 제72

조제1항·제2항(제88조에서 준용하는 경우를 포함한다)에 따른 검사·출입·수거·압류·폐기를 거부·방해 또는 기피한 자

3. 제20조제4항제1호부터 제3호까지에 해당하는 위반행위를 한 자
4. 제36조에 따른 시설기준을 갖추지 못한 영업자
5. 제37조제2항에 따른 조건을 갖추지 못한 영업자
6. 제42조제1항 또는 제44조제1항에 따라 영업자가 지켜야 할 사항을 지키지 아니한 자. 다만, 총리령으로 정하는 경미한 사항을 위반한 자는 제외한다.
7. 제75조제1항에 따른 영업정지 명령을 위반하여 계속 영업한 자(제37조제4항 또는 제5항에 따라 영업신고 또는 등록을 한 자만 해당한다) 또는 같은 조 제1항 및 제2항에 따른 영업소 폐쇄명령을 위반하여 영업을 계속한 자
8. 제76조제1항에 따른 제조정지 명령을 위반한 자
9. 제79조제1항에 따라 관계 공무원이 부착한 봉인 또는 게시문 등을 함부로 제거하거나 손상시킨 자

**제98조(벌칙)** 다음 각 호의 어느 하나에 해당하는 자는 1년 이하의 징역 또는 300만원 이하의 벌금에 처한다. 〈개정 2011.6.7〉

1. 제44조제3항을 위반하여 접객행위를 하거나 다른 사람에게 그 행위를 알선한 자
2. 제46조제1항을 위반하여 소비자로부터 이물 발견의 신고를 접수하고 이를 거짓으로 보고한 자
3. 이물의 발견을 거짓으로 신고한 자
4. 제45조제1항 후단을 위반하여 보고를 하지 아니하거나 거짓으로 보고한 자

**제99조(벌칙 적용에서의 공무원 의제)** 제24조제2항에 따라 지정된 식품위생검사기관의 임직원은 「형법」 제129조부터 제132조까지의 규정에 따른 벌칙의 적용에서는 공무원으로 본다.

**제100조(양벌규정)** 법인의 대표자나 법인 또는 개인의 대리인, 사용인, 그 밖의 종업원이 그 법인 또는 개인의 업무에 관하여 제93조제3항 또는 제94조부터 제97조까지의 어느 하나에 해당하는 위반행위를 하면 그 행위자를 벌하는 외에 그 법인 또는 개인에게도 해당 조문의 벌금형을 과(科)하고, 제93조제1항의 위반행위

를 하면 그 법인 또는 개인에 대하여도 1억5천만원 이하의 벌금에 처하며, 제93조제2항의 위반행위를 하면 그 법인 또는 개인에 대하여도 5천만원 이하의 벌금에 처한다. 다만, 법인 또는 개인이 그 위반행위를 방지하기 위하여 해당 업무에 관하여 상당한 주의와 감독을 게을리하지 아니한 경우에는 그러하지 아니하다.

**제101조(과태료)** ① 다음 각 호의 어느 하나에 해당하는 자에게는 1천만원 이하의 과태료를 부과한다.

1. 제11조제2항을 위반하여 영양표시 기준을 준수하지 아니한 자
2. 삭제 〈2010.2.4〉

② 다음 각 호의 어느 하나에 해당하는 자에게는 500만원 이하의 과태료를 부과한다. 〈개정 2011.6.7〉

1. 제3조·제40조제1항 및 제3항(제88조에서 준용하는 경우를 포함한다), 제41조제1항 및 제5항(제88조에서 준용하는 경우를 포함한다) 또는 제86조제1항을 위반한 자
1의2. 제19조의3제1항을 위반하여 교육을 받지 아니한 영업자
1의3. 제19조의4제2항을 위반하여 검사기한 내에 검사를 받지 아니하거나 자료 등을 제출하지 아니한 영업자
1의4. 제31조제3항을 위반하여 보고를 하지 아니하거나 거짓 보고를 한 자
2. 제34조제5항을 위반하여 보고를 하지 아니하거나 허위의 보고를 한 자
3. 제37조제6항을 위반하여 보고를 하지 아니하거나 허위의 보고를 한 자
4. 제42조제2항을 위반하여 보고를 하지 아니하거나 허위의 보고를 한 자
5. 삭제 〈2011.6.7〉
6. 제48조제9항(제88조에서 준용하는 경우를 포함한다)을 위반한 자
7. 제56조제1항을 위반하여 교육을 받지 아니한 자
8. 제74조제1항(제88조에서 준용하는 경우를 포함한다)에 따른 명령에 위반한 자
9. 제88조제1항을 위반하여 신고를 하지 아니하거나 허위의 신고를 한 자
10. 제88조제2항을 위반한 자

③ 다음 각 호의 어느 하나에 해당하는 자에게는 300만원 이하의 과태료를 부과한다. 〈개정 2010.1.18, 2013.3.23〉

1. 제29조제3항을 위반하여 검사기관 운영자의 지위를 승계하고 1개월 이내에 지위승계를 신고하지 아니한 자
2. 제42조제1항 또는 제44조제1항에 따라 영업자가 지켜야 할 사항 중 총리령으로 정하는 경미한 사항을 지키지 아니한 자
3. 제46조제1항을 위반하여 소비자로부터 이물 발견신고를 받고 보고하지 아니한 자
4. 제49조제3항을 위반하여 식품이력추적관리 등록사항이 변경된 경우 변경사유가 발생한 날부터 1개월 이내에 신고하지 아니한 자

④ 제1항부터 제3항까지의 규정에 따른 과태료는 대통령령으로 정하는 바에 따라 식품의약품안전처장, 시·도지사 또는 시장·군수·구청장이 부과·징수한다.
〈개정 2013.3.23〉

**제102조(과태료에 관한 규정 적용의 특례)** 제101조의 과태료에 관한 규정을 적용하는 경우 제82조에 따라 과징금을 부과한 행위에 대하여는 과태료를 부과할 수 없다. 다만, 제82조제4항 본문에 따라 과징금 부과처분을 취소하고 영업정지 또는 제조정지 처분을 한 경우에는 그러하지 아니하다.

# 부칙 〈제11690호, 2013.3.23〉 (정부조직법)

**제1조(시행일)** ① 이 법은 공포한 날부터 시행한다.

② 생략

제2조부터 제5조까지 생략

**제6조(다른 법률의 개정)** ①부터 〈470〉까지 생략

〈471〉 식품위생법 일부를 다음과 같이 개정한다.

제4조제2호 단서, 제6조 각 호 외의 부분 단서, 제7조제1항 각 호 외의 부분 본문·제2항, 제7조의2제1항부터 제3항까지, 제9조제1항 각 호 외의 부분·제2항, 제10조제1항 각 호 외의 부분, 제11조제1항·제3항, 제12조의2제3항, 제12조의3제1항·제2항, 제12조의4제1항부터 제3항까지, 제14조 각 호 외의 부분, 제15조제1항·제2항 본문 및 단서·제3항 본문·제5항, 제15조의2제1항·제2항, 제16조제1항 각 호 외의 부분 본문·같은 항 제2호·제2항, 제17조제1항 각 호 외의 부분·제3항·제5항부터 제8항까지, 제18조제1항·제2항·제4항, 제19조제1항·제2항 본문·제3항 각 호 외의 부분·같은 항 제1호·같은 항 제2호·제5항 전단, 제19조의2제1항·제3항 각 호 외의 부분 본문, 제19조의3제1항 각 호 외의 부분, 제19조의4제1항 각 호 외의 부분 본문 및 단서·제3항, 제20조제1항·제2항·제3항 전단·제4항 각 호 외의 부분 본문, 제21조제1항·제2항 본문 및 단서·제3항 본문·제5항·제6항·제7항 전단, 제22조제1항 각 호 외의 부분·제2항 전단, 제23조제1항부터 제3항까지·제4항 전단, 제24조제1항제2호, 제26조, 제27조 각 호 외의 부분 본문, 제28조 각 호 외의 부분, 제29조제3항, 제31조제2항·제3항, 제33조제1항·제4항·제5항 각 호 외의 부분·제6항, 제34조제1항 각 호 외의 부분·제3항·제5항 각 호 외의 부분·제6항 각 호 외의 부분 본문, 제35조제1항부터 제3항까지, 제37조제1항 전단·제2항·제3항·제4항 전단·제5항 본문·제6항 전단·제7항, 제39조제3항, 제42조제2항, 제44조제5항제1호, 제45조제1항 후단·제2항, 제46조제1항부터 제4항까지, 제47조제1항부터 제3항까지, 제48조제1항부터 제4항까지, 제6항·제8항 각 호 외의 부분 본문·제11항부터 제13항까지, 제49조제1항부터 제4항까지, 제7항, 제50조제1항·제2항·제3항 전단·제4항, 제8

항·제9항, 제67조제1항, 제68조제1항제7호·제2항, 제69조제1항·제2항, 제70조제1항, 제71조제1항·제2항, 제72조제1항부터 제3항까지, 제6항, 제73조제1항 각 호 외의 부분 본문, 제74조제1항, 제75조제1항 각 호 외의 부분·제2항·제3항 각 호 외의 부분, 제76조제1항 각 호 외의 부분, 제79조제1항 각 호 외의 부분·제2항 전단·제3항 본문, 제81조 각 호 외의 부분, 제82조제1항 본문·제3항 각 호 외의 부분·제4항 각 호 외의 부분 본문·제5항 전단, 제83조제1항 각 호 외의 부분, 제84조, 제86조제2항·제3항, 제87조제1항, 제90조제1항, 제90조의2제1항 및 제101조제4항 중 "식품의약품안전청장"을 각각 "식품의약품안전처장"으로 한다.

제41조제2항 단서, 제56조제1항 본문·제3항, 제58조제2항 각 호 외의 부분 본문, 제59조제3항, 제60조제6호, 제60조의2제1항·제4항 전단, 제60조의4제1항·제3항·제4항 및 제80조제1항 각 호 외의 부분 본문 중 "보건복지부장관"을 "식품의약품안전처장"으로 한다.

제49조제6항, 제57조 각 호 외의 부분, 제77조제1항 각 호 외의 부분 본문·제2항, 제85조 각 호 외의 부분 및 제91조 중 "보건복지부장관 또는 식품의약품안전청장"을 각각 "식품의약품안전처장"으로 한다.

제3조제3항, 제5조, 제11조제1항, 제13조제2항, 제17조제1항제1호, 제19조제1항·제3항제4호·제4항·제5항 후단, 제19조의2제2항·제4항, 제19조의3제2항, 제19조의4제2항, 제20조제3항 전단 및 후단·제4항제3호·제5항, 제24조제1항제1호·제3항, 제25조제2항, 제27조 각 호 외의 부분 본문·같은 조 제4호, 제29조제3항, 제30조제2항, 제31조제1항·제4항, 제34조제5항 각 호 외의 부분·제6항 각 호 외의 부분 본문, 제35조제2항·제3항, 제36조제1항 각 호 외의 부분, 제37조제6항 전단 및 후단, 제39조제3항, 제40조제1항 본문·제4항, 제41조제6항, 제42조제1항·제2항, 제44조제1항, 제45조제3항, 제46조제5항, 제47조제1항·제2항·제4항, 제48조제2항·제4항·제5항·제7항·제8항 각 호 외의 부분 본문·같은 항 제4호·제11항, 제49조제1항·제5항 단서·제8항, 제50조제4항·제5항 전단·제7항·제9항, 제53조제2항, 제56조제2항, 제69조제1항, 제70조제3항, 제72조제5항, 제75조제4항, 제76조제2항, 제80조제2항, 제82조제1항 단서, 제88조제1항·제2항

제2호·같은항 제5호·제4항, 제92조 각 호 외의 부분, 제97조제6호 단서 및 제101조제3항제2호 중 "보건복지부령"을 각각 "총리령"으로 한다.

제57조 각 호 외의 부분 중 "보건복지부"를 "식품의약품안전처"로 한다.

제86조제2항 중 "보건복지부장관, 식품의약품안전청장"을 "식품의약품안전처장"으로 한다.

제18조제2항, 제32조제1항 및 제87조제1항 중 "식품의약품안전청"을 각각 "식품의약품안전처"로 한다.

제87조제1항 중 "교육과학기술부, 농림수산식품부, 보건복지부, 환경부"를 "교육부, 농림축산식품부, 보건복지부, 환경부, 해양수산부"로 한다.

〈472〉부터 〈710〉까지 생략

**제7조** 생략

# 저자소개

**✱ 김준철**

한국와인협회 회장 및 김준철와인스쿨 원장. 수석농산 와인메이커 역임, 고려대학교 농화학과 졸업. 동 대학원 식품공학과 졸업(농학석사), 캘리포니아 주립대학(California State University, Fresno) 와인 양조학(Enology)과 수료

저서 및 논문 : 국제화시대의 양주상식(1994, 노문사), 와인(2003, 백산출판사), 와인양조학(2009, 백산출판사) 외 다수

**✱ 심정미**

한국와인협회 양조연구분과위원, 경북 영천 블루썸 와이너리 대표 및 대구 카페 랜즈앤드 대표. 김준철와인스쿨 소믈리에코스.마스터코스.양조학코스. 와인강사코스 수료

**✱ 유이순**

한국와인협회 부회장, IS컨설팅 대표 및 김준철와인스쿨 이사
김준철와인스쿨 소믈리에코스.마스터코스.양조학코스. 와인강사코스 수료

**✱ 이동승**

한국와인협회 부회장 및 연세제일정형외과 원장. 연세대학교 의과대학 졸업, 건국대학교 대학원 미생물공학과 졸업(공학석사), 벤처대학원대학교 발효미생물학과 졸업(이학박사)
저서 및 논문 : 와인양조학(2009, 백산출판사) 와인 음용 온도가 미각, 후각, 시각 요소에 미치는 영향(2009), 누룩 종류에 따른 증류식 소주의 이화학적 특성 연구(2013)

**✱ 이명렬**

한국와인협회 수입유통분과위원 및 와인리더 대표
아주대학교 화공과 졸업, 삼성토탈화학 근무, 김준철와인스쿨 소믈리에코스.마스터코스.양조학코스. 와인강사코스 수료

**✱ 황광수(황득수)**

한국와인협회 수입유통분과위원, (주)이랜드파크 해외구매팀장. 민주평통 자문위원. 우리은행 국제부 근무. 고려대학교 스페인문학과 졸업(행정학 부전공), 김준철와인스쿨 소믈리에코스. 마스터코스. 양조학코스. 와인강사코스 수료

와인능력검정대비
## 와인종합문제집

- 인쇄일 · 2019년 8월 13일
- 발행일 · 2019년 8월 19일
- 편저 · 김준철 · 심정미 · 유이순 · 이동승 · 이명렬 · 황광수
- 펴낸 곳 · **도서출판 한수**
- 펴낸 이 · 김미아
- 주소 · 서울특별시 성동구 왕십리로 311-1
- 출판등록 · 제303-2003-000031호
- 전화 · 02·2281·8031
- 팩스 · 02·2281·4102
- 홈페이지 · www.hansoo.or.kr

※ 이 책의 내용을 무단으로 인용하거나 발췌를 금지하며, 내용의 전부 또는 일부를 이용하려면 **도서출판 한수**의 서면 동의를 받아야 합니다.

※ 파본 및 낙장본은 교환하여 드립니다.